YOU ZHUNBEI DE JIAOXUE
YOU'ER ZUIYOU XUEXI DE HUODONG SHEJI

张赛园 主编

有准备的教学

幼儿最优学习的活动设计

序 一

国运兴衰,系于教育。教育大计,教师为本。教师是教育事业发展的基础,是提高教育质量、办好人民满意的教育的关键因素,是一切教育重大变革的核心力量。《国家中长期教育改革和发展规划纲要(2010—2020)》将加强教师队伍建设作为实施的重要保障措施,提出了建设高素质专业化教师队伍的战略任务。2012年,国务院召开了全国教师工作会议,会议通过了《国务院关于加强教师队伍建设的意见》,进一步明确了教师队伍建设的目标、任务和举措。2014年教师节,习近平总书记在同北京师范大学师生代表座谈时讲道:国家繁荣、民族振兴、教育发展,需要我们大力培养造就一支师德高尚、业务精湛、结构合理、充满活力的高素质专业化教师队伍,需要涌现一大批好老师。并号召全国广大教师要做有理想信念、有道德情操、有扎实知识、有仁爱之心的好老师。这些都为我们在新时期加强教师队伍建设进一步指明了方向。

十年树木,百年树人。青年教师是教育改革的生力军,也是教师队伍建设的希望所在,青年教师专业发展水平关系到教育的未来。在教育现代化的进程中,宁波市教育局实施了青年教师队伍建设"卓越工程",这是一个具有重大战略意义的师资梯队人才开发工程,也是一项具有深远前瞻意义的改革举措。工程针对我市35周岁以下青年教师占教师总人数60%以上的现状,择优遴选500名左右青年教师,经过五年培养,帮助其逐步成为富有个性的教育教学艺术、较强的教科研能力、开阔的国际视野以及较高的创新意识的青年才俊,并从中培养和涌现新一代的甬城名师。

作为"卓越工程"国内高端研修计划幼儿教育项目的成果,《有准备的教学——幼儿最优学习的活动设计》基于全体学员实践的经验创新,是宁波教育学院和华东师范大学教育学部通力合作所形成的培训成果。该书的突出特点是实践性:一是该书是实践培训的智慧结晶。近年来,教师培训在制度、体制、管理、内容、模式等不同层面发生了广泛而深刻的变革,"教师专业发展"正成为教师培训的重要内容和目标。教师不仅具备专业知识基础,而且又能在教学中创造新的方法论和专业经验,成为"反思型实践工作者",这是教师专业发展的重要体现。为此,培训必须与具体的教学实践结合,通过浸润于实践的培训促进教师的专业发展。该书就是卓越工程学员在上海跟岗实践培训中,把理论学习与课堂教学密切结合的成果,全面展现了学员在专业实践中的思考与提升的过程。二是该书用于指导幼儿园教学实践。实践创新需要科学的理论为支撑,该书借鉴美国高宽课程"最优学习"的先进理念,融入本土化的创新探索,以崭新的视角呈现以儿童为中心的学与教的有效策略,凸显了青年骨干教师的实践性智慧,为广大幼教工作者奉献了一本很有价值的教学参考用书。

教育充满了创新,一本源于实践创新的书,总能给人以启发和示范。我坚信,卓越的教师成就优质的教育。在追求卓越的路上,我们携手共进!

宁波教育学院院长、宁波市中小学教师培训中心主任

周 波

2017 年 9 月

序 二

走进最优学习,做有准备的教师

随着《3—6岁儿童学习与发展指南》的贯彻实施,我们又一次面对"有效学习""有效教学"的话题。"如何让孩子学得更有意义,让教师教得更有效?"带着这样的困惑,我们着力于探寻理论的依据和实践的策略。

一次偶然的机会,我接触了美国高宽课程(High Scope)模式,该课程所提出的关于儿童主动学习的理论似乎为我们的实践打开了一扇窗。一直以来,我们总是难以平衡教师指导和儿童自主两者之间的关系,因此,在幼儿园教育实践中经常出现"非此即彼"的极端现象。高宽课程模式提出了一个平衡两者关系的基本原则,即"最优学习":

儿童主导的学习经验+教师主导的学习经验=最优学习。一个有效的幼儿教育课程是由儿童主导和教师主导的教育经验共同构成的。儿童主导的学习经验和教师主导的学习经验并不代表两个极端(也就是说,儿童主导的学习经验并非儿童高度控制,而教师主导的学习经验也并非成人高度控制)。相反,在儿童主导的学习经验中,成人是有准备的教师;而在教师主导的学习经验中,儿童也积极参与其中。两种经验都需要根据计划之中的或自发的、意料之外的学习机会来进行调整。[1]

我们尝试着将"最优学习"原则应用于幼儿一日活动中,围绕促进儿童有效学习的问题,探讨教师如何针对不同内容采取不同的教学方法以有效地将教育内容传递给孩子。在此过程中,教师的角色是"有准备的教师",即能够结合自身的学科教学知识(PCK)开展有准备的教学的教师。所谓"有准备的教学"应该是有计划、有目的、经过精心设计的教学,教师能够为儿童学习经验的获得创设支持性的环境,并能发现和把握各种教育契机合理组织活动,以促进儿童的学习和发展。

---

[1] [美]安·S.安泼斯坦. 有准备的教师——为幼儿学习选择最佳策略[M]. 李敏谊等,译. 北京:教育科学出版社,2013:5.

正是在这样的理论背景下,宁波市青年教师队伍建设"卓越工程"幼教学科的全体学员坚持在培训中研究,在研究中行动,在行动中反思,经过两年的探索,积累了大量的丰富的实践成果,我们选择其中的活动方案汇编成书。

本书共分两个部分:

第一部分是"学习活动设计",主要指向于狭义上的学习活动,即区别于游戏活动、生活活动和运动的幼儿的学习。每一个学习活动由两类活动组成:幼儿主导的学习活动和教师主导的学习活动。幼儿主导的学习活动中,我们强调的是教师如何为幼儿自主学习提供材料、创设环境,并设计了观察重点,以便教师在观察的基础上能更好地指导幼儿的学习。教师主导的学习活动中,我们提供了教学设计原型和教学设计提升两个方案,并重点融入设计者的"教学反思",通过问题导向的实践反思,深入剖析什么样的教学策略能有效地推动儿童的学习。

第二部分是"半日活动设计",主要指向于一日活动中上午半天的内容,以主题式半日活动方案形式呈现。我们根据主题的核心经验,预设半日活动目标,安排半日活动流程。半日活动设计以促进儿童自主性发展为导向,采用模块化方式安排各个环节,整合各种类型的活动以满足儿童多种发展需求。从这部分内容中,大家可以看到我们在半日活动实施中所践行的理念和价值取向。

总之,本书致力于以一种新的视角去研究儿童的"学"和教师的"教",也是对国外课程理念进行本土化实践的一次探索。我们期待,我们的做法能激发幼教同行们进一步的研究和交流。我们也希望本书能为幼儿园教师设计学习活动时提供参考,如果大家还能从中获取一点智慧和力量,我们将无比欣慰。

本书中的活动方案由"卓越工程"学员们经过多次"实践—反思—调整"后形成,并且得到了上海市荷花池幼儿园、南西幼儿园、奥林幼儿园、南阳实验幼儿园、宛南实验幼儿园等幼儿园的园长和老师们的倾力指导,在此一并表示衷心的感谢!

张赛园

2017年9月于宁波教育学院

目 录

序一 / 周 波 1

序二 走进最优学习,做有准备的教师 3

第一部分:学习活动设计

策略导航 1

猴子和鳄鱼(小班) 3

穿项链(小班) 10

我把眼睛藏起来(小班) 15

好玩的椅子(中班) 22

有用的工具(中班) 28

春天来了(中班) 34

我爱爷爷奶奶(中班) 41

奇妙的声音(中班) 48

排序(中班) 55

绿色植物(中班) 61

叠叠乐(大班) 66

一起来玩纸(大班) 71

小苏打的秘密(大班) 78

魔语(大班) 84

多彩贝壳(大班) 91

动物王国(大班) 98

我是划船手（大班） …………………………………………………… 105
有趣的画圆（大班） …………………………………………………… 110
快乐派送（大班） ……………………………………………………… 117
美味寿司（大班） ……………………………………………………… 124
蒜的世界（大班） ……………………………………………………… 132
各种各样的服装（大班） ……………………………………………… 139
奇妙的身体（大班） …………………………………………………… 147
我自己（大班） ………………………………………………………… 155
汉字的秘密（大班） …………………………………………………… 161
有趣的测量（大班） …………………………………………………… 171
快乐数学（大班） ……………………………………………………… 178

第二部分：半日活动设计

策略导航 ……………………………………………………………… 187
乌龟爬爬（小班） ……………………………………………………… 189
我爱植物（小班） ……………………………………………………… 195
水果的秘密（中班） …………………………………………………… 200
好玩的土豆（中班） …………………………………………………… 208
快乐魔法（中班） ……………………………………………………… 214
炎热的夏天（中班） …………………………………………………… 221
果蔬嘉年华（中班） …………………………………………………… 226
马路上的汽车（中班） ………………………………………………… 233
春天里（大班） ………………………………………………………… 238
春天的秘密（大班） …………………………………………………… 245
春雨之谜（大班） ……………………………………………………… 253
快乐中秋（大班） ……………………………………………………… 260
秋天在哪里（大班） …………………………………………………… 267
过冬（大班） …………………………………………………………… 274

光影星播（大班）	280
蝴蝶（大班）	286
昆虫秘语（大班）	294
美丽世界（大班）	301
纸的力量（大班）	308
纸的故事（大班）	315
身体的秘密（大班）	322
我是小当家（大班）	329
我的时间我做主（大班）	336
我要上小学（大班）	344

第一部分 学习活动设计

【策略导航】

儿童的学习是以直接经验为基础的,学习方式也是多元的。最优的学习活动要兼顾教师主导和儿童主导这两种经验的平衡。有准备的教学应该为儿童提供这两种经验,创设学习环境给予儿童深入探索的机会,并采取有效策略引导儿童真正持续地学习和发展。

一、把握儿童的关键经验

关键经验是儿童在与环境相互作用中直接获得的、对他们的持续学习与发展具有关键作用的经验,这些关键经验既是组织与实施课程的基本线索,又是对课程质量包括幼儿发展水平、师幼互动水平等进行评价的具体指标。教师只有准确地把握儿童的关键经验,才能设计适宜的学习活动,提供适宜的学习支架,促进儿童有效学习与发展。

首先,辨别关键经验。教师根据幼儿的学习领域,仔细分析幼儿的发展特点、兴趣需要和现有发展水平,辨别出什么样的经验是关键经验,什么样的经验不是关键经验,什么样的经验对于儿童学习和发展是适合而且是有益的。

其次,聚焦关键经验。将儿童的关键经验作为重要参照指标,学习活动目标的确立、内容的选择以及过程的展开都必须围绕关键经验来设计。既要把关键经验合理地呈现在各类学习活动中,又要考虑幼儿会用什么有效的学习方法来体验和获取这些关键经验。教师需要不断思考:这个活动的核心经验是什么?在这个活动中儿童学到了什么,又是如何学习的?

二、协调儿童的学习经验

儿童的学习方式是多元的,学习经验的获取也是多途径的。教师在活动设计中,需要思考:哪些活动更需要操作性?更需要儿童有过程性的感知、探索?那么这类活动就可以设计为儿童主导的学习活动,让儿童通过操作、摆弄材料,通过与环境和材料的互动进行学习,促进个体经验的建构。哪些活动则更需要师幼进行共同碰撞、挑战、分享、合作式的学习?那些需要同伴间、师幼间进行互动,集体共同建构知识的活动,则比较适合放在教师主导的学习活动中,由教师帮助孩子进行经验的梳理、归纳和提升。这两类活动在儿童的学习中发挥着相辅相成的作用,是互补的关系。

三、创设支持性的学习环境

好的环境是具有吸引力的,它能够激发儿童探索的欲望,满足儿童发展的需求。教师在设计和组织学习活动时,要重视学习环境的创设。

提供丰富充足的材料。儿童的兴趣、经验、能力各异,教师要选择能反映儿童兴趣的材料,并且这些材料最好能够以不同的方式使用,以提升儿童的能力水平。材料既可以是专门的玩具,也可以是日常生活中的物品。材料充足意味着每个孩子都能够找到自己想要的材料而不必等待。同时,儿童在材料方面可以有多种选择,从而能够满足他们的探索愿望。

激发儿童的主动性。教师要创设各种机会鼓励儿童发挥主动性,积极与儿童互动。当儿童正在自主学习时,教师应该对儿童的活动充满激情,跟随儿童的引导或是细心观察或是以参与者的身份参加到儿童的活动中。当儿童遇到困难时,教师要耐心鼓励儿童自己去发现并尝试解决问题。在教师主导的活动中,教师也要尊重儿童的观点,采取策略积极回应儿童,给予儿童一定的选择权,支持和鼓励儿童大胆表达、表现。

猴子和鳄鱼（小班）

宁波市江北区阳光艺术幼儿园 / 胡珍艳

 幼儿主导的学习活动

小猴和鳄鱼

◇ **材料投放**

1. 小猴指偶若干、鳄鱼手偶一个。

2. 录音机、磁带。

3. 5以内不同数量猴子的图片，标有身体部位的图片。

◇ **玩法**

玩法一：鳄鱼来了

1. 根据游戏内容扮演相应的角色。

2. 完整欣赏歌曲，根据歌曲内容分别扮演小猴和鳄鱼进行游戏。

玩法二：趣味接着唱

1. 根据图片上猴子的数量唱歌曲前半部分，如：出示 1 只猴子的图片，就唱"1 只猴子荡秋千"；出示 5 只猴子的图片，就唱"5 只猴子荡秋千"。

2. 几名幼儿接唱，第一名幼儿唱"1 只猴子荡秋千"，第二名幼儿唱"2 只猴子荡秋千"，以此类推。

玩法三：换个地方荡秋千

1. 根据身体图片上的部位，幼儿尝试戴着指偶用不同的身体部位做荡秋千的动作。

2. 一名幼儿点身体部位，另一名幼儿用相应部位做荡秋千的动作。

◇ **观察重点**

1. 是否能和同伴一起根据游戏内容开展相应的游戏？

2. 是否能感知 5 以内的数量，并能根据感知到的数量改编歌词中小猴的数量？

3. 是否能根据身体图片用不同的身体部位有节奏地做荡秋千的手指动作？

◇ **建议**

该活动可以在集体教学后在音乐区中进行。

 教师主导的学习活动

音乐活动：猴子和鳄鱼

◇ **设计意图**

这是一首富有童趣的歌曲，歌词简单，朗朗上口，曲风幽默，节奏比较欢快，富有情景性。歌曲分为两段，第一段表现小猴荡秋千时欢快的情绪，重复回旋的结构能很好地帮助幼儿理解音乐的节奏；第二段描述的是鳄鱼出现时小猴躲藏，鳄鱼消失后小猴再次游戏的情节。简单明了的歌词十分适合小班幼儿玩躲藏的游戏，并且能帮助幼儿快速地理解游戏的规则。

第一部分　学习活动设计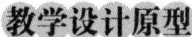

教学设计原型

◇活动目标

1. 初步感知节奏"嘚儿嘚儿"和"嘚儿嘚儿嘚儿",并能用身体的动作来表现。

2. 喜欢参与音乐游戏,知道乐曲放到"鳄鱼来了"时小猴要躲起来,放到"鳄鱼走了"时可以出来自由玩耍。

◇活动准备

1. 绿色地垫每人一块、小猴指偶三个、鳄鱼手偶一个、树木布景四棵(在活动教室四周摆放),钢琴;请一位成人扮演鳄鱼。

2. 幼儿在活动前已具备荡秋千的经验。

◇活动过程

(一)情景导入,引起兴趣

孩子们,今天我们要去森林公园郊游,准备好了吗?出发!(教师与幼儿围绕着活动教室四周的四棵树穿行,自由玩游)森林公园到啦!请大家找一块草地坐下来。

(二)手偶游戏,理解内容

1. 通过手偶游戏,引导幼儿理解歌曲内容和故事情节。

(1)森林公园里来了什么可爱的小动物?(出示三个小猴指偶,逐一带上)

(2)原来是三只可爱的小猴子,它们要玩什么好玩的游戏呢?我们一起来听一听,看一看!

2. 教师唱歌曲第一段。

(1)你听到了吗?它们在玩什么游戏?是怎么玩的?你听到了什么好听的声音?(引导幼儿跟唱"嘚儿嘚儿"和"嘚儿嘚儿嘚儿")

(2)嗯!真有意思!请把你们的小猴准备好,我们一起荡秋千。(师幼共同跟着音乐荡秋千)

3. 引导幼儿通过身体动作表现荡秋千。

(1)刚刚小猴都是在我们的手上荡秋千的,小猴还可以在我们身体的哪些部位荡秋千?(请个别幼儿上来,面对大家,示范如何在身体不同部位荡秋千,并且请大家一起来学一学)

(2)我们一起和小猴在身体的不同部位来荡秋千。(师幼一同起身跟着音乐在身

体的不同部位荡秋千）

4.继续讲述,理解歌词和内容。

（1）小猴荡秋千有点荡累了,让我们坐下来休息一下,一起来听听接下来发生了什么事。(此时戴好鳄鱼手偶,教师唱第二段,通过手偶游戏让幼儿知道鳄鱼来了要躲起来,鳄鱼走了可以出来自由玩耍）

（2）刚才谁来了？那小猴子怎么办？对,鳄鱼来了,要藏起来。(清唱"鳄鱼来了、鳄鱼来了、鳄鱼来了,快藏好！"）小猴又是什么时候出来玩的？对,鳄鱼走了的时候。（这个时候要清唱"鳄鱼走了、鳄鱼走了、鳄鱼走了,快出来！"）

（三）师幼游戏,体验快乐

1.第一次邀请幼儿一起游戏。

让我们的小猴和我们一起玩荡秋千的游戏吧！请出你们的第一只小猴,我们准备去游戏啦！玩的时候要注意,鳄鱼来时可要保护好我们的小猴。只要不动不发出声音就不会被鳄鱼发现。

2.第二次邀请幼儿一起游戏,引导幼儿用不同的动作表现小猴荡秋千。

刚刚我们藏得可好了,都没有被鳄鱼发现。为了让小猴子玩得更开心,请大家站起来,让小猴去更多的地方荡秋千。你想让它去哪儿荡就去哪儿！准备出发！

3.第三次邀请幼儿一起游戏。

（1）引导幼儿找不同（可利用布景）的地方把自己的小猴藏起来。

（2）刚刚小猴可真开心,但是鳄鱼来的时候我们总是把小猴藏在同一个地方,都快被鳄鱼发现了,还有什么更好的地方吗？（请真人扮演的鳄鱼一起游戏,进一步使幼儿体验游戏带来的欢乐体验）

（四）活动结束,整理休息

带着孩子唱着歌出活动室。

教学反思

◇聚焦问题

1.难点突破的手段较单一。

本次活动的重点和难点是感知节奏"嘚儿嘚儿"和"嘚儿嘚儿嘚儿",在活动中突破难点的主要方法是教师通过自己的范唱和身体律动,帮助幼儿感知。解决重点和突破难点的方法比较单一。

2. 核心经验的把握不统一。

本次活动从环节看分为两个部分,前面部分即歌曲的前半段,重在感知节奏;后面部分即歌曲的后半段,主要通过游戏感受活动的趣味性。

◇ **改进策略**

1. 难点前置。

优化引出部分,设计不同形式的韵律活动来感知、体验节奏,促难点前置,如:有节奏地拍手入场、向森林里的小动物问好等等,反复感受"嘚儿嘚儿"和"嘚儿嘚儿嘚儿",为第二部分律动荡秋千做好铺垫。

2. 优化环节。

改变游戏环节的游戏规则,与教学核心经验相匹配,如:鳄鱼出现的节奏也是"嘚儿嘚儿"和"嘚儿嘚儿嘚儿",使活动核心经验的习得贯穿始终。

教学设计提升

◇ **活动目标**

1. 初步感知节奏"嘚儿嘚儿"和"嘚儿嘚儿嘚儿",并能用身体的动作来表现。

2. 喜欢参与音乐游戏,知道乐曲放到"鳄鱼来了"时小猴要躲起来,放到"鳄鱼走了"时可以出来自由玩耍。

◇ **活动准备**

1. PPT,绿色地垫每人一块、小猴指偶三个、鳄鱼手偶一个、树木布景四棵(在活动教室四周摆放),钢琴;请一位成人扮演鳄鱼。

2. 幼儿在活动前已具备荡秋千的经验。

◇ **活动过程**

(一) 情景导入,感知节奏

1. 孩子们,今天我们要去公园郊游,准备好了吗? 出发!

2. (弹奏第一段)我们一起去公园,真呀真高兴! 拍,拍,拍拍拍! 走,走,走走走! 跳,跳,跳跳跳! 公园到了! 请大家找一块草地坐下来。看一看,谁也在公园里?

3. (出示 PPT 上的小兔、小狗的图片)小兔,早上好! 小狗,早上好!

4. (出示小猴手偶)这是谁啊? 我们该怎么和它打招呼呢?

（二）手偶游戏，表现节奏

1. 教师操作指偶并演唱歌曲第一段，引导幼儿初步理解歌曲情节。

森林公园里一共来了几只可爱的小猴子？原来来了三只可爱的小猴子，它们在做什么游戏呢？我们一起来看一看，听一听。（弹奏第一段，教师表演唱）

2. 教师再次表演唱。

小猴子是怎样荡秋千的？荡秋千时你听到了什么好玩的声音？

3. 引导幼儿模仿荡秋千时的节奏："嘚儿嘚儿"和"嘚儿嘚儿嘚儿"。

荡得慢，嘚儿嘚儿；荡得快，嘚儿嘚儿嘚儿。嗯！真有意思！我们带着小猴子一起荡秋千吧。（师幼共同跟着音乐荡秋千）

4. 引导幼儿通过身体动作表现荡秋千。

小猴学会荡秋千后可高兴了，还想在我们身体的其他部位荡秋千，你觉得可以在哪里荡呢？（个别和集体练习用头部、肩膀、肚子等身体部位表现荡秋千的动作和节奏）

（三）引出鳄鱼，感受、表现音乐的变化

1. 弹奏歌曲第二段到"没找到"，感知音乐紧张的气氛。

小猴有点累了，让我们坐下来休息一下。你们听听，是谁来了？

2. 操作鳄鱼手偶，教师唱歌曲第二段。

一起来听听接下来发生了什么事。

（1）谁来了？小猴子该怎么办？什么时候要藏好？

（2）对，鳄鱼来了，小猴子要藏起来。听到"快藏好"的时候，要藏好，不然就被鳄鱼发现了。

3. 师幼游戏，体验快乐。

（1）邀请幼儿一起进行第一次游戏，引导幼儿让三只小猴在不同的地方荡秋千，注意听辨音乐的变化。

（2）邀请幼儿一起进行第二次游戏，引导幼儿找不同的地方躲藏。

（四）活动结束

孩子们，这里真的是太危险了，我们还是带小猴子们去找找更好玩儿的地方吧。（带孩子唱着歌出活动室）

歌曲

小猴与鳄鱼

邓盛婷 词
邓盛婷 曲

1=C 2/4
快跳、跳跃地

(5 6 5 | 5 6 5 | 5 3 | 1 —) 0 0 | 0 0 | 0 0 ‖ 0 0 |
5 3 5 3 | 5 6 5 | 5 6 5 6 | 5 — | 嘚 儿 嘚 儿 嘚儿嘚儿 嘚 儿。
一只小猴 荡秋千，荡呀荡呀 荡，
5 3 5 3 | 5 6 5 | 5 6 5 6 | 5 — | 0 0 | 0 0 | 0 0 ‖ 0 0 |
两只小猴 荡秋千，荡呀荡呀 荡， 嘚 儿 嘚 儿 嘚儿嘚儿 嘚 儿。
5 3 5 3 | 5 6 5 | 5 4 3 2 | 1 — | 0 0 | 0 0 | 0 0 ‖ 0 0 |
三只小猴 荡秋千，荡呀荡呀 荡， 嘚 儿 嘚 儿 嘚儿嘚儿 嘚 儿。

渐慢、沉稳地

0 0 | 5 5 5 5 5 5 5 5 | 5 5 5 5 5 5 5 5 | 5 7 | 1 — |
呀！ 鳄鱼来了,鳄鱼来了, 鳄鱼来了,鳄鱼来了, 快 藏 好。
1 7 1 7 | 1 2 1 | 0 0 0 | 0 0 |
我 是 一 只 大 鳄 鱼， 啊呜 啊呜 啊呜，
1 2 | 1 1 2 | 1 | 5 5 | 1 — |
东 找 找 西 找 找， 没 找 到。

欢快、跳跃地

0 0 | 5 5 5 5 5 5 5 5 | 5 5 5 5 5 5 5 5 | 5 3 | 1 — |
呀！ 鳄鱼走了,鳄鱼走了, 鳄鱼走了,鳄鱼走了, 快 出 来。
5 6 5 6 1 1 | 5 6 5 6 1 | 5 6 5 6 1 1 | 5 6 5 6 1 |
3 3 | 2 2 | 1 5 | 1 | 3 3 | 2 2 | 1 — |
3 3 | 2 2 | 1 5 | 1 | 3 3 | 2 2 | 1 — ‖

穿项链（小班）

宁波市鄞州区江东实验幼儿园 / 李娜

> 幼儿主导的学习活动

小·小·设计师

◇ **材料投放**

1. 彩色木珠、积木、七巧板、穿珠绳、纸盘、纸杯、装饰贴纸等。
2. ABAB、ABCABC 模式卡片，帮小动物铺路的 KT 板等。
3. 记录纸、笔。

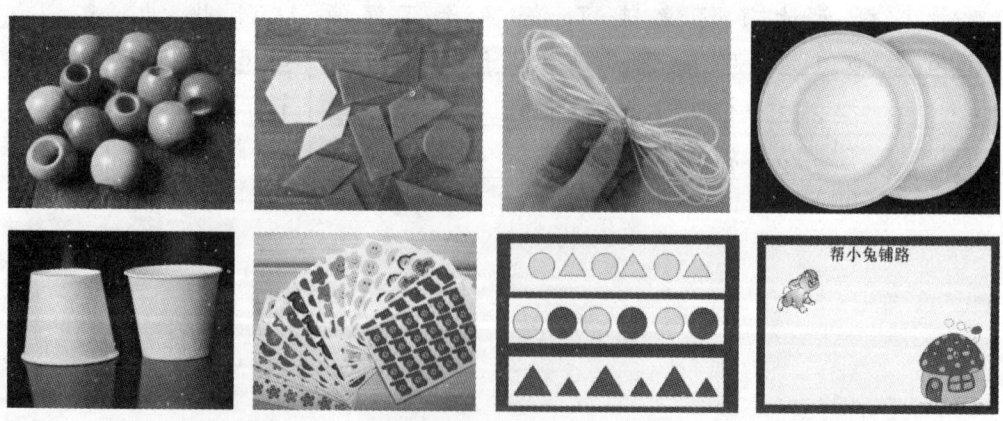

◇ **玩法**

玩法一：穿木珠

1. 选择模式卡片，根据已有模式穿木珠。

2. 大胆地自创模式穿木珠，并记录下来。

玩法二：铺路

1. 选择模式卡片，根据已有模式帮助小动物铺路。

2. 尝试自创模式进行铺路活动，尝试边探索边记录的方法。

玩法三：装饰纸杯、纸盘

1. 选择模式卡片，根据已有模式用贴纸或者绘画的方式装饰纸杯、纸盘。

2. 大胆自创模式，用贴纸或者绘画的方式装饰纸杯、纸盘。

◇ **观察重点**

1. 幼儿在操作中是否能利用材料的自身特点（颜色、形状、图案、大小等的不同）自主探索、调整，进行排序活动？

2. 幼儿是否能通过对已有模式卡片的运用，发现物体排列的规律，然后脱离模式卡片的辅助，自创模式进行操作活动？

3. 幼儿是否能利用辅助卡片进行排序操作活动？

4. 幼儿是否能学习着记录探索结果？

◇ **建议**

该活动可以在集体教学后在数学操作区中进行。

 教师主导的学习活动

数学活动：小刺猬的项链

◇ **设计意图**

绘本《小刺猬的项链》主要讲述的是小刺猬因为身上都是刺，受到了小动物们的排斥而感到非常孤单，它偶然将彩色的豆子穿成了一串项链并且赠送给了其他小动物，从而得到了小伙伴们的接纳的故事。绘本中小刺猬的衣服、项链都蕴含了数学排序的元素，可就这一元素引导小班幼儿学习 ABAB 排序模式。

教学设计原型

◇ **活动目标**

1. 在绘本阅读中发现物体 ABAB 式的排列规律，并尝试用实物进行排列。
2. 感受绘本中同伴之间相互关心的美好情感。

◇ **活动准备**

1. 绘本《小刺猬的项链》PPT。
2. 按照颜色 ABAB 排列的图示，幼儿操作用的穿木珠材料。

◇ **活动过程**

（一）带领幼儿阅读绘本

1. 观察封面。

今天老师给你们带来了一本书，你们看这是谁啊？你喜欢小刺猬吗？你觉得这只小刺猬漂亮吗？什么地方漂亮呢？

2. 介绍题目。

这个绘本的名字叫作"小刺猬的项链"。你们知道小刺猬的项链是哪里来的吗？小刺猬的项链是自己做的呢！是怎么做的呢？让我们一起来看一看绘本，找一找答案吧！

3. 教师带领幼儿简单地阅读绘本的前半部分，重点引导幼儿感受小刺猬孤单、难过的心情。

4. 现在你知道小刺猬的项链是从哪里来的了吧？它是小刺猬用什么做的？

（二）引导幼儿发现规律

1. 小刺猬的项链真漂亮，它用了哪几种颜色的豆子？
2. 这些小豆子是按照什么方法穿起来的呢？
3. 教师出示准备好的 ABAB 排列的图示，带领幼儿观察发现排列规律。
4. 小刺猬还为好朋友穿了很多项链，我们一起来看看这些项链是按什么规律排列的。
5. 小结：两个一组，一个一个地间隔排列，这就是有规律地排序。

（三）带领幼儿穿项链

1.（出示用木珠穿了一半的项链）你看，我也带来了一串项链，可是这串项链还

没有穿完,谁愿意帮我接着往下穿呢?(请一幼儿上来按照前面珠子的排列规律接着往下穿)

2. 每人一串穿了一半的项链,引导幼儿先发现其规律,然后接着往下穿。

3. 互相赠送穿好的项链,并且检查同伴的项链是不是按照规律接着往下穿的。

>>> 教学反思 <<<

◇ 聚焦问题

1. 操作过于简单,幼儿缺乏兴趣。

按照两种颜色间隔排列对于小班第二学期的幼儿来说过于简单,孩子们基本上都能够独立完成,因此活动缺乏一定的挑战性,孩子们参与的积极性不高。

2. 应该把活动的重点放在排序上。

本次活动的重点是尝试按一定的模式排序,绘本赏析只是作为一个载体,活动中花在绘本阅读赏析上的时间过多,操作时间比较紧张。

◇ 改进策略

1. 加强游戏性,提升幼儿参与兴趣。

创设"小兔子过生日"情境,以"为小兔子过生日"为主线引导幼儿观察发现模式 — 尝试按照模式排序 — 交流自己的模式。创设一个游戏化的教学情境,符合小班幼儿的学习特点,能够吸引孩子们参与活动。

2. 加强幼儿的操作探索。

活动的重点放在按一定的模式排序,把更多的时间留给孩子们去理解、操作。可投放颜色不同、大小不同的木珠,引导幼儿多维度感受 ABAB 模式。仅将绘本作为本次活动的一个引题。

教学设计提升

◇ 活动目标

1. 发现物体 ABAB 式排列的规律,尝试进行相应模式的排序。

2. 能够积极参与操作,体验活动的乐趣。

◇ 活动准备

1. PPT、小刺猬的图片。

2. 颜色不同、大小不同的珠子，穿珠绳。

◇ 活动过程

（一）以"小兔过生日"引出活动

1.（PPT展示）小兔子要过生日了，它邀请了小动物们去参加它的生日派对。你们看，谁来了？

2. 这是一只与众不同的小刺猬，你们看它的衣服是怎么样的？衣服上的花纹是按照什么规律排列的？（引导幼儿观察小刺猬身上衣服的花纹，发现ABAB排列模式）

（二）帮小刺猬穿项链

1. 出示一串还没有完成的项链：小刺猬最喜欢项链了，可是这串项链上的小珠子不知怎么跑出来了，你们能帮它把项链穿起来吗？

2. 请幼儿逐个上来帮助小刺猬穿项链，每人穿一组。

当有幼儿没有按照ABAB排列模式穿的时候，教师追问：如果按之前的穿法，你可以怎么穿？

3. 小结：小刺猬的项链是两个一组，一个一个地间隔排列的。

4. 引导幼儿观察发现隐藏在教师衣服中的规律：你们看，老师身上衣服的花纹是按照什么规律排列的？

（三）幼儿每人穿一串项链

1. 小刺猬非常感谢你们帮它穿了一串与众不同的项链，它请你们也一起去参加派对。

2. 教师提供颜色不同、大小不同的珠子，请幼儿也按照ABAB的排列模式每人穿一串项链。

3. 将项链挂到自己的脖子上，说一说自己的项链是按照什么规律穿起来的。

4. 小结：两个一组，一个一个地间隔排列，这叫有规律的排序。

（四）播放音乐，教师带领孩子们边唱边跳去参加舞会

（五）活动延伸

小刺猬也给小兔送了一串项链，你们看这串项链是按什么规律穿成的呢？（发现ABCABC的排列模式）

我把眼睛藏起来（小班）

慈溪市实验幼儿园 / 龚益聪

 幼儿主导的学习活动

我和身体捉迷藏

◇ **材料投放**

1. 丝巾、帽子。

2. 小贴纸、蝴蝶结、塑料夹等。

3. 身体各部位实物图。

4. 某一身体部位贴有红点的全身图。

◇ **玩法**

玩法一：贴贴乐

1. 一人游戏：使用小贴纸等辅助材料贴身体各部位，并说一说身体各部位的名称。

2. 两人游戏：一人用贴纸贴身体部位，另一人在实物图上指出对应的被贴的身体部位。

玩法二：藏藏乐

1. 根据某一身体部位被贴红点的全身图用丝巾等材料遮住身体上相应的部位。

2. 两人合作玩游戏,一人出示某一身体部位被贴红点的全身图,一人藏身体部位。

◇ **观察重点**

1. 幼儿在游戏中是否能用贴、图片对应等方式探索身体各部位?
2. 幼儿是否能根据图示用多种材料对身体部位进行遮盖?
3. 幼儿是否有初步的合作意识,能否通过合作对身体各部位的名称进行探索?

◇ **建议**

该活动可以在集体教学前在科学区中进行。

 教师主导的学习活动

音乐活动:我把眼睛藏起来

◇ **设计意图**

《我把眼睛藏起来》旋律明快,以游戏"藏身体"为主要内容,用歌曲的形式表现了游戏的过程,轻松有趣,非常适合小班幼儿,他们喜欢用行动表达自己的认识,乐意模仿成人的动作,喜欢学唱趣味性强、情绪激烈的歌曲。本次活动以"藏身体"游戏为主线,一开始就以律动帮助幼儿熟悉旋律。在接下来的活动中,教师以参与者的身份让幼儿在"藏眼睛"的游戏中欣赏、感受歌曲的活泼有趣,在共同游戏中自然地学唱,在用不同方法藏身体和替换歌词的过程中不断感知身体的各个部位,体验创作的乐趣,这进一步激发了他们歌唱与表演的积极性,提升了幼儿对歌唱活动的兴趣。本次活动中还大胆设计了两人合作的游戏,让幼儿在互相藏同伴身体部位的过程中,感受到合作表演的乐趣,对合作有初步的尝试与体验,对幼儿社会交往能力的发展起到了一定的促进作用,真正让歌唱活动成了促进幼儿全面发展的一个途径。

教学设计原型

◇ **活动目标**

1. 欣赏歌曲,尝试替换歌词,乐意用自然的声音演唱。

2. 喜欢与同伴合作游戏,大胆用身体动作表现歌曲,体验游戏的快乐。

◇ **活动准备**

音乐CD,身体部位图卡、彩色卡纸若干,记号笔一支。

◇ **活动过程**

(一)热身律动,感知旋律

教师带领幼儿跟着伴奏音乐集体律动,初步感知歌曲旋律。

歌词:我们拉个大圆圈,一起走一走,拍拍你的小手,啦啦啦啦啦啦。

我们拉个大圆圈,一起走一走,动动你的肩膀,啦啦啦啦啦啦。

我们拉个大圆圈,一起走一走,扭扭你的屁股,啦啦啦啦啦啦。

我们拉个大圆圈,一起走一走,伸出你的小脚,啦啦啦啦啦啦。

(二)欣赏感受,自然地学唱

1. 游戏:有趣的手。

教师发出"BR——"的声音,引导幼儿跟着声音摆动手臂。

2. 初次游戏,理解歌词。

(1)看看我把什么藏起来了。(教师有节奏地念歌词,帮助幼儿理解歌词内容)

歌词:我把眼睛藏起来,谁也看不见。现在眼睛又出现,啦啦啦啦啦啦。

(2)你会藏吗?用能干的小手把眼睛藏起来吧!

3. 再次游戏,欣赏歌曲。

等所有的孩子蒙上眼睛,教师开始哼唱前奏和歌曲第一段。

4. 快乐游戏,学唱歌曲。

(幼儿边游戏边学唱歌曲第一段)你还能用什么方法把眼睛藏起来?

(三)拓展思维,替换歌词

1. 感知创编方法,尝试替换歌词。

(1)提出挑战:藏眼睛好有趣,我们还可以把身上哪个部位藏起来?

(2)思考新部位的藏法:鼻子可以怎么藏呢?

2. 自主创编,体验替换歌词表演的快乐。

(1)提出创编要求:还可以把身体的什么部位藏起来?你有什么特别的藏法?

(2)提出演唱要求:教师引导幼儿仔细倾听音乐,音乐的衔接逐渐变快,教师的提示逐渐减少。

3. 完整呈现歌曲,体验歌唱活动的快乐。

(1)用图卡帮助幼儿梳理歌曲内容。

(2)完整表演歌曲:让我们跟着音乐把歌曲连起来玩一玩吧!

(四)互动游戏,尝试合作

1. 教师示范,感知合作表演的方法。

一个人藏真有趣,找个朋友一起藏会更有趣呢,一起来试试?

2. 同伴合作,体验合作表演的快乐。

引导幼儿寻找同伴一起完整地表演歌曲,互相藏同伴的身体。

3. 师幼互动,提升创作表演的兴趣。

除了我们刚才藏过的地方,身上还有哪些地方也可以藏起来呢?(幼儿与教师互动表演)

>>> 教学反思 <<<

◇ 聚焦问题

1. 替换歌词对小班幼儿来说难度较大。

小班幼儿对身体各个部位的名称不太熟悉。在一个活动中让幼儿边玩边唱,再替换歌词进行仿编,幼儿容易出现只顾动作而忘记歌词的现象。

2. 合作表演的形式虽然提高了趣味性,但操作起来难度较大。

合作表演的环节中,有部分幼儿不能理解互相把对方的身体部位藏起来的意思,常出现仅藏自己的现象,这让合作表演变成了虚设。

◇ 改进策略

1. 活动前关键经验的准备。

幼儿熟悉身体的各个部位,能准确地说出名称是完成歌词替换活动的前提。在活动前,用游戏"小跳蚤"让幼儿适应边游戏边歌唱的方式,对身体部位有一定的感知,对之后歌曲中歌词的创编和替换会有一定的帮助。

2. 巧妙使用小道具。

小班幼儿的思维是直观形象思维,表述时常常需要直观形象的事物来辅助。准备一些身体部位的实物图卡,在替换歌词时给幼儿一些提示和帮助,能帮助他们轻松地完成替换歌词的任务。

第一部分　学习活动设计

> 3. 关注活动中的合理示范。
>
> 考虑到小班幼儿没有合作游戏的经验,在活动中应增加一个合作示范的环节。通过教师和一个幼儿示范共同游戏的方式,梳理两人合作游戏时的要求和方法,让幼儿有明确的合作的概念,帮助他们顺利完成合作游戏。

教学设计提升

◇ 活动目标

1. 欣赏歌曲,尝试替换歌词,乐意用自然的声音演唱。

2. 喜欢与同伴合作游戏,大胆用身体动作表现歌曲,体验游戏的快乐。

◇ 活动准备

音乐CD,身体部位图卡、彩色卡纸若干,记号笔一支。

◇ 活动过程

(一) 热身律动,感知旋律

1. 教师带领幼儿跟着音乐伴奏集体做律动,初步感知歌曲旋律。

歌词:我们拉个大圆圈,一起走一走,拍拍你的小手,啦啦啦啦啦啦。

　　　我们拉个大圆圈,一起走一走,动动你的肩膀,啦啦啦啦啦啦。

　　　我们拉个大圆圈,一起走一走,扭扭你的屁股,啦啦啦啦啦啦。

　　　我们拉个大圆圈,一起走一走,伸出你的小脚,啦啦啦啦啦啦。

(二) 欣赏感受,自然地学唱

1. 游戏:有趣的手。

教师发出"BR——"的声音,引导幼儿跟着声音摆动手臂。

2. 初次游戏,理解歌词。

(1) 我们的小手真有趣,它还可以把我们的身体藏起来呢。看看我把什么藏起来了。(教师有节奏地念歌词,帮助幼儿理解歌词内容)

歌词:我把眼睛藏起来,谁也看不见。现在眼睛又出现,啦啦啦啦啦啦。

(2) 你会藏吗? 用能干的小手把眼睛藏起来吧!

3. 再次游戏,欣赏歌曲。

等所有的孩子蒙上眼睛,教师开始哼唱前奏和歌曲第一段。

4. 快乐游戏,学唱歌曲。

幼儿边游戏边学唱歌曲第一段。（你还能用什么方法把眼睛藏起来？）

（三）拓展思维，替换歌词

1. 感知创编方法，尝试替换歌词。

（1）提出挑战：藏眼睛好有趣，我们还可以把身上哪个部位藏起来？

（2）思考新部位的藏法：鼻子可以怎么藏呢？

（3）思考如何替换歌词：怎么把鼻子唱到歌曲里去呢？

（4）教师示范唱新的歌曲，引导幼儿自然地跟唱。

2. 自主创编，体验替换歌词表演的快乐。

（1）提出创编要求：还可以把身体的什么地方藏起来？你有什么特别的藏法？

（2）提出演唱要求：教师引导幼儿仔细倾听音乐，音乐的衔接逐渐变快，教师的提示逐渐减少。

3. 完整呈现歌曲，体验歌唱活动的快乐。

（1）用图卡帮助幼儿梳理歌曲内容："藏起来"游戏真有趣啊！想一想，第一次我们藏了什么？第二次呢？第三次？第四次？（教师结合幼儿的回答用身体部位的图卡进行展示）原来我们藏了那么多地方！这首歌变得越来越长，也越来越好听了。

（2）完整表演歌曲：我们跟着音乐把歌曲连起来唱一唱吧！

（四）互动游戏，尝试合作

1. 教师示范，感知合作表演的方法。

（1）一个人藏真有趣，找个朋友一起藏会更有趣呢，谁想来试试？（教师和一幼儿示范合作的方法）

（2）小结：哦，原来两个人一起玩，就是本来我只藏自己的，现在还要藏别人的，我会玩了，你们会玩了吗？找一个朋友，一起来玩吧！

2. 同伴合作，体验合作表演的快乐。

引导幼儿寻找同伴一起表演完整的歌曲，强调要互相藏同伴的身体。

3. 师幼互动，提升创作表演的兴趣。

（1）除了我们刚才藏过的地方，身上哪些地方也可以藏起来玩呢？

（2）原来这么多地方都能藏起来啊。现在请你找一位老师，一起商量你们等下要藏的四个地方，音乐开始了就一起玩起来，好吗？（幼儿与教师互动表演）

📱 歌曲

我把眼睛藏起来

1=C 2/4

佚 名词
佚 名曲

```
5  5  4  6 | 5  5  3 | 5  5  4  6 | 5  —  |
我 把 眼 睛  藏 起 来, 谁 也 看 不 见。
1  1  7  7 | 6  6  5 | 6 6 6 6  7  7 | 1  —  ‖
现 在 眼 睛  又 出 现, 啦啦啦啦 啦 啦 啦。
```

好玩的椅子（中班）

象山海韵幼儿园 / 王艳君

 幼儿主导的学习活动

椅子乐

◇ **材料投放**

1. 椅子若干,数量比游戏人数少一,椅子上贴上清晰可见的数字,然后排列成一圈。
2. 每个幼儿佩戴一个数字胸饰在胸前。
3. 不同类型的音乐。

◇ **玩法**

玩法一：抢椅子

1. 将椅子围成一个圈,幼儿围成圈站立在椅子外,椅子数比人数少一。
2. 音乐响起,幼儿按照顺时针方向围着椅子行进,音乐一停,幼儿就开始抢座。因为椅子数比人数少一,没有抢到椅子的幼儿被淘汰。撤下一把椅子后,继续进行第二轮游戏。
3. 游戏如此反复,直到两人争一把椅子,抢到最后一把椅子的幼儿为胜利者。

玩法二：听数抢椅子

1. 音乐响起,幼儿戴上数字胸饰按照顺时针方向围着椅子行进。

2. 音乐停止,事先指定的发令者说:找个……的椅子坐坐好。如,找个数字比自己胸饰上的数字大的椅子坐坐好;找个数字比自己胸饰上的数字少1的椅子坐坐好等等。随后,幼儿马上找到相应的椅子,坐错椅子以及没有抢到椅子的幼儿被淘汰。

3. 游戏中,幼儿之间可多次交换胸饰,这样就能进行更多的练习。

玩法三:谁是领头人

1. 音乐响起,幼儿按照顺时针方向围着椅子行进。

2. 音乐一停,幼儿就开始抢座。因为椅子数比人数少一,没有抢到椅子的幼儿在下一轮抢椅子游戏中担任领头人,跟着音乐创编出合拍的行进动作。

3. 如此反复,抢不到椅子的幼儿成为下一轮游戏创编动作的领头人。

4. 游戏中,可以提供多种类型的音乐,引导幼儿根据不同的音乐创编不同的行进动作。

◇ **观察重点**

1. 幼儿在游戏初期是否能熟悉游戏的玩法,快速对信号(音乐、数字)做出反应,体会游戏的趣味性?

2. 在"玩法二"中,幼儿是否能听清指令并看清椅子上的数字,抢得又快又对?

3. 在"玩法三"中,幼儿是否能根据不同性质的音乐创编出不同的行进动作?

◇ **建议**

该活动可以在集体教学前进行。

 教师主导的学习活动

体育活动:小兵运输队

◇ **设计意图**

椅子是孩子们最熟悉的物品,每天他们都与椅子亲密接触。在平时的活动中,总能发现孩子们与椅子的互动,如把椅子当马骑,当摇椅、滑梯等。户外游戏中,我们也发现幼儿会借助椅子进行多种活动,如在椅子上保持平衡走路、在椅子间隔处练习跨跳、绕着椅子跑等。本次活动根据中班幼儿运动能力的发展水平,创设游戏情境。根据场景变化，椅子组合由易到难，层层递进，帮助幼儿在游戏中提高身体的平衡能力和协调能力，培养幼儿勇于挑战、不怕困难的意志品质。

教学设计原型

◇活动目标

1. 探索发现各种玩椅子的方法，锻炼跨跳、平衡等基本动作，提高平衡能力和灵活性。

2. 增强克服困难和团结合作的意识，培养幼儿勇敢的意志品质。

◇活动准备

1. 录音机、磁带、椅子人手一把、玩具炸弹若干。

2. 将长凳排成方形置于场地中。

◇活动过程

（一）热身运动

1. 绕场地变速跑。

2. 椅子热身操。

（二）自由探索椅子的玩法

1. 这是什么？（椅子）椅子是用来干什么的？今天我们要用椅子来锻炼身体，想一想，可以怎么玩？

2. 幼儿自由探索椅子的玩法。

3. 幼儿介绍自己的玩法。

4. 请3—4个幼儿展示玩法。

（三）合作设置椅子路线

1. 刚才老师发现有几个小朋友很厉害，探索出了椅子的各种玩法。你们能为自己组设置一条障碍路线，让大家来挑战一下吗？你能过哪一组？你愿意过哪一组？可以自己去选择试一试。

2. 各队合作设置路线并练习。

3. 鼓励幼儿挑战自己组的路线后去挑战其他组的路线。

4. 集体交流：每一组设置的路线大家都挑战过了吗？你觉得难度最大的是哪一组设置的路线？（请一幼儿个人走一走，再集体走一走）

(四)游戏:运送物资

1. 现在我们就要运送物资去前方阵地了,我们的小勇士必须要顺利通过刚才设置的障碍,而且在运送途中要确保自己和物资都不能掉下桥,安全到达前方阵地,记住了吗?

2. 幼儿第一次练习运送物资。

3. 教师针对第一次运送情况进行简单讲评。表扬顺利过桥的孩子,强调物资不是拿得越多越好,要根据自己的能力来。

4. 幼儿以竞赛的形式第二次运送物资。

(五)放松运动,舒展身体

跟着音乐坐在椅子上做放松动作。

>>> 教学反思 <<<

◇ **聚焦问题**

1. 目标定位高于幼儿的运动能力。

预设目标中既有跨跳又有平衡,对于中班幼儿来说,在一个集体教学中要达到这两个目标有难度,势必要根据幼儿的运动能力选择一个重点开展学习活动。

2. 合作设置路线的要求高于幼儿合作水平。

环节三让幼儿合作设置路线,预设幼儿能在小组合作搭建椅子路线的基础上练习走、跳、平衡的技能。可从教学实际来看,这一要求显然高于中班幼儿的合作水平,需要重新调整。

◇ **改进策略**

1. 制订合适的目标。

根据中班幼儿年龄特点和现有的运动水平,制订科学合理的目标,将原来的技能目标调整为"尝试探索椅子的多种玩法,能够在一定高度、一定间隔的椅子上练习平衡,提高身体的平衡能力"。

2. 调整活动环节设计。

改变原有方案的环节设计,创设"小士兵需要运送物资"的情境,并贯穿活动始终,让椅子上的平衡练习不枯燥,激发幼儿的运动热情。一次次不同难度的挑战幼儿都勇往直前,无形中培养了他们的运动能力。

教学设计提升

◇ **活动目标**

1. 尝试探索椅子的多种玩法,能够在一定高度、一定间隔的椅子上练习平衡,提高身体的平衡能力。
2. 在游戏中培养大胆勇敢的品质。

◇ **活动准备**

1. 椅子人手一把,运输物资若干(水桶、积木、塑料箱等)。
2. 录音机,音乐(热身跑音乐、椅子操音乐、过独木桥音乐、放松音乐)。

◇ **活动过程**

(一)热身运动

1. 将椅子在场地中间摆放成三排,教师带领幼儿绕场地变速跑。
2. 椅子热身操。

(二)探索椅子的玩法

1. 第一次探索。

(1)这是什么?(椅子)椅子是用来干什么的?今天我们要用椅子来锻炼身体,想一想,可以怎么玩?

(2)幼儿自由探索椅子的玩法。

(3)请个别幼儿介绍自己的玩法。

(4)请3—4个孩子展示玩法。

2. 第二次探索。

请你们再去试试椅子的其他玩法,刚才想到但没来得及玩的,现在都可以去试试,还可以和你的朋友一起合作。

(三)游戏:过独木桥

1. 练习过独木桥。

(1)刚才指挥官接到一个命令,要请小士兵们运送一批物资到前方阵地,在运送物资的过程中需要过窄窄的独木桥,会有一定的危险。所以,我们要先学会过独木桥的本领,你们想学吗?

(2)请幼儿分成两队,每一队将各自的椅子排成一排,搭建成一座独木桥。

（3）幼儿鱼贯过独木桥。

要求：前一个幼儿走到一半时，后面一个幼儿马上跟上，过桥时不推、不挤、不掉下桥。（练习一次）

2. 快速过独木桥。

（1）小士兵们刚才非常勇敢，现在需要你们加快速度过独木桥，可以吗？请你们跟着鼓声的节奏。

（2）要求：幼儿跟鼓声的节奏鱼贯快速通过独木桥。（练习两次）

（四）游戏：过断桥（一排椅子中抽掉3—4把椅子，形成一定的间隔）

小士兵们的平衡能力都非常强，能够快速通过独木桥。接下来我们要过的独木桥会比前面的难。你们看，独木桥的有些部分被大水冲走了，有一定的间隔，过桥时会有一定的危险，你们有信心过这座独木桥吗？（幼儿练习过断桥两次）

（五）游戏：运送物资

1. 小士兵们，学会过独木桥的本领了吗？现在我们就要运送水和粮食等物资去前方阵地了。根据你们自己的能力来，每一次可以运送一样物资，也可以运送两样或者更多。但是在运送途中要确保自己和物资都不掉下桥，安全到达前方阵地，记住了吗？

2. 幼儿第一次练习运送物资。

3. 教师针对第一次运送的情况进行简单讲评。表扬顺利过桥的孩子，强调物资不是拿得越多越好，要根据自己的能力来。

4. 幼儿第二次运送物资。

（六）放松运动

1. 小士兵们今天都辛苦了，我们来一起放松一下身体吧。（在音乐的伴奏下，坐在椅子上放松全身，调整呼吸）

2. 整理椅子和材料。

有用的工具（中班）

宁波市鄞州区江东实验幼儿园 / 蒋静

 幼儿主导的学习活动

不同用途的工具

◇ 材料投放

1. 筷子,方形、圆形、椭圆形等大小不同外面画上小鱼图案的塑料积木若干,大整理箱。

2. 将工具及使用方法分别印成扑克牌,注意每张牌上工具的数量要不一样。

3. 喷喷笔,刮画纸,刮画笔,透明胶机,绘有各种形状和图案的底版,彩泥（配有辅助的小刀、模型等）,剪刀,尺子等。

◇ 玩法

玩法一：工具扑克牌

1. 2—4人进行游戏,轮流翻扑牌,若工具牌与使用方法牌能配对,可将使用方法牌归为己有,谁的牌最多为胜。

2. 2—4人游戏,游戏人同时翻牌,牌上同一事物凑足一个既定数时,最早发现的人可以最先把牌取走,最后牌最多的人获胜（被遮住的牌不计数量,只计算翻开可见的牌上的数量）。

玩法二：解救小鱼

1. 将画有小鱼图案的方形、圆形、椭圆形等大小不同的塑料积木投入透明的大整理箱中,使用筷子在一定时间内解救小鱼,根据不同颜色计算得分。

2. 尝试夹圆形且小的鱼,探索得高分的方法。

玩法三：刮画

1. 正确使用刮画笔刮画。

2. 独立完成图案画。

3. 自制刮画纸,感受颜色变化的奇妙。

◇ **观察重点**

1. 幼儿在操作中是否认识常见的工具,知道其用途?

2. 幼儿是否能通过探索掌握游戏规则,合作完成游戏?

3. 幼儿是否能利用刮画笔两头不同的使用效果制作图案画?

◇ **建议**

该活动可以在集体教学前进行。

 教师主导的学习活动

科学活动：有用的饼干制作工具

◇ **设计意图**

各种各样的工具在人们的生活中无处不在,工具也在生活中发挥着举足轻重的作用。中班孩子在日常的教学活动或生活活动中也会接触一些简单的、操作简便的工具,如帮助书写的铅笔、橡皮等,用于美工操作的透明胶机、订书机等,科学探索中的天平、漏斗等,但平时大部分家长不放心孩子接触、使用工具,幼儿对工具的认识仅是一些感性经验,如会使用铅笔但是不会使用卷笔刀,对工具的具体用途、种类还不是很了解。"有用的饼干制作工具"的教学活动能帮助幼儿建立关于工具的初步认识与感性经验,获得正确使用工具的方法,丰富幼儿的生活经验。

教学设计原型

◇ **活动目标**

1. 在做做、看看中感受使用工具制作饼干很便捷,制作出来的饼干很美观。
2. 积极参与自制饼干的活动,初步掌握饼干制作工具的使用方法。

◇ **活动准备**

PPT、单孔饼干模具人手一个、多孔饼干模具人手一个、空气黏土。

◇ **活动过程**

(一)徒手制作饼干,感受在没有工具帮助下制作的饼干既不美观进度又很慢

1. 出示PPT,引出小熊的饼干店。

2. 说说自己想做什么形状的饼干。(三角形、正方形、圆形、梯形)

(1)瞧,制作饼干的面团已经准备好了,我们一起来做一做饼干吧。

(2)小结:谢谢你们帮我做了这么多的饼干,但是这些饼干没人买,因为它们形状不好看,圆的不圆,方的不方。

(二)出示制作饼干的单孔模具,感受在工具的帮助下制作出来的饼干很漂亮

1. 出示制作饼干的模具,引发幼儿对制作的兴趣。

你们看见过这个工具吗?谁愿意试试用这个工具做饼干?(着重注意扣边,教师在幼儿操作时做一些小结)

2. 介绍制作方法:把面团揉成团按压在桌上,然后将模具放在面团上,手掌用力按下去,把模具边缘多出来的面团拿掉,最后将模具轻轻地拿开。瞧,一个漂亮的小熊饼干就做完了,你们想不想来试一试呢?

3. 制作完后提问:你们觉得小熊送来的饼干工具好不好用?好用在哪里?

邀请小熊说结语:你们好棒哦,谢谢你们在这么短的时间里做出这么好的饼干。

(三)观察更便捷的饼干制作模具,感受工具给我们生活带来的便捷

1. 小熊还给我们送来了一个工具,看,这个工具和刚才的有什么不一样?为什么小熊说这个工具更好?(教师出示多孔模具,演示一次性制作3—6块饼干的过程)

2. 小结:人们真聪明,想出这么多用来制作饼干的工具,让饼干制作变得这么方便。

（四）感受生活中利用现代工具制作饼干的方法以及科技带给我们的方便

1. 小熊说饼干店的生意太好了，它开了好几家分店，每天需要好多的饼干，所以它买了一个更有用的饼干工具，请大家观看视频。

2. 小结：人们积极地动脑筋，发明了现代化的用来制作饼干的工具，一下子能制作出那么多的饼干，太有用，太方便了！小熊很感谢你们，想请你们品尝一下一起制作的饼干。

>>> 教学反思 <<<

◇ 聚焦问题

1. 教师预设多，幼儿自主表达机会少。

在活动的设计上，教师的提前预设过多，整个环节的创设牵引幼儿一步一步进入教师的预设，高控的环节致使幼儿体现自我创造能力的表达机会少。

2. 活动中操作环节层层递进，但是真实体验显现得还不够。

活动中幼儿从徒手制作饼干到使用单孔工具制作饼干到最后感受用多孔工具制作饼干的便利，层层递进，但是制作的材料为空气黏土，幼儿自然而然地会将工具与玩具混淆，导致真实性与生活性的显现不够。

3. 活动最后一个环节不够贴近幼儿生活。

活动应来源于幼儿的生活或建立在幼儿生活经验基础之上，更要回归于生活。最后一个环节播放了制作饼干的视频，这离孩子的生活有些距离，建议省略。

◇ 改进策略

1. 材料提供从单一到多样。

通过环节中材料设置的调整，将教师指定、目的性明确的一种材料替换成三种材质不同、样式不同的材料，通过三种材料的对比操作，幼儿自己发现并总结出饼干制作工具的特点。

2. 让材料从生活中来。

在第二环节后增加幼儿寻找班级里、生活中可用材料的环节，通过结合饼干制作工具特点的发现与运用，选择适合的材料来替代饼干制作工具，从而巩固对工具的感知，并创造性地运用到生活中，为现实生活服务。

3. 突出重点，避免花哨。

> 将观看视频这一环节去掉,将多孔工具的操作运用延伸至区域活动,将更多的实践操作机会留给孩子,使他们获得更多有关工具的经验,丰富孩子的生活经验,丰富游戏活动的内容。

教学设计提升

◇ **活动目标**

1. 在试试、做做、玩玩中感受饼干制作工具的特点,并利用生活中能代替饼干制作工具的材料制作圆形和方形的饼干。

2. 积极参与自制饼干的活动,初步掌握饼干制作工具的使用方法。

◇ **活动准备**

1. PPT,单孔饼干模具、实心图形模板、纸质空心模具人手一个,多孔模具一个,托盘人手一个,教室中事先放置大量生活中的废旧物品。

2. 每组事先任命好小组长。

◇ **活动过程**

(一)徒手制作饼干,感受在没有工具帮助下制作饼干很慢,制作出来的饼干也不好看

1. 出示 PPT,引出小熊的饼干店。

2. 说说自己想做什么形状的饼干。(三角形、正方形、圆形、梯形)

(1)瞧,制作饼干的面团已经准备好了,我们一起来做一做饼干吧。

(2)小结:谢谢你们帮我做了这么多的饼干,但是这些饼干没人买,因为它们形状不好看,圆的不圆,方的不方。

(二)出示制作饼干用的三种不同工具,尝试在比较中感受不同制作工具的特点

1. 出示三种不同的模具,分组动手试一试。

小熊店里有三种不同的饼干制作工具,请大家都动手试一试,小组长负责将用好的材料放回原处以更换没用过的材料,比一比哪种工具做的饼干又美观又结实,并说说你的理由。

2. 为什么灰色的模具制作的饼干最美观?其余两种模具和它有什么不一样?你觉得适合制作饼干的模具有什么特别的地方?

3. 小结:你们好棒哦,不仅帮小熊制作了漂亮的饼干,还知道了制作饼干的模具中间是空心的,边是硬的。

（三）寻找生活中方形和圆形的饼干制作模具，感受工具的无处不在

1. 寻找班级中具有饼干模具特征的材料，制作有形状的饼干。

2. 你成功了吗？为什么你会选择这个材料？你是在哪里找到的？还有谁也找了和他一样的材料？

3. 小结：原来只要具备材质硬、中间空心这两个特点的材料，再依据材料外部的形状，我们就可以做出相应形状的饼干啦。

（四）观察更快捷的饼干制作模具，感受工具给我们生活带来的便捷

1. 观看教师利用多孔模具一次性制作3—6块饼干的过程。

2. 小结：人们真聪明，发明出这么多制作饼干的工具，让饼干制作变得这么方便。

春天来了（中班）

宁波市北仑区新蕾幼儿园 / 郑洁

幼儿主导的学习活动

春天在哪里

◇ 材料投放

1. 春天常见事物的卡片：蝌蚪、小蜜蜂、蝴蝶、蚕、桃花、小草、喇叭花、油菜花、柳树等。
2. 自制可插卡片式头饰。
3. 记录纸、笔。

◇ **玩法**

玩法一：你说我猜

1. 分配角色，准备道具。

幼儿两人一组，面对面站立，一人戴上头饰。未戴头饰的一人挑选一张卡片，将其插入对方的头饰内，但不能让对方看到卡片内容。

2. 你说我猜，轮流交换。

未戴头饰的幼儿描述头饰上装饰的卡片所显示的事物的特征，比如对小蝌蚪的描述可以是"黑色的、会游泳的、长大后会变成青蛙"等，戴头饰的幼儿根据对方的描述猜测。猜对后互相交换，继续游戏。

玩法二：我问你猜

1. 分配角色，准备道具。（同玩法一）

2. 我问我猜，轮流交换。

戴头饰的幼儿开始猜测，并向对方提问，提问可以是"是黑色的吗？""会游泳吗？"等，对方只能回答"是"或"不是"。戴头饰的幼儿依靠提问和对方的回答来猜测自己头饰上装饰的卡片所显示的事物。猜对后互相交换，继续游戏。

◇ **观察重点**

1. 幼儿在游戏中能否主动地用语言描述与春天相关的事物的多种特征？

2. 幼儿是否能有目的地进行提问，通过提问来发现事物的特点并做出判断？

3. 幼儿在游戏中是否能轮流交换角色，遵守游戏规则等？

◇ **建议**

该活动可以在集体教学前进行。

 教师主导的学习活动

语言活动：春天的色彩

◇ **设计意图**

春天来了，美丽的事物逐渐都出现在了孩子们的眼前：嫩绿的小草从地里钻出来迎风摇曳,柳条上镶满了黄绿色的苞芽,在风中飞舞着,粉色的桃花、白色的梨花争相开放,小蜜蜂忍不住也飞来采花蜜了。这么美丽的景色自然会引起孩子们的注意。中班的孩子对春天的印象是直观的、零散的,他们会注意到单个事物的表面特征,最为直接的便是色彩,如绿绿的小草。如何结合自身的体验去感受春天的色彩,这对他们来说既有挑战性又有乐趣。因此,结合班级的主题"春天来了",活动中选取了散文《春天的色彩》,从色彩角度切入,唤起中班幼儿对春天的感性经验,启发幼儿观察发现春天的变化,结合自己的感受去描述春天里事物的色彩,感知色彩的魅力,以此来表达自己对春天的情感体验。

教学设计原型

◇活动目标

1. 理解散文的内容,感受春天的美,萌发热爱春天的情感。
2. 学习用固定的句式仿编诗歌语句,大胆表达对春天色彩的感受。

◇活动准备

1. 自制图书、班得瑞音乐《春》、不同颜色的油画棒、画纸。
2. 幼儿去公园寻找过春天,关注过春天里的各种事物,如各色的花、昆虫等。

◇活动过程

(一) 观察画面,激趣引题

1. 出示图书上的画面(正在树洞冬眠的小熊),引出春天。
2. 这是谁? 它在干什么? 这是什么声音? (出示打雷的画面,播放雷声)
3. 一声春雷惊醒了正在冬眠的小熊。小熊在黑黑的树洞里睡了一个冬天。小熊想:过了一个黑色的冬天,春天来了。春天是黑色的吗?

(二) 分段欣赏,理解散文

1. 翻阅大书,分段欣赏。

谁告诉了小熊春天是什么颜色的? 它是怎么说的?

(1) 小草为什么说春天是嫩嫩的绿色?

春天来了,小草发芽了,所以小草告诉小熊,春天是嫩嫩的绿色。

(2) 草莓为什么说春天是甜甜的红色?

草莓是甜甜的、红红的,所以草莓告诉小熊,春天是甜甜的红色。

（3）小兔为什么说春天是跳跳的白色呢？

春天来了，天气暖和了，小兔也蹦蹦跳跳地出来玩了。所以，小兔告诉小熊，春天是跳跳的白色。

2. 了解散文题目，完整欣赏。

这篇散文叫"春天的色彩"，让我们一起来完整地欣赏一下吧。

（三）大胆想象，尝试仿编

1. 大胆联想，唤起有关春天的经验。

春天到了，谁还会来告诉小熊春天是什么颜色的呢？在它眼里，春天是什么颜色的？为什么？

2. 大胆仿编，表现春天的色彩。

出示记录纸及多色油画棒，提出要求：想一想，谁还会来告诉小熊春天是什么颜色的？这个颜色是怎么样的？把它画下来，说一说。

3. 大胆表述，交流仿编。

引导幼儿用固定句式进行表述并追问缘由。

4. 共同欣赏，体验创编的乐趣。

我们把大家想到的春天的色彩全都编进散文里，好吗？

（四）延伸兴趣，提升情感

1. 教师将大书翻到最后一页，向幼儿呈现五彩缤纷的春天的景象。

2. 小结：小熊激动地叫起来："我知道了，我知道了！春天原来是五彩缤纷的。"春天是个美丽的季节，让我们再去找一找春天的色彩吧。

>>> 教学反思 <<<

◇聚焦问题

1. 散文理解受提问影响，过于刻板。

通过一问一答的方式来帮助幼儿理解散文这一活动形式比较传统和刻板，孩子的思维会被限制，无法打开。因此，势必要打破这个固有模式，让环节更灵活、更开放，同时又能帮助幼儿更好地理解散文的内容。

2. 仿编受幼儿认知经验所限，略显枯燥。

中班幼儿对春天里有的事物认知有限，因此，直接让幼儿依靠已有认知经验进行仿编是有困难的,且仿编的内容多数都是单一的、重复的。所以,需要思考如何提供支架,帮助幼儿顺利又精彩地完成仿编。

◇ **改进策略**

1. 多启发多追问,帮助幼儿多元理解散文。

理解散文内容的过程中,老师在讲述时可用着重的语气说:"春天是黑色的吗?"并且启发孩子:你们看到的这幅画中,有哪些颜色?当孩子说有绿色时,老师追问:"什么东西是绿色的?""是怎样的绿色?"并用诗歌的句式告诉孩子——小草告诉小熊:"春天是嫩嫩的绿色。"第一句话解读清楚后,孩子们就能尝试着自主解读了。

2. 提供支架,帮助幼儿顺利完成仿编。

在仿编环节中提供现实中的春天的照片,用PPT滚动播放并配以音乐,给孩子的仿编以隐性的支持。在照片的选择上,主体要突出,色彩要鲜明,例如:一张满版的柳树的照片等。

教学设计提升

◇ **活动目标**

1. 理解散文的内容,感受春天的美,萌发热爱春天的情感。
2. 尝试用固定的句式进行仿编,大胆表现对春天的色彩的感受。

◇ **活动准备**

1. 自制图书、有关春天事物的PPT、班得瑞音乐《春》、各色油画棒、记录纸。
2. 幼儿去公园寻找过春天,关注过春天里的各种事物,如各色的花、昆虫等。

◇ **活动过程**

(一)观察画面,敫趣引题

1. 出示图书中的画面(正在树洞里冬眠的小熊),引出春天。
2. 这是谁?它在干什么?这是什么声音?(出示打雷的画面,播放雷声)
3. 小结:一声春雷惊醒了正在冬眠的小熊。小熊在黑黑的树洞里睡了一个冬天。

(二)分段欣赏,理解散文

1. 分段欣赏,理解散文内容。

(1)小熊想,过了一个黑色的冬天,春天来了。春天是黑色的吗?(加重语气,引发幼儿的思考)

（2）你们看到的这幅画中有哪些颜色？什么东西是绿色（红色、白色）的？是怎样的绿色（红色、白色）？为什么？（教师可提示，如：春天到了，小草怎么样了？之后根据幼儿的回答出示句式结构图，如小草＋嫩＋绿色，并用诗歌的句式小结——小草告诉小熊："春天是嫩嫩的绿色。"师生共同构建诗歌句式及散文内容）

（3）小结：小熊听了说："哦！我知道了，原来春天是嫩嫩的绿色、甜甜的红色、跳跳的白色。"

2. 翻阅大书，了解散文的题目，完整欣赏。

这篇好听的散文叫"春天的色彩"，让我们一起来完整地欣赏一下吧。

（三）大胆想象，尝试仿编

1. 观看视频，唤起有关春天的经验。

我们找到了哪些春天的色彩？是怎么样的色彩？

2. 大胆仿编，表现春天的色彩。

（出示三格记录纸、多色油画棒）想一想，谁还会来告诉小熊春天的色彩，把它画在第一格；这个色彩是怎么样的？把它画在第二格。是什么颜色的？把它画在第三格。画好后写上学号并说一说，把它插到书上来。

3. 大胆表述，交流仿编。

教师出示个别仿编作品，请作者来说一说，引导幼儿一起学说。（引导幼儿用固定句式来表述并追问缘由，如：为什么小草说春天是痒痒的绿色？）

4. 完整欣赏，体验创编的乐趣。

（1）以开火车的形式请每位幼儿说说自己的仿编内容，给每位幼儿以鼓励，引导他们体验仿编的快乐。

（2）将大书翻至最后一页，呈现五彩缤纷的春天的景象。

（3）小结：听了大家的回答，小熊突然激动地叫起来："我知道了，我知道了！春天原来是五彩缤纷的。"

（四）延伸兴趣，提升情感

小熊还想知道春天的更多色彩，如果你们发现了不一样的春天的色彩，把它记录下来告诉小熊，好吗？（将大书、仿编记录纸投放在图书角，供幼儿继续仿编。）

散文

春天的色彩

　　一声春雷惊醒了正在冬眠的小熊。小熊在黑黑的树洞里睡了一个冬天。小熊想:过了一个黑色的冬天,春天来了。春天是黑色的吗?春天是什么颜色的呢?小草告诉小熊:"春天是嫩嫩的绿色。"草莓告诉小熊:"春天是甜甜的红色。"小白兔告诉小熊:"春天是跳跳的白色。"小熊听了说:"哦!我知道了,原来春天是嫩嫩的绿色、甜甜的红色、跳跳的白色。"

我爱爷爷奶奶（中班）

慈溪市实验幼儿园 / 蔡春玲

幼儿主导的学习活动

给爷爷奶奶送礼物

◇ 材料投放

1. 爷爷奶奶年轻时的照片、当前的生活照，老花镜，放大镜，足底按摩器，保暖水杯，棉拖鞋，围巾，手套，松软的糕点等。

2. 大小不一的纸盒、包装纸、双面胶、蜡笔、彩色丝带等。

3. 爱心形的贴纸。

◇ **玩法**

玩法一：找照片

1. 从许多照片中找一找，认一认自己的爷爷奶奶。

2. 将爷爷奶奶年轻时的照片和当前的生活照进行配对。

3. 和同伴相互交流，聊一聊和爷爷奶奶之间发生的趣事。

玩法二：猜礼物

1. 挑选一件礼物藏于身后，请同伴根据简单的描述猜测礼物是什么，如：我想送给奶奶的礼物摸起来软软的，天冷的时候可以围在脖子上取暖。

2. 猜对的幼儿获得一枚爱心形的贴纸。

玩法三：包装礼物

1. 挑选一件爷爷奶奶最喜欢的礼物。

2. 自主选择辅助材料将礼物包装得更漂亮。

3. 说一说送礼物时常用的祝福语。

◇ **观察重点**

1. 幼儿能否根据爷爷奶奶外形上的特点进行寻找，发现爷爷奶奶年轻时的青春、美丽，加深对爷爷奶奶的亲近感？

2. 幼儿能否根据物品的主要特征进行描述，注意不能说出物品的名称？

3. 幼儿能否关注到爷爷奶奶年纪大了，要根据他们的需要来挑选礼物？

4. 幼儿是否喜欢向同伴表达自己的想法？

5. 幼儿能否利用辅助材料包装礼物？

◇ **建议**

该活动可以在集体教学前进行。

教师主导的学习活动

语言活动：小乌龟看爷爷

◇ 设计意图

《小乌龟看爷爷》是一则短小却又不失温暖的故事。故事里面的小乌龟怀着对爷爷深深的爱意，不怕艰辛，背着沉甸甸的苹果树走过了一季又一季，终于让爷爷品尝到了红彤彤、甜滋滋的苹果。爷爷很高兴，小乌龟自己也享受到了付出的快乐。故事中憨态可掬的小乌龟分明就是孩子的化身。它的动作不太灵敏甚至有点笨拙，但有一颗爱爷爷的心。故事情节虽然简单，却蕴含了深深的道理。故事包含了两条线索，一条是情感线索：小乌龟爱爷爷。我们可以用这个小故事去打动幼儿，引导幼儿明白：爷爷奶奶值得我们去尊敬、去爱。第二条是科学线索：在欣赏作品的同时使孩子对果树的生长过程有更进一步的了解。在教学设计时强调小乌龟因为爱爷爷所以坚持自己的信念，希望孩子从"慢"这一看似笨拙可笑的特点感受"爱"的光彩。

教学设计原型

◇ 活动目标

1. 理解故事内容，感受小乌龟对爷爷浓浓的爱，从而萌发对老人的关爱之情。
2. 通过欣赏故事，进一步了解果树的生长过程。
3. 通过实践操作，鼓励幼儿大胆尝试迁移经验进行讲述。

◇ 活动准备

1. PPT、果树图片、人手一份操作材料、"爱心使者"挂饰、轻音乐。
2. 有和爷爷共同生活或交流的经验。

◇ 活动过程

（一）引出故事的主角

1. 引导幼儿回忆小乌龟的外形及走路的样子。
2. 请幼儿猜测"小乌龟可以给爷爷送什么礼物？"引导幼儿根据老人的喜好来给爷爷送礼物。

3. 想象小乌龟会用什么办法来送这棵苹果树,理解词语"绑"。

（二）第一遍欣赏故事,初步了解果树的生长过程

1. 故事的题目是什么？你听到了什么？

2. 结合幼儿的回答引出苹果树四种不同的生长状态。

3. 引导幼儿按苹果树的生长过程来排列图片。

（三）分段欣赏故事,感受小乌龟对爷爷浓浓的爱

1. 图片分别代表哪一个季节？

2. 小乌龟背上的苹果树发生了什么变化？

3. 猜一猜,乌龟爷爷会对小乌龟说什么？明白辛勤的付出后,自己也会得到快乐的道理。

（四）引导幼儿尝试集体复述故事

1. 通过寻找爱心使者,激发幼儿复述故事的兴趣。

2. 尝试集体复述故事,评选出"爱心使者"。

（五）排列图片,鼓励幼儿大胆尝试,并迁移经验进行个别讲述

1. 请一位幼儿尝试排列图片并复述故事。

2. 请全体幼儿自主选择图片进行操作并尝试复述。

（六）交流自己与爷爷在一起时发生的开心事

1. 你和你的爷爷在一起时开心吗？你们在一起会做什么？

2. 小结:爷爷爱我们,我们也爱爷爷,我们可以为爷爷做一些自己能做的、爷爷喜欢的事。没和爷爷住在一起的小朋友要记得常去看望爷爷！

>>> 教学反思 <<<

◇ 聚焦问题

1. 情感体验过于浅显。

感受小乌龟对爷爷浓浓的爱是本次活动的重点目标。但是,对于中班幼儿而言,仅仅通过聆听故事来达成目标,情感体验是十分浅显的。因此,引导幼儿思考"小乌龟对爷爷的爱究竟有多深？"就显得尤为重要。只有理解了这个问题,幼儿才能将"爱爷爷"的情感内化。

2.迁移经验讲述难度过大。

在环节五中匆忙将幼儿引导至迁移经验讲述,不符合中班幼儿的能力特点,难度过大,而且不利于感受和激发"爱爷爷"这一情感目标。

◇ 改进策略

1.有效化解科学线索。

通过多次角色换位及层层追问,让幼儿自己来思考:苹果树越来越重,爷爷的家还很远,我还要不要坚持?同时,引导幼儿关注小乌龟所经历的季节变化。只有理解了苹果树的生长从时间上来看是一个非常漫长的过程,才能感受到小乌龟在一年中所经历的辛苦,从而体会到:小乌龟无论多么辛苦都要走下去,是因为它真的很爱自己的爷爷。

2.调整活动环节设计。

调整原有方案中鼓励幼儿迁移经验讲述的设计,将这一环节拓展至集体教学后的个别化学习活动中。引导幼儿按照自己的能力和兴趣,自主选择材料迁移经验并讲述。

教学设计提升

◇ 活动目标

1.理解故事内容,感受小乌龟对爷爷浓浓的爱,从而萌发对老人的关爱之情。

2.通过欣赏故事,进一步了解果树的生长过程。

3.通过实践操作,尝试边排列图片边讲述。

◇ 活动准备

1.PPT、果树图片、人手一份操作材料、"爱心使者"挂饰、轻音乐。

2.有和爷爷共同生活或交流的经验。

◇ 活动过程

(一)引出主角,激发兴趣

1.引导幼儿回忆小乌龟的外形及走路的样子。

2.请幼儿猜测"小乌龟可以给爷爷送什么礼物?"引导幼儿根据老人的喜好来给爷爷送礼物。

3.想象小乌龟会用什么办法来送这棵苹果树,理解词语"绑"。

（二）欣赏故事，获取经验

1. 故事的题目是什么？你听到了什么？

2. 结合幼儿的回答引出苹果树四种不同的生长状态。

3. 引导幼儿按苹果树的生长过程来排列图片。

（三）角色换位，重点追问

1. 仔细观察图片所代表的季节。

2. 引导幼儿换位思考：如果你是小乌龟，背上的苹果树越来越重，你还要继续爬下去吗？为什么？

3. 重点追问：背上的苹果树沉甸甸的，可是爷爷的家还有好远，你还要继续爬下去吗？为什么？

4. 小乌龟知道爷爷家很远，自己爬得很慢，背上的苹果树又很重，为什么还是坚持下来了？

5. 猜一猜，乌龟爷爷会对小乌龟说什么？明白辛勤的付出后，自己也会得到快乐的道理。

6. 小结：小乌龟可爱自己的爷爷了，爷爷吃到它送的苹果，该多开心啊！

（四）爱心激励，尝试复述

1. 通过寻找爱心使者，激发幼儿对复述故事的兴趣。

2. 尝试集体复述故事，评选爱心使者。

（五）互动交流，感受亲情

1. 你和你的爷爷在一起时开心吗？你们在一起会做什么？

2. 小结：爷爷爱我们，我们爱爷爷，我们可以为爷爷做一些自己能做的、爷爷喜欢的事；没和爷爷住在一起的小朋友要记得常去看望爷爷！

> 故事

小乌龟看爷爷

小乌龟想爷爷了,它说:"我要去看爷爷,顺便给他送一棵苹果树去。"

小乌龟把苹果树绑在背上,出发了。

走啊,走啊,苹果树开花了。蜜蜂来了,蝴蝶也来了。

走啊,走啊,苹果树结出了小苹果。小鸟来了,大鸟也来了。

走啊,走啊,苹果树成熟了,爷爷的家到啦!

小乌龟和爷爷吃着红红的苹果真开心!

奇妙的声音（中班）

宁波市鄞州区江东中心幼儿园 / 赖婷

 幼儿主导的学习活动

探索声音

◇ **材料投放**

1. 纸杯、毛线、水管、彩笔和胶带，锅碗瓢盆等厨房用品，相同的玻璃瓶若干个，各种与声音有关的图片等。

2. KT板、箩筐（用于材料分类）、声音探索区内事先放好柜子（用于探索同种声音的材料放于同一层柜子内）、记录纸、笔等。

3. 声音示意图：如有关制作传声筒的步骤、厨房音乐会的玩法、瓶声叮咚响的操作方法等提示卡以及声音调查单和班级声音公约的海报等。

4. 幼儿熟悉的乐曲的节奏图谱，如《两只老虎》。

◇ **玩法**

玩法一：我找的声音图片

1. 自主收集生活中的各种与声音有关的图片，布置成展览交流的展示区。

2. 依据展览交流的情况，选择有共性问题的图片（便于教师设计集体教学）。

玩法二：我制作的各种声音

1.选择"探索声音柜"内的提示单，根据提示单选择材料。

2.根据"传声筒"提示卡，制作传声筒。

3.根据"厨房音乐会"提示单，布置厨房音乐会场景，依据节奏谱进行敲打，感受声音的不同。

4.根据"瓶声叮咚响"提示单，探索玻璃瓶中水量从少到多或从多到少音高变化的秘密。

玩法三：我是声音管理员

1.结合幼儿园一日生活各环节的情况，探索制定多份声音公约，分享和展示后，调整班级声音公约，共同遵守。

2.选派声音小记者进行声音调查，以任务单的形式，请小记者们完成"音量喜欢采访表"（如下）。

场所	音量		喜好程度	
	较大	较小	喜欢	不喜欢
餐厅				
图书吧				
小舞台				
派对				
其他角色区				

调查表完成后，可供老师和孩子们在区域活动分享时，共同探讨相关问题，进一步引导孩子们关注到声音音量和场合的关系。

◇ **观察重点**

1.幼儿能否将同伴收集到的各种与声音有关的图片在展板上进行布置？布置时又是如何分类和呈现的？如何与同伴分享自己的声音故事？对哪些声音有共性的疑问等？

2.幼儿在操作中如何运用提示卡对声音进行探索？在传声筒、厨房音乐会、瓶声叮咚响等活动中遇到了哪些困难？能否看懂提示卡并通过求助老师、同伴等进行学习和操作？

3.幼儿能否迁移声音与周围环境需要匹配的知识，进行简单的调查和公约的制定？

◇ 建议

玩法一和玩法二可以安排在集体教学前的区域活动中；玩法三可以在集体教学后在区域活动中进行。

教师主导的学习活动

综合活动：狐狐和声音的故事

◇ 设计意图

随着城市的高速发展，对于身处其中的每位公民来说，文明素养越来越重要，在日常生活中建立按环境和场合用适宜的音量交流的良好社交意识是其中很重要的一部分。《3—6岁儿童学习与发展指南》也有"能根据场合调节自己说话的声音"这样的教学目标，对孩子文明礼貌的程度提出了一定的要求和期望。

在孩子优良品行形成的3—6岁阶段，如何用除了说教以外的方式，让儿童理解、认同，且对这类长期影响行为素养的问题有充分的认识呢？

为此，我们尝试以文学作品为切入点，引导儿童在理解故事角色的基础上，迁移经验，逐渐明白说话声音的高低在社交活动中的重要性，期待这样的集体教学活动能走入孩子的内心。

本活动通过讲述故事，引导幼儿感受音量的大小；通过贴图卡，引导幼儿理解音量与生活场合的关系；结合实际，尝试制定班级声音公约。整个活动环节层层递进，在故事情节的有力推动下，于开放平台中引导幼儿形成对音量辩证的思维认知，以"声音"为线索，尝试理解狐狐喜爱发出声音和家人喜爱静悄悄之间的矛盾冲突，在情境中感受声音音量与生活场合的关系，并能根据场合调节自己说话声音的大小。

教学设计原型

◇ 活动目标

1. 以"声音"为线索，尝试理解狐狐喜爱发出声音和家人喜爱静悄悄之间的矛盾冲突。

2. 创设故事情境,与同伴一起探讨声音音量与生活事件之间是否匹配,初步感受声音与不同场合的关系。

◇ 活动准备

1. PPT;四人一组,每组下发四张图卡,内容可以为:地铁、电梯、商场、餐厅、图书馆、生日派对、演讲、表演节目、运动比赛等。

2. 和孩子们共同收集有关声音探索的材料,放于活动区内。

◇ 活动过程

(一)故事引题,声音大小引出家庭矛盾

1. 故事引题,狐狐和爸爸妈妈对声音大小的反应不一样,怎么办?

2. 讨论:你支持谁?为什么?

3. 怎么解决这个难题呢?

(二)分组操作,初步辨识声音音量和周围环境的关系

1. 讨论:不同的场合对声音的要求有什么不同呢?声音的大小怎么表现呢?

2. 出示声音音量标志,体会声音大小和音量标志的关系。

3. 分组操作:选择图卡,将不同场合需要的音量对应起来,边操作边说理由。

4. 小组代表讲述。

5. 小结:很多公共场合都需要安静或轻声交流,而一些表演活动、户外运动、游戏中,声音需要大点。

(三)继续故事,进一步感知声音在适宜场合下适度表现的力量

1. 教师继续讲故事:狐狐明白这个道理后是怎么应用声音的呢?

2. 讨论:狐狐这个时候的歌声让猎人觉得怎么样?让爸爸妈妈觉得怎么样?为什么?

3. 原来,在合适的场合发出合适的声音,还有神奇的力量。不同的场合需要不同音量的声音,愿你们都能成为让人喜爱、受人尊重的、有礼貌的孩子。

4. 在狐狐的歌声中愉快结束活动。

>>> 教学反思 <<<

◇ 聚焦问题

1. 教学目标设计的层次性不清楚。

虽然设计者想结合生活对文本进行阐发,可是目标设计上却都围绕文本展开,缺乏生活角度的体现;各个环节的表述有以教师为主体的,也有以幼儿为主体的,不能很好地反映环节与教学目标间的联系,这会直接影响执教者的思路。

2. 活动如何回归幼儿生活实际。

教学活动设计缺少与幼儿生活实际的联系,但在现场教学中教师及时调整了方案,特别是活动的最后一个环节,能较好地引导幼儿将经验迁移到生活中。

◇ 改进策略

1. 教学目标体现层次性,与环节架构相一致。

文本表述需要灵活,同样也需要有条不紊的逻辑支撑,才能确保每一次活动的稳定,也才能在稳固的基础上生发出更多的师幼互动。可设置两个教学目标,一个源自对故事的理解,一个源自生活,两者相辅相成,并体现在每个具体的环节中。

2. 调整最后环节,迁移幼儿经验。

最后环节可结合故事情节的推进,自然落实到班级声音公约的制定活动中去,引导孩子们学做一个让人喜欢、懂得控制自己声音音量大小的现代小公民。

教学设计提升

◇ 活动目标

1. 以"声音"为线索,尝试理解狐狐喜爱发出声音和家人喜爱静悄悄之间的矛盾冲突。

2. 在情境中感受声音音量与生活场合的关系,并能根据场合调节自己说话声音的大小。

◇ 活动准备

PPT;四人一组,每组下发四张图卡,内容可以为:地铁、电梯、商场、餐厅、图书馆、生日派对、演讲、表演节目、运动比赛等。

◇ 活动过程

(一) 讲述故事,感受音量有大有小

1. 讲述故事:爸爸妈妈喜欢怎样的声音环境?狐狐喜欢怎样的声音环境?

2. 重点讨论:你支持谁?为什么?

小结:爸爸妈妈和狐狐喜欢不同的声音环境,并且都有自己的理由。

（二）贴贴图卡，理解音量与生活场合的关系

1. 介绍音量图卡标志。

2. 幼儿分组操作。要求：根据不同的场合将多幅图卡贴在对应的音量区域内。

3. 小组代表介绍。

4. 小结：很多公共场合都需要安静或轻声交流，而表演、户外运动、游戏等活动时，需要大声。

（三）结合实际，尝试制定班级声音公约

1. （教师继续讲故事）狐狐明白这个道理后是怎么应用的呢？

2. 讨论：狐狐这个时候的歌声让猎人觉得怎样？爸爸妈妈觉得如何？为什么？

3. 小结：想成为一个文明礼貌、受人尊重的孩子，就要懂得根据场合控制自己的音量。

4. 讨论制定班级声音公约。

故事

狐　狐

【德】赫姆·海恩 著　赵远虹 译

狐狐来到这个世界时，周围一片静悄悄。原来，她的家深藏在地底下，没有电话，没有广播，连狐狐爸爸最爱看的电视节目也只有画面，没有声音。狐狐的爸爸妈妈很少说话，这不奇怪，因为狐狸都沉默寡言。不过，不说话好像也并不妨碍一家人的沟通——一个咧嘴微笑，一个张牙舞爪，谁不知道谁的心思？

一天，狐狐轻轻地爬出婴儿车悄悄把头探出门外，嚯，外面可真热闹啊！"咕咕咕""呱呱呱""嘎嘎嘎"，一声比一声响亮，像是一场大合唱。"嘤嘤嘤""嗡嗡嗡"，一阵清脆一阵低沉。"哞哞哞""叮叮叮"，一声温柔一声高亢。"叽叽叽""喳喳喳""吱吱吱""啾啾啾"。狐狐越听越入迷，越听越兴奋。回到家里，她不管三七二十一，"嗡嗡""哞哞""喳喳"一通模仿。狐爸爸和狐妈妈却被噪音折磨得烦躁不安，同时也很担心……为什么呢？因为"叽里呱啦"的狐狸是弄不到食物的。可是狐狐才不管呢——她唱得正起劲！

没过多久，柜子里的食物就全吃光了，狐狐听到自己的肚子老在"咕噜咕噜"乱

叫。圣诞节的夜晚，狐爸爸苦思冥想，终于憋出一个词："鸡窝！"为了防止狐狐发出响动，她的嘴巴被结结实实地绑了起来，结果，全家满载而归。不料，森林警官出现在他们面前。狐狸一家三口又冷又怕，哆哆嗦嗦地等待着处决。就在这时，狐狐猛地挣脱了嘴上的绳套，开始放声高歌。她的歌声是那么清脆美妙，就像夜莺的歌声一样。森林警官被感动了，他决定放狐狸回家。不过，他警告说："下次要是再被我逮到，那我的枪可就不客气啦！"

这次奇遇很快在亲友们中间传开，大家纷纷带着礼物前来，欣赏狐狐的美妙歌声。狐狐简直是一夜成名。狐爸爸和狐妈妈真为自己的宝贝女儿感到骄傲！终于，狐狐变得大名鼎鼎。她的歌声响遍全世界。她来到炎热的非洲，为动物之王演唱。她又赶到冰天雪地的南极，为企鹅王国献艺。

狐狐渐渐地长大了。后来，她嫁给了一个聪明能干的小伙子。再后来，他们生了一群小宝宝，一个个能歌善舞。只是，那个最小的宝宝，让狐狐有些担心……

排　序（中班）

余姚市实验幼儿园教育集团 / 黄利行

 幼儿主导的学习活动

有趣的排序

◇ **材料投放**

1. 操作图片若干：饼干、水果、糖果、彩色石头、鲜花、栅栏等。
2. 操作实物：彩旗、气球、彩珠等若干。
3. 美食操作板：前半部分为三组按规律排列的美食，后半部分为空白操作区。
4. 字母提示卡：分别写有用字母表示的规律，如 ABBABBABB 、 ABCABCABC 。
5. 记录纸、笔、空白操作板。

◇ **玩法**

玩法一：排序接龙

选择自己喜欢的美食操作板，根据操作板上已有的三组美食的排列规律，选取相应的操作图片，根据此规律继续往下接龙，直至完成一组完整的排序。

玩法二：实物排序

1. 选择一张字母提示卡，仔细观察提示卡中字母的排列规律。
2. 根据提示卡中字母的排列规律，在空白操作板中摆出按相同规律排列的实物的图片。

玩法三：设计

1. 自由选择实物，有规律地挂气球、制作珠帘、挂彩旗等。

2. 把新设计的排列规律记录在记录纸上。

◇ **观察重点**

1. 幼儿能否根据提示的规律选择实物进行排序？

2. 幼儿是否能按照物体的多种特征自创规律进行排序？

3. 幼儿在此活动中观察能力、创造能力、坚持性、专注程度等学习品质是否有所提升？

◇ **建议**

该活动可安排在集体教学之后的数学区中进行。

教师主导的学习活动

数学活动：小猪请客

◇ **设计意图**

"排序"是数学活动中较为复杂的概念，中班下半学期的幼儿已有一定的排序经验，形象性思维较突出。但由于年龄限制，幼儿对排序的概念还比较零散，随意性较强。本次教学活动创设了小猪请客的游戏情境，选择幼儿熟悉的玩具、糖果、图形等，通过观察操作、排除干扰、推理猜测、制作礼物四大环节，阶梯式地将多种排序规律层层渗透其中，有意识地引导幼儿观察、比较、发现图形的多种排序规律，在游戏中学习按规律排序，并尝试大胆自主地创造新的排列规律。活动中，教师由易到难、层层递进地调动幼儿学习的积极性，引导幼儿主动学习、大胆创新。

教学设计原型

◇ **活动目标**

1. 通过动手操作，体验不同物体的排列规律，并尝试按一定规律进行排序。

2. 增强观察能力及初步的判断推理能力,进一步激发幼儿对数学活动的兴趣。

◇ **活动准备**

PPT、操作板及包含记号笔、迷宫图、领带、皇冠的操作材料人手一份。

◇ **活动过程**

(一) 情景导入引题

1. (PPT出示小猪)这是谁呀? (小猪)今天小猪特别高兴,你们知道为什么吗?

2. 原来小猪请了好朋友来它家做客,我们一起来看看小猪的朋友们都有谁。

3. (PPT出示小狗、小猫、小兔、小老鼠)四位客人都带来了什么礼物呢?

(二) 观察操作,感知排列规律

1. PPT出示小狗送气球的图片,集体感知。

(1) 小狗带来了什么礼物?这些气球是怎么排列的呢?

(2) 小结:气球是按"一个红一个绿"的规律重复排列的。

(3) 验证:让我们一起看看是不是这样。(教师PPT操作)

2. PPT出示小猫送花朵,集体回答。

(1) 小猫带来了什么礼物?这些花朵是怎么排列的呢?

(2) 小结:花朵是按"两朵大一朵小"的规律重复排列的。

(3) 引导:那么接下去应该怎么排列呢? (幼儿集体回答,教师PPT操作)

3. PPT出示小兔送糖果,个别回答。

(1) 小兔带来了什么礼物?这些糖果是怎么排列的呢?

(2) 小结:糖果是按"一颗水果糖一颗棒棒糖一颗巧克力"的规律重复排列。

(3) 引导:那么接下去应该怎么排列呢? (幼儿个别回答,教师PPT操作)

4. PPT出示小老鼠送铅笔,个别操作。

(1) 小老鼠带来了什么礼物?这些铅笔是怎么排列的呢?

(2) 操作:那么接下去应该怎么排列呢?大家去试一试吧! (幼儿分组操作)

(3) 交流:你是怎么排列的?铅笔是按什么规律重复排列的呢?

(三) 排除干扰,寻找排列规律

小猪等呀等,好朋友们怎么还不来呢?原来是遇到困难了。(教师播放PPT)

1. (出示迷宫图)四个小动物家门口有许多公交线路,像迷宫一样,它们不知道应该坐几路车,想请我们帮帮忙。

2.（出示密码图）原来它们有坐车密码,只要按着这个图形密码往前走,就可以坐上公交车,顺利到达小猪家。

3. 幼儿操作:排除干扰按图形的排列顺序走迷宫找答案。

4. 验证答案。

（四）推理猜测,补充排列规律

1. 在小朋友的帮助下,好朋友们终于来到了小猪家。小猪热情地欢迎好朋友们,还准备了好多好吃的招待它们。可调皮的小猪和好朋友们开了个玩笑,它把一些好吃的藏了起来,一定要猜出藏的是什么,才请它们吃。小朋友,我们再来帮帮它们吧!

2. 你猜后面藏着什么好吃的,为什么？它们是按什么规律排列的？

（五）制作礼物,设计排列规律

1. 引语:小猪也想请小朋友们去做客,我们一起为小猪准备一件礼物吧。

2. 出示领带和皇冠排列的范例,共同讨论设计方案。

3. 幼儿分组制作礼物,教师巡回观察指导。

>>> 教学反思 <<<

◇ 聚焦问题

1. 环节设计不够开放,缺少发散性思维的培养。

由于对中班幼儿现有水平了解不够深入,故为了求稳求顺,在环节设计时缺少递进,虽在情境创设方面生动有趣,但幼儿的发散性思维没有得到最好的发挥。

2. 概念不够清晰,缺少内在逻辑关系的渗透。

"以 AB 为一组重复出现的规律"是本次活动的基本概念。在整个活动中,虽然教师不断地用语言强化,但由于中班幼儿的逻辑思维刚刚萌芽,形象思维占主导,所以对排序的内在逻辑关系的理解还是比较模糊。

◇ 改进策略

1. 调整环节,促进发散性思维的培养。

根据中班幼儿的学习特点,对平行环节进行适当调整,保证幼儿的梯状学习,促进发散性思维。第三环节可调整为:先观察猜测,验证一条路线,再分组操作找剩余三条路线,最后验证路线密码。

2. 巧用支架,促进逻辑思维的培养。

> 根据中班幼儿逻辑思维刚刚萌芽,形象思维仍占主导的思维发展特点,可把抽象的语言强化改变为形象的PPT操作。每当幼儿发现一组"主规律"时,就巧妙利用支架——"○"进行圈注,从而刺激幼儿的视觉,促进逻辑思维的发展。

教学设计提升

◇ **活动目标**

1. 通过动手操作,体验不同物体的排列规律,并尝试按一定规律进行排序。
2. 增强观察能力及初步的判断推理能力,进一步激发幼儿对数学活动的兴趣。

◇ **活动准备**

PPT、操作板、展示板及包含水彩笔、迷宫图、皇冠的操作材料人手一份。

◇ **活动过程**

（一）情景导入引题

1.（PPT出示小猪）这是谁呀？今天小猪特别高兴,你们知道为什么吗？

2. 原来小猪请了好朋友来它家做客,我们一起来看看是谁来了？

3.（PPT出示小狗、小猫、小兔、小老鼠）四位客人都带来了什么礼物呢？

（二）感知、发现

1. PPT出示小狗送气球。

（1）这些气球一样吗？那么接下去应该怎么排呢？

（2）你怎么知道接下去要这样排列？有什么规律吗？

（3）为了看得更清楚,我们请圈圈（○）来帮忙吧。（在PPT上用圆圈将一组排列圈起来）

（4）小结:原来气球都是按"一红一绿"为一组的规律重复排列的。

2. PPT出示小猫送花朵。

（1）这些花是按什么规律排列的？

（2）如果也用圈圈（○）帮忙,第一个圈应该怎么圈呢？（个别回答,教师操作）

（3）接下去应该怎么排列呢？（补充完整）

（4）小结:原来花朵是按"两大一小"为一组的规律重复排列的。

3. PPT出示小兔、小老鼠送糖果。

（1）这些糖果的排列有规律吗？

（2）请小朋友帮我圈一圈,应该怎么圈呢？

（3）个别幼儿实物操作。

（4）集体评价,PPT验证。

（三）推断、操作

小猪等呀等,好朋友们怎么还不来呢？原来是遇到困难了。（出示PPT）

1.（出示迷宫图）四位小动物家门口有许多公交线路,像迷宫一样,他们不知道应该坐几号车,想请我们帮帮忙,我们先帮小狗找一找吧。

2.师幼观察推断。

（1）小狗要乘坐几号车？（动态操作验证）

（2）你怎么知道小狗要乘坐3号车？它的路线密码有什么规律？（出示密码,借助圈圈操作）

3.分组操作。

4.集体验证。

（四）创造、提升

小猪也想请小朋友们去做客,我们一起为小猪准备一件礼物吧。

1.设计皇冠。

（1）出示皇冠及三份材料,共同讨论设计方案。

（2）幼儿操作。

2.评价提升。

（1）教师有意识地将幼儿的作品分类展示在不同板块中。

（2）评价发现分类规律：AB组、AAB组、ABB组、ABC组、其他组……

3.小结。

绿色植物（中班）

宁波滨海国际幼儿园 / 金雅萍

 幼儿主导的学习活动

喜欢喝水的植树

◇ **材料投放**

1. 针筒、吸管、绿色植物的图片、水、绿色皱纸、咖啡色镭射纸。
2. 绿萝、文竹、薄荷、白掌等几种常见的绿色植物的图片及分割后的拼图。
3. 植物喝水的图示。

◇ **玩法**

玩法一：植物拼图

1. 选择同一植物的不同部位，说一说名称。
2. 根据图示拼成一株完整的植物。
3. 不看图示独立拼植物。

玩法二：植物喝水

用针筒抽水，然后把水注入植物底端的导管，观察水经过导管到达叶面后叶片发生的变化。

◇ 观察重点

1. 幼儿是否能正确认识并说出植物各部分的名称?

2. 幼儿是否对针筒吸水和传输水的现象感兴趣?

3. 幼儿能否注意到植物叶片的变化,能否发现植物横着、竖着摆放,导管吸水速度的快慢变化?

◇ 建议

该活动可以在集体教学前进行。

 教师主导的学习活动

科学活动:我会养护绿色盆栽

◇ 设计意图

春天是万物复苏、生长的季节,在之前的活动中,孩子们已经种植了薄荷、红薯。在种植、照料植物的过程中孩子们对植物的生长有了一个初步的认识与经验。区域游戏中,孩子们也还在进行"大树"的立体造型活动,很显然他们对于春天植物的变化是非常关注的。可是自然角中的有些植物却因为养护不当,叶片枯黄,失去了生机。如何正确地养护这些绿色植物?让这些已经生病的植物恢复生机?科学活动"我会养护绿色盆栽"旨在让孩子们了解白掌、绿萝、文竹、薄荷等几种常见的绿色植物的养护方法,知道植物生长需要水、阳光,通过自己动手给绿色植物浇水、修剪、擦拭,在养护过程中更深入地了解绿色植物的特点,激发幼儿对绿色小生命的喜爱之情。

教学设计原型

◇ 活动目标

1. 了解绿萝、薄荷、文竹等几种常见的绿色盆栽植物的养护方法,初步懂得根据植物的特点进行浇水、晒太阳、修枝等养护措施。

2. 在制作护理卡、护理的过程中使幼儿萌发喜爱、爱护绿色植物的意识。

◇ **活动准备**

1. 枯萎发黄的绿萝、文竹、薄荷、白掌各一两盆；关于科学养护的PPT；养护用的小剪刀、浇水容器若干；养护标记卡每个幼儿一张，铅笔若干；植物生长需要记录表一张。

2. 认识绿萝、文竹、薄荷、白掌等几种常见的绿色植物。

◇ **活动过程**

(一) 情景导入，引发冲突

1. 小朋友们，前几天瑶瑶妈妈出差去了，去了好多天，她回家的时候，发现家里的植物都变样了，我们一起来看看植物怎么了。

2. （出示绿萝）你们看：植物怎么了？

3. 小结：植物的叶片变黄了，有些变成了咖啡色，枯萎了，茎也有些变黄了。

4. 猜想记录：是什么原因让植物变成这样了呢？

(二) PPT介入，了解养护方法

1. 小朋友们猜测了很多原因，也提出了一些养护的方法，那你们的方法是不是科学呢？我们一起来听听植物博士有什么科学养护的方法。

2. PPT演示科学养护的方法。

3. 归纳整理记录：哪些植物需要多喝水？（薄荷、绿萝、白掌）

　　　　　　　　哪些植物需要少喝水？（文竹）

　　　　　　　　哪些植物需要多接受光照？（薄荷）

　　　　　　　　哪些植物喜欢阴凉的地方？（绿萝、白掌、文竹）

4. 小结：不同的植物有不同的养护方法，让我们一起做小小养护员，来拯救它们吧！

(三) 学习养护，制作标记

1. 老师提出要求。

2. 出示养护步骤图。

3. 幼儿制作养护标记卡。

(四) 布置环境，感受美丽

1. 幼儿根据植物的特性分别将它们摆放于室内或室外，教师给予指导帮助。

2. 小结：绿色盆栽植物不仅能装饰我们的教室，让我们的教室变得更加美丽，还能吸收空气里的有害物质,让我们更健康。我们大家要多多关心这些绿色的小生命,让它们健康生长。

>>> 教学反思 <<<

◇ 聚焦问题

1. 幼儿对于植物外形特征缺乏认知经验。

幼儿还不是很清楚植物根、茎、叶等部位的名称,需要有一个前期认知的过程。

2. 记录的方式不明确。

人手一张的记录纸需要设计;在记录活动中要对幼儿讲清楚:用简单符号表示;老师在讨论时可建议并请他们用简单的图文来进行记录。

3. 班级里多肉植物角中的多肉植物若大批量出现霉变、腐烂的现象,迫切需要进行养护,可根据班级情况对活动中需养护的植物类型进行调整。

◇ 改进策略

1. 丰富幼儿已有经验。

结合具体实物,帮助幼儿梳理植物根、茎、叶方面的认知,这部分内容可以在活动前进行渗透。

2. 明确记录方式。

两次记录,第一次是教师和幼儿集体记录,可以采纳孩子们的建议进行简单的图文记录。第二次是幼儿独立记录,幼儿根据自己养护植物的经验独立记录。教师要事先讲清楚要求,可以用图片帮助幼儿整理思路。

3. 养护植物调整为:绿萝、多肉植物、薄荷、白掌、吊兰。

教学设计提升

◇ 活动目标

1. 了解绿萝、薄荷、多肉植物等几种常见的绿色盆栽植物的养护方法,初步懂得根据植物的特点进行浇水、晒太阳、修枝等养护措施。

2. 在制作护理卡、护理的过程中引导幼儿萌发喜爱、爱护绿色植物的意识。

◇ 活动准备

1. 枯萎发黄的绿萝、多肉植物、薄荷、白掌、吊兰各一两盆;关于科学养护的PPT;

养护用的小剪刀、浇水容器若干;养护标记卡每个幼儿一张,铅笔若干;植物生长需要记录表一张。

2. 认识绿萝、多肉植物、薄荷、白掌等几种常见的绿色植物以及其根、茎、叶。

◇ **活动过程**

(一) 情景导入,引发冲突

1. 小朋友,前几天瑶瑶妈妈出差去了,去了好多天,她回家的时候,发现家里的植物都变了样,我们一起来看看植物怎么了。

2. (出示吊兰)你们看:植物怎么了?

3. 小结:植物的叶片变黄了,有些变成了咖啡色,枯萎了。

4. 猜想记录:是什么原因让植物变成这样了呢?

(二) PPT 介入,了解养护方法

1. 小朋友们猜测了很多原因,也提出了一些养护的方法,那你们的方法是不是科学呢?我们一起来听听植物博士有什么科学养护的方法。

2. PPT 演示科学养护的方法。

3. 归纳整理记录:哪些植物需要多喝水?(薄荷、绿萝、白掌)

       哪些植物需要少喝水?(多肉植物)

       哪些植物需要多接受光照?(薄荷、多肉植物)

       哪些植物喜欢阴凉的地方?(绿萝、白掌)

4. 小结:不同的植物有不同的养护方法,让我们一起做小小养护员,来拯救它们吧!

(三) 学习养护,制作标记

1. 教师提出要求。

2. 教师出示养护步骤图,帮助幼儿梳理养护步骤与方法。

3. 幼儿养护植物,制作养护标记卡,教师适时介入。

(四) 布置环境,感受美丽

1. 幼儿根据植物的特性分别将它们摆放于室内或室外,教师给予指导帮助。

2. 小结:绿色的盆栽植物不仅能装饰我们的教室,让我们的教室变得更加美丽,还能吸收空气里的有害物质,让我们更健康。我们大家要多多关心这些绿色的小生命,让它们健康生长。

叠叠乐（大班）

宁波市第二幼儿园 / 李玲飞

 幼儿主导的学习活动

叠 高

◇ **材料投放**

1. 纸杯、各种饮料喝完后留下的瓶罐（旺仔牛奶罐、爽歪歪饮料瓶等）、纸牌、纸盒、木制积木、瓶盖等。

2. A4纸、塑料片、各种形状的KT板等。

3. 记录纸、笔。

4. 各种建筑物（东方明珠、世博会中国馆、金字塔、城墙、埃菲尔铁塔、土楼等）的图片。

◇ **玩法**

玩法一：叠叠乐

1. 使用一种材料叠高，探索不同的叠法。

2. 使用一种材料，叠成某一建筑物的形状。

玩法二：辅助叠高

1. 结合多种材料叠高。

2. 尝试边探索边记录的方法。

玩法三：看图叠高

1. 利用各种材料照着建筑物的图片叠成形状。

2. 利用各种材料叠出相似的形状。

◇ **观察重点**

1. 幼儿在操作中是否能利用材料自身的特点进行自主探索、调整，找出叠得稳、叠得高的多种方法？

2. 幼儿是否能通过探索发现建筑物的某些特点，比如：下大上小，形状呈球形、锥形、倒锥形等？

3. 幼儿是否能利用辅助物探索叠高的方法？

4. 幼儿是否能通过互相合作学习记录探索结果等？

◇ **建议**

该活动可以在集体教学前在建构区中进行。

 教师主导的学习活动

科学活动：纸杯叠高

◇ **设计意图**

在幼儿园的建构区中，经常可以看到孩子们利用积木、纸盒、纸杯等开展叠高游戏，然而通过观察我们可以发现孩子们在叠高游戏中更多地关注叠高的操作行为，对怎么叠才能稳、才能高缺乏一定的理性思考和科学探究的意识。以此为契机，结合孩子们的兴趣点和叠高游戏中蕴含的有关建筑构造的科学原理,可采用生活中最常见的纸杯作为操作的媒介设计活动。引导孩子们在层层操作、同伴互助合作中习得将纸杯叠得又高又稳的方法,并迁移生活经验,感受科学的有趣及有用。

◆ 教学设计原型

◇ **活动目标**

1. 尝试寻找使物体叠得又高又稳的方法。

2. 对操作活动感兴趣,学习与同伴合作,体验合作成功的快乐。

◇ **活动准备**

1. 一次性纸杯,塔、各种材料(纸盒、纸杯、果奶瓶、积木)等的图片,音乐,磁带,PPT。

2. 创设宽敞的环境,供幼儿操作。

◇ **活动过程**

(一)激趣引题,感知叠高

1. 出示纸杯,引出叠高的游戏。

这是什么?想不想用这些纸杯来玩一个叠高游戏?老师将你们分成红、黄、蓝、绿四组,看哪组能把这些纸杯叠起来!

2. 幼儿分组操作。

3. 讨论交流:你们成功了吗?是怎么叠的?(重点区分:套与叠)

4. 小结:原来有各种各样的叠高的方法,那么怎样才能叠得又高又稳呢?

(二)再次操作,提升经验

1. 每组 20 个纸杯,分组操作。

2. 交流操作方法,教师记录。

3. 小结:以下面纸杯多、上面纸杯少的方法往上叠相对来说能叠得又高又稳。

4. 生活拓展:这种叠高的方法,生活中还在哪里看到过?(出示 PPT)

(三)引入塔的形状,探索感悟

1. (出示塔的图片)看到过塔吗?它的结构如何?(一层一层)

2. 出示 KT 板。尝试板和纸杯的组合叠高。

3. 分享:叠高时你有什么感觉?数数你叠了几层。

（四）经验延伸，再激兴趣

1. 除了可以用纸杯玩叠高的游戏，还有什么也能用来叠高呢？
2. 幼儿自由交谈。
3. 出示纸盒、果奶瓶、积木等材料的图片，激发幼儿再次探索操作的兴趣。

>>> **教学反思** <<<

◇ **聚焦问题**

1. 预设内容低于孩子的原有经验。

大班的孩子在个别化学习和廊室活动中已经初步建构了有关叠高的认知经验，因此导入环节中预设的"套"与"叠"的问题以及两次操作环节对他们来说难度不高，势必需要在原有认知经验的基础上给予新的挑战。

2. 两次操作环节的认知点不在同一水平上。

环节二操作的认知点在于下大上小的叠高方法，而环节三的操作目的则是让幼儿关注隔板形状与重心的问题。

◇ **改进策略**

1. 选择适切的探索点。

基于幼儿在叠高游戏中现有水平的分析，从幼儿的已有经验出发，选择同一水平的探索点（探索下面大、上面小的方法能使纸杯叠得又高又稳），层层递进。同时从孩子的操作中发现问题、解决问题，以设疑提问的方式展开。

2. 调整活动环节设计。

改变原有方案中从探索科学原理拓展到自然生活的设计，将生活迁移环节放至活动的最后，使整个教学活动遵循从科学现象再到生活经验的线索，厘清整个科学活动的环节脉络。

教学设计提升

◇ **活动目标**

1. 尝试寻找使物体叠得又高又稳的方法。
2. 对操作活动感兴趣，学习与同伴合作，体验合作成功的快乐。

◇ **活动准备**

1. 一次性纸杯、塔的图片、音乐、磁带。

2. 创设宽敞的环境,供幼儿操作。

◇ **活动过程**

(一) 激趣引题,感知叠高

1. 出示纸杯,引出叠高的游戏。

这是什么?想不想用这些纸杯来玩一个叠高游戏?每人5个纸杯,看看有哪些方法可以叠高。

2. 分享:是怎么叠的?(头尾连接、两个中间放一个等)

3. 小结:原来有各种各样叠高的方法。

(二) 尝试操作,获取经验

1. 三人合作操作,每组21个纸杯,用同样多的纸杯,看看怎样能叠得稳。

2. 交流操作方法并验证。

3. 小结:用下面大、上面小的方法往上叠相对来说能叠得稳。

(三) 再次探索,感悟提升

1. 设疑:为什么同样都是用下面大、上面小的方法叠,叠出来的高矮却不一样?

2. 二次操作:怎样能叠得又稳又高?

3. 分享:你用了什么方法,叠了几层?

4. 总结:下面大叠得稳,上面小叠得高,这样就能叠得又稳又高。

(四) 媒体导入,生活迁移

1. 问题:看看你叠的造型的形状,你觉得像什么。

2. 出示图片,联系生活。

3. 小结:原来生活中的很多建筑物(房子、塔等)的形状都藏着下面大、上面小的秘密!做个爱发现的孩子,再去仔细找找看,说不定你还会有更多的发现。

一起来玩纸（大班）

宁波市镇海区镇海幼儿园 / 应贤达

 幼儿主导的学习活动

好玩的纸

◇ 材料投放

1. 白纸、剪好的小纸人、报纸。

2. 各种小玩具（小汽车、小喇叭、小恐龙、小火车、小娃娃等），大硬纸板，回形针，玻璃杯，几盆水，积木，磁铁等。

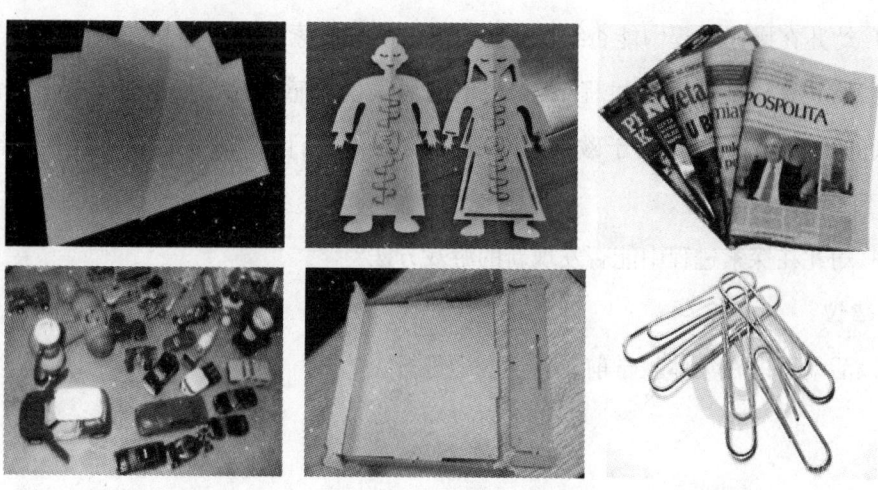

◇ 玩法

玩法一：有力的纸

1. 将一张白纸放在两块有间隔的积木之间架空，上面放上玩具，观察：纸发生了什么变化？再拿一张白纸来回折，放在两块有间隔的积木之间架空，上面放上玩具。观察：纸又发生了什么变化？

2. 比较观察：哪张纸的"力气"大？

玩法二：会跳舞的纸

1. 先用剪刀剪出手拉手的小纸人，用回形针扣成圈。

2. 将小纸人放在大的硬纸板上，拿一个磁铁在大硬纸板上来回移动，纸娃娃就会跳舞。

玩法三：不湿的报纸

1. 把一张纸揉成团，放在玻璃杯里，杯口朝下。

2. 将玻璃杯垂直放进水里，稍后拿出杯子，再拿出报纸，看看报纸是湿的还是干的。

3. 继续探索玻璃杯怎样放进水里，才能使报纸不湿，为什么？

◇ 观察重点

1. 幼儿在操作过程中能否结合日常对纸的认识探索游戏内容和方法？

2. 幼儿是否能在游戏过程中，对简单的科学现象感兴趣？如由于改变了纸的形状，纸的承受力就大了；由于磁铁的原因，纸会跳舞了；由于朝下的玻璃杯里有空气，水进不去，纸就不会湿。

3. 幼儿在探索过程中能否发现新的游戏方法？

◇ 建议

该活动可以在集体教学前在科学区中进行。

教师主导的学习活动

科学活动：纸张大力士

◇设计意图

纸，一直是幼儿游戏中不可缺少的重要伙伴，他们用纸折飞机玩，把纸贴在胸口跑，将纸揉成"手榴弹"……他们探索出了各种各样的关于纸的游戏方法。《3—6岁儿童学习与发展指南》指出：5—6岁大班幼儿在探究中认识周围的事物和现象，并且在探索中发现问题，会用喜欢的方式解决问题。根据活动主题"纸"，我们为幼儿创设了环境，提供了材料。在进行"纸桥"游戏时，发现纸桥凭借支撑物可以承受相当重量的物体后，有的孩子就问："如果没有桥墩的帮助，纸还会站起来吗？"孩子们讨论热烈并产生了争议。于是，就有了此次科学活动。

教学设计原型

◇活动目标

1. 知道通过折纸的方式，可以让普通纸张站立来。
2. 尝试不同的折纸方式，学习提高普通纸张承重能力的方法。
3. 乐意参与关于纸张的探索活动，并在活动中获得发现与成功的喜悦。

◇活动准备

每个幼儿一张普通彩纸（A4纸的六分之一大小）；六人一组，每组50块左右承重实验物一盒（如相同大小的积木）、纪录表一张、小箩一个；小卷透明胶、PPT（不同造型的柱子在生活中的应用）。

◇活动过程

（一）让纸站起来

1. 教师提前为每组准备一个小箩，内放彩纸（数量与幼儿人数相同）。
2. 教师提出第一个挑战。

今天我们为每个小朋友准备了一位彩纸宝宝，但它很可怜，站不起来，你们能帮帮它吗？

3. 幼儿自主尝试,让彩纸站立在桌面上。

4. 教师评价,然后让幼儿说说方法,教师简单记录。

（二）个人探究,提高纸张的承重力

1. 教师提出第二个挑战。

彩纸宝宝非常感谢你们让它站起来了,可是它说,今天它的愿望还没有达成,你们知道它的愿望是什么吗？原来,它想成为大力士。

2. 教师拿出一块积木,平稳地放在自己折的彩纸上。

3. 每个幼儿拿一块积木,鼓励幼儿尝试在站立的彩纸上放一块积木。

4. 教师加大第二个挑战的难度。

这样我们的彩纸就是大力士了吗？你能想办法在上面放更多的积木吗？你们认为彩纸变成什么样的造型它的力气会更大呢？

5. 幼儿提出想法,教师简单记录,并进行操作示范,完成幼儿的想法,逐一将造型放在桌面上。

6. 幼儿选择自己认为的大力士,并在小组记录表中写好学号和实验方法。

你们认为哪个造型力气更大呢？小朋友们自己选择,在表格中填写学号和选择的造型。

7. 教师补充实验要求:在小组的协助和配班老师的帮助下完成纸张的造型(用透明胶粘贴纸张接缝处),然后在上面逐一增加积木,直到纸张承受不了,记录积木的数量。

8. 幼儿开始实验,配班教师协助、巡视。

9. 整理器材,幼儿上报实验结果,教师填写在总表中并加以比较。

10. 集体观察实验结果,通过比较发现圆柱体造型承重能力最强。

（三）联系生活,运用实际

1. (教师出示PPT)通过大家的共同努力,我们发现圆柱体纸张大力士最厉害,那你们知道生活中它有哪些应用吗？

2. 幼儿通过PPT了解圆柱体、长方体等造型在生活中的应用。

>>> 教学反思 <<<

◇聚焦问题

1. 忽视了幼儿原有经验的丰富性。

在让纸张站起来的环节中,幼儿运用自己已有的丰富经验,想出了多种方法,同时也改变了纸张的长和宽,这为下一步比较不同造型纸张的承重力带来了更多的可变因素。

2.高估了幼儿精细化动作的能力。

在比较不同造型纸张承重能力的实验中,教师让幼儿小组合作利用透明胶制作纸柱,这个实验要求相对较高的操作技能,由于幼儿的年龄特点,完成效果不理想。

3.忽视了幼儿探索活动中无关因素的干扰。

幼儿在进行纸柱承重能力实验时,由于放置积木时没有采取统一的方法,导致实验结果的偏差较大。

◇ **改进策略**

1.要求更加明确,便于幼儿精准探索。

在进行让纸张站起来的操作前,教师提出更为细致的要求,告诉幼儿要在不改变纸张长度的基础上通过改变它的形态从而让纸张站立起来。

2.材料准备更为充分,保障幼儿的操作需求。

为了避免实验结果偏差过大,不同造型的纸柱由教师事先制作好,为了满足所有幼儿的选择需求,每个可能的实验造型所需的材料按全部幼儿的人数准备。

3.演示更加到位,利于幼儿实验的开展。

在幼儿进行不同纸柱承重能力的实验之前,教师先演示,演示过程中说明承重积木的放置要求。

教学设计提升

◇ **活动目标**

1.知道通过折纸的方式,可以让普通纸张站立起来。

2.尝试不同的折纸方式,提高普通纸张的承重能力。

3.乐意参与纸张探索活动,并在活动中获得发现与成功的喜悦。

◇ **活动准备**

1.每个幼儿一张普通彩纸(A4纸的六分之一大小);六人一组,每组50块左右承重实验物一盒(如相同大小的积木)、一块承重实验用的垫板、纪录表一张、小箩一个、一小卷透明胶。

2. 教师演示器材，大垫板，较重的重物（如椅子、大箩筐等），PPT（不同造型柱子在生活中的运用）。

◇ 活动过程

（一）让纸站起来

1. 提前为每组准备一个小箩，内放彩纸（数量与幼儿人数相同）。

2. 教师提出第一个挑战。

今天我们为每个小朋友准备了一位彩纸宝宝，但它很可怜，站不起来，你们能帮帮它在不变矮的情况下站起来吗？

3. 幼儿自主尝试，让彩纸站立在桌面上。

4. 教师评价，然后让幼儿说说方法，教师简单记录。

（二）个人探究，提高纸张的承重力

1. 教师提出第二个挑战。

彩纸宝宝非常感谢你们让它站起来了，可是它说，今天它的愿望还没有达成，你们知道它的愿望是什么吗？原来，它想成为大力士。

2. 教师拿出一块积木，平稳地放在自己折的彩纸上。

3. 每个幼儿拿一块积木，鼓励幼儿尝试在站立的彩纸上放一块积木。

4. 教师加大第二个挑战的难度。

这样我们的彩纸就是大力士了吗？你能想办法在上面放更多的积木吗？你们认为彩纸变成什么样的造型力气更大呢？

5. 幼儿提出想法，教师简单记录，并逐一将事先准备好的造型放在桌面上。

6. 小组中每位幼儿选择自己认为的大力士，并在小组记录表中写好学号和实验方法。

你们认为哪个造型力气更大呢？小朋友们自己选择，在表格中填写学号和选择的造型。

7. 教师补充实验要求：以小组为单位领取本组实验要用的纸柱，分别放在桌子的一角，组内小朋友合作进行，在每个纸柱上逐一增加积木，注意垒放整齐，直到纸张承受不了，然后记录数量。

8. 幼儿开始实验，教师巡视。

9. 整理器材，幼儿上报实验结果，教师填写在总表中。

10. 集体观察实验结果,通过比较发现圆柱体造型承重能力最强。

11. 观看课件,联系生活实际。

(三)小组合作,增强纸张的承重力

1. 总结实验,开展第三个挑战。

今天我们将彩纸宝宝变成了大力士,小朋友们表现得都很棒,现在我们来一个小组比赛,把小组内的彩纸组合在一起,挑战这个大箩筐。

2. 教师发给每个小组一块垫板,小组成员将彩纸合放在一起,教师拿箩筐尝试放在每一组垫板上,若成功即欢呼。

3. 开展终极挑战。

让幼儿把所有的彩纸放到教师的桌面上,教师排列彩纸,然后在上面放一个纸盒盖,请一个瘦小的女孩子尝试。

4. 布置任务,要求幼儿回家后在家长的帮助下,继续探究,完成终极挑战。

小苏打的秘密（大班）

宁波市海曙区翠柏幼儿园 / 葛维微

 幼儿主导的学习活动

有趣的小苏打

◇ **材料投放**

1. 醋、小苏打。
2. 气球、漏斗、量杯、勺子、各种瓶子等。
3. 记录纸、笔。
4. 游戏方法介绍图纸。

◇ **玩法**

玩法一：收集气体

1. 幼儿自主摆弄器材，探索除了活动中的方法，是否有更好的收集气体的方法。

2. 阅读老师提供的实验小提示，试一试新方法（将小苏打放到气球中，然后将气球套在瓶子上，气球中的小苏打倒入瓶中，产生气体后收集），比一比两种方法哪种收集到的气体多？

3. 通过与同伴讨论，发现这种方法最大的优点是气体不会逃走，即使气球套得慢了也没有关系。

玩法二：瓶子的探索

1. 幼儿尝试换不同的瓶子进行实验。

2. 尝试边探索边记录不同的实验结果。

3. 通过实验操作发现瓶子口太大气球就难扣，瓶子太矮容易溢出，瓶子太高对于收集气体也有影响。

玩法三：量的探索

1. 尝试探索在醋量不变的情况下，是不是可以通过一直加小苏打产生气体？通过量筒来实验并记录，多少毫升的醋加多少勺小苏打后不再产生气泡（达到饱和状态）？

2. 幼儿可自由操作，边玩边观察现象，尝试发现往一定量的醋中一勺一勺加入小苏打，会开始冒泡产生气体，而后泡泡越来越少，直到气泡停止产生，之后再加小苏打也无法产生气体。

3. 让孩子们记录量杯内倒入的醋有几格，再加入小苏打，记录加入几勺后不再冒气泡。注意提醒孩子耐心等待，加入一勺后，等完全反应后再加第二勺。

◇ **观察重点**

1. 幼儿在操作中是否具有自己的想法和科学探索的条理性？教师需着重引导幼儿培养科学探索的精神和创新、坚持以及严谨的品质。

2. 幼儿在探索过程中是否始终保持兴趣？

3. 幼儿是否能互相合作、学习记录探索结果等？

◇ **建议**

该活动可以在集体教学后在科学区中进行。

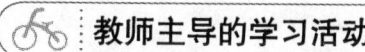 教师主导的学习活动

科学活动：吹气球

◇ **设计意图**

这个活动的想法来源于一次春游。春游中有个小朋友在喝汽水时摇晃了瓶子，

打开时汽水就喷出来了,于是孩子们叽叽喳喳地说开了,有的说是因为气体跑进去了,有的说这情景像火箭在喷射,看到孩子们对此十分感兴趣,于是设计了这个活动。活动中的小苏打和醋都是安全的,是在厨房中会用到的物品,而且这个化学反应的现象能直观地用肉眼观察到,并用吹气球的方式游戏化。大班的孩子对世界充满了好奇心和探索欲望,而且也具备了一定的实验技巧和能力,因此我们设计了这个有趣的活动,和孩子们一起展开一段探索之旅。

教学设计原型

◇ **活动目标**

1. 在猜想、验证和记录中发现小苏打和醋混合在一起会产生气体的科学现象,了解小苏打在生活中的应用。

2. 探讨收集气体的好办法,体验同伴间有序合作获得成功的快乐。

◇ **活动准备**

1. 红醋、小苏打瓶子、气球、糖、盐、勺子、漏斗、杯子、PPT、表格、笔。

2. 事先学会套气球。

◇ **活动过程**

（一）以疑激趣 —— 寻找神奇的泡泡溶液,探索小苏打和醋混合在一起会产生气体的现象

1. 出示气球,请幼儿想想如何将气球吹大。

2. 请幼儿猜测是哪种物质和醋反应产生了气体,吹大了气球。

3. 实验验证,是小苏打和醋反应产生了气体。

4. 小结:原来秘密就是小苏打和醋混合在一起产生了气体。

（二）以趣激学 —— 认识小苏打,了解它的用途

你们知道吗,小苏打还有其他的用处呢!（使汽水味道更好,使面包更加松软可口）

（三）学以致用 —— 幼儿大胆尝试用小苏打和醋来吹气球,探讨实验的方法

1. （教师出示操作材料）了解了需要的材料,你们打算怎么收集气体吹气球?

2. 幼儿大胆提出自己的方案,操作验证自己的想法。

3. 成功了吗?成功的小朋友你们是怎么做的?（小结探讨正确的方法）

4. 为何用一样的方法,吹的气球大小却不一样?

材料越多,和朋友合作得越好,套得越快,气球越大。

(四)体验快乐——感受挑战成功的喜悦

1. 幼儿自取材料进行实验,体验实验成功的喜悦。

2. 给孩子们一根绳子,请孩子们探究怎么把吹大的气球取下来。

>>> 教学反思 <<<

◇ 聚焦问题

1. 预设内容能否在难度上更适合幼儿。

设计的记录表难度有些低,幼儿思考的空间较少。通过表格让孩子们有更多对现象和结果的思考,对提升第一环节的效用来说至关重要。

2. 活动中运用的材料需要更加严谨地挑选。

材料的选择上也存在问题。实验中使用的是红醋,因此孩子们在说到醋和小苏打反应的结果时,更多关注了颜色,而活动最需要孩子观察的是气泡的产生,红醋的使用影响了孩子们的观察。

另一个是瓶子的材质问题,由于用的瓶子质地比较软,影响了孩子们套气球的动作,导致气体没有及时被收集,气球无法吹得很大,实验游戏的结果无法充分满足孩子们的期望,因此需要考虑运用材质更硬的实验器材。

3. 活动中语言表述的严谨性。

科学活动中结论的产生与表述尤为重要,会影响幼儿的学习效果,因此采用更具童趣和逻辑性严密的语言,能够让活动更有条理,提升活动质量。

◇ 改进策略

1. 调整记录表,拓展思维空间。

将完整的实验结果呈现在一张记录表上,从而让孩子们能更清楚地看到实验的结果。在第一次观察前,让孩子们猜测糖、盐、小苏打分别放进醋里的现象,在猜想的基础上再操作和分享实验结果。

2. 调整材料更利于实验结果达成。

在材料选择上,用白醋取代红醋,能产生同样的效果,且不会干扰孩子的观察,更利于实验结论的得出。在瓶子的选择上,试用了一系列水瓶后,统一改用材质更硬、瓶口大小适中的矿泉水瓶。

教学设计提升

◇ **活动目标**

1. 在操作实验中发现小苏打和醋混合在一起会产生气体的科学现象,熟悉了解小苏打。

2. 愿意大胆表述自己的实验过程,体验同伴间合作获得成功的快乐。

◇ **活动准备**

1. 白醋、小苏打、瓶子、气球、糖、盐、勺子、漏斗、杯子、PPT、表格、笔。

2. 事先学会套气球。

◇ **活动过程**

(一)以疑激趣——寻找神奇的泡泡溶液,探索小苏打和醋混合在一起会产生气体的现象

1. 小科学家们,来观察一下,看看我们今天要做什么。对,今天我们就来吹气球。你们能告诉老师,有什么方法能把气球变大吗?变大的气球里是什么?

2. 小结:原来有了气体就能把气球变大,气体越多气球就越大。

3. 老师今天还有另一个吹气球的好办法,需要用到的材料就藏在这里。(出示三杯醋和三个盘子,请幼儿看看里面是什么)三种材料分别加入醋中,猜猜它们分别会发生什么变化。(幼儿猜测)和你边上的好朋友两两合作去试一试,找找我们今天吹气球需要用到的材料是醋和什么。

4. 我们需要用到的是哪种材料?你发现了什么?为什么会产生气泡?(实验验证)

5. 小结:原来小苏打和醋发生了反应,产生了气体。

(二)以趣教学——幼儿大胆尝试用小苏打和醋来吹气球,探讨实验的方法

1. 那么我们要怎么把产生的气体装进气球里,让气球变大?

我们需要什么?(出示实物)你们打算怎么用这些物品收集气体把气球变大?分别用自己想到的方法试一试,待会儿来和大家说说看,你们成功了没有。

2. 幼儿实验验证自己的方法。小结并探讨正确的方法。

3. 为何用一样的方法,吹的气球大小不一样?

4. 小结:原来材料放得多一点,气体就会多一点;气球套得快一点,收集到的气体就能多一点;和你的小伙伴合作得好一点,就能成功。用我们的好办法再试试吧。

（三）快乐体验 —— 感受挑战成功的喜悦

1. 分组合作再次挑战。

2. 你们用了哪些好办法？（请幼儿上来分享自己的方法和快乐的体验）

（四）学以致用 —— 了解小苏打在生活中的应用

1. 小苏打除了吹气球，还有很多的用处，让我们来看看吧。（PPT 展示）

2. 都介绍了小苏打的哪些用处？和我们的同伴还有爸爸妈妈一起分享吧！

魔 语（大班）

慈溪市实验幼儿园教育集团 / 桑莹莹

 幼儿主导的学习活动

魔语的乐趣

◇ 材料投放

1. 白纸、记号笔、装订线等。
2. 复读机。
3. 记录纸、水彩笔。

  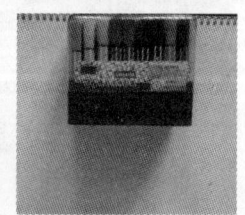

◇ **玩法**

玩法一：听听乐

1. 幼儿与同伴一起翻阅画册，听复读机里录制的魔语提示。
2. 播放复读机里的内容，学说魔语。

玩法二：说说乐

1. 两个人看画册，说说画册的内容。
2. 使用合适的语言解决情境中的问题。

玩法三：画画乐

1. 根据画册联系生活经验对魔语故事进行拓展，并将故事画下来。
2. 画完后制作成新的魔语绘本，并与同伴分享阅读。

◇ **观察重点**

1. 幼儿在操作中是否能仔细观察画面、理解画面，并用合适的语言将画面表达出来？
2. 幼儿是否能通过操作感受魔语的多样性，比如：安慰人的魔语、鼓励人的魔语、表达感谢的魔语等等？
3. 幼儿是否能和同伴合作使用复读机等器械？
4. 幼儿是否能互相合作、倾听、讲述、表演？

◇ **建议**

该活动可以于集体教学前在语言区中进行。

教师主导的学习活动

语言活动：神奇的魔语

◇ **设计意图**

《3—6岁儿童学习与发展指南》的语言领域中的目标三是"具有文明的语言习惯"，其中对大班幼儿明确提出了要求：能根据谈话对象和需要，调整说话的语气；能依据所处情境使用恰当的语言，如在别人悲伤时会用恰当的语言表示安慰。幼儿大多是家庭的宠儿，因此以自我为中心、不会去观察他人的需要、说话傲慢、无视他人的现象较多地存在。还有部分幼儿在生活中经常会出现词不达意、表述不当的情况。为此,我希望故事《魔语》能激发幼儿对"魔语"的兴趣,从而引发幼儿对"魔语"的关注。从好奇"魔语是什么"到了解"魔语"在生活中如何运用,活动中案例的选择是关键。我在其中设计了两个案例,第一个案例是关于跳绳的,大班幼儿大多数会跳绳,跳绳比赛失败,这样的事例非常贴近目前大班幼儿的生活经历,幼儿能在阅读画面时感同身受。第二个事例是关于毕业的,毕业班教师面临孩子们即将离开的现实,安慰自己的老师是大班幼儿愿意去尝试的,因为很容易达到情感上的共鸣。相信通过鼓励跳绳失败的女孩和安慰毕业班的教师这两个案例,幼儿能感受到魔语的神奇和意义,以此引导幼儿在日常生活中使用这些魔语去解决生活中的一些问题。

教学设计原型

◇活动目标

1. 理解魔语的含义,初步运用合适的魔语解决生活中的问题。
2. 体验说魔语的乐趣,感受用魔语帮助别人的快乐。

◇活动准备

1. 黑板、图片、PPT。
2. 创设轻松的环境。

◇活动过程

(一)故事引出,理解魔语

1. 讲述故事,引出魔语。

(出示文字"魔语",重点提问)猜猜魔语是什么意思。

2. 教师讲述故事。

(1)你认为魔语是什么呢?(魔语是有魔力的语言)

(2)这句有魔力的话要怎么说呢?(清楚、和气、看着对方的眼睛)

(3)为什么这句话是魔语呢?(有礼貌,让人高兴)

3. 小结:原来魔语有魔力,能让人从不开心变得开心,从不喜欢变得喜欢,从不愿意变得愿意,真是太神奇了。

(二)整理经验,拓展魔语

1. 你平时会用哪些魔语让听的人从不开心变得开心呢?什么时候可以用上这些

魔语呢？

2.小结：原来生活中有那么多的魔语——感谢别人的魔语，表达歉意的魔语，赞美别人、鼓励别人的魔语……这些都是有魔力的语言，让人开心、愉快。魔语真神奇，如果用对了，魔力无边。但是，魔语不能乱用，大家看，这里有个小朋友，就需要大家的帮助。

（三）观察画面，使用魔语

1.看 PPT，说魔语（配上背景音乐）。

（1）你看懂了吗？发生了什么事情？谁能用魔语帮助玲玲？

（2）听到大家的魔语，玲玲笑了，她说："我会加油！"帮助了别人，你开心吗？

2.看照片。学习安慰别人的魔语。

（1）你能看懂吗？（幼儿解读画面）

（2）（教师配乐描述）还记得三年前，你刚进幼儿园时的样子吗？那时小小的你还不太懂事，三年了，老师和小朋友们一起玩游戏、学本领，老师是多么喜欢大家呀，就要分开了，老师又是多么舍不得大家。你能用魔语让老师开心一点吗？来，你想对老师说什么魔语呢？

（3）老师，听了小朋友的话，你感动吗？你心里是怎么想的呢？

（4）瞧，大家的魔语让老师觉得开心、感动！多棒呀！

3.小结：我真想送大家一句魔语：你们真棒！其实神奇的魔语就在我们身边，难过时，我们会听到"笑一个吧！别难过了。"遇到困难时，我们会说"相信自己，我能行。"遇到挫折时，我们会听到"加油！千万别放弃！"……魔语真奇妙，让我们的生活充满了动力，让我们继续找魔语、说魔语，把魔语送给更多的人吧！

>>> **教学反思** <<<

◇ **聚焦问题**

1.问题设计逻辑性不够强。

从幼儿的倾听习惯、表达习惯来看，可对提问二、三的顺序进行调整，这样更符合幼儿的思维习惯。不同的幼儿在听完故事后对于"魔语是什么""魔语的说法""为什么某句话是魔语"的理解和回答是不同的。这几个问题是递进的，也是交叉的，因此，需要从幼儿的倾听习惯、表达习惯出发对提问顺序进行调整，以帮助幼儿更好地理解魔语,突出魔语的"魔力"。

2. 图片不够清晰。

有些幼儿看不清楚图片中的文字,导致对图意的解读有误,虽然经过教师的引导回归了,但还是浪费了时间。

◇ **改进策略**

1. 精简提问。

精简活动中的问题,根据幼儿的现场回答解决核心问题即可,不需要反复解释。同时通过提问帮助幼儿拓展对多样化的魔语的认识。

2. 调整教具。

为了让事例更真实,教师可选择贴近幼儿生活的照片。同时借助便签,帮助幼儿记住魔语的特点。

教学设计提升

◇ **活动目标**

1. 理解魔语的含义,初步运用合适的魔语解决生活中的问题。

2. 感受用魔语帮助别人的快乐。

◇ **活动准备**

1. 黑板、图片、PPT。

2. 创设轻松的环境。

◇ **活动过程**

(一)故事引出,理解魔语

1. 讲述故事,引出魔语。

(1)(出示文字"魔语")请你猜一猜,魔语是什么。

(2)让我们来听听故事,它会告诉你答案。

2. 教师讲述故事。

(1)你认为故事里所说的魔语是什么呢?(魔语是有魔力的语言)

(2)为什么这句话是魔语呢?(有礼貌,让人高兴)

(3)这句有魔力的话要怎么说呢?(清楚、和气、看着对方的眼睛)

3. 小结:原来魔语有魔力,能让人从不开心变得开心,从不喜欢变得喜欢,从不愿意变得愿意,真是太神奇了。

（二）整理经验,拓展魔语

1. 你平时会用哪些魔语让听的人从不开心变得开心？什么时候可以用上这些魔语呢？

2. 小结：原来生活中有那么多的魔语——感谢别人的魔语,表达歉意的魔语,赞美别人、鼓励别人的魔语……这些有魔力的语言,让人开心、愉快,魔语真神奇。

（三）观察画面,使用魔语

1. 使用魔语,解决问题。

（1）你看懂了吗？发生了什么事情？谁能用魔语帮助玲玲？

（2）小结。听到大家的魔语,玲玲笑了,她说："我会加油！"帮助了别人,你开心吗？

2. 看照片。学习安慰别人的魔语。

（1）你能看懂吗？（幼儿解读画面）

（2）（教师整理）还记得三年前,你刚进幼儿园时的样子吗？那时小小的你还不太懂事,三年了,老师和小朋友们一起玩游戏、学本领,老师是多么喜欢大家呀,就要分开了,老师又是多么舍不得大家。你能用魔语让老师开心一点吗？来,你想对老师说什么魔语呢？

3. 重点提问。

老师,听了大家的魔语,你心里是怎么想的呢？瞧,大家的魔语让老师觉得开心、感动！多棒呀！

4. 小结：我真想送大家一句魔语：你们真棒！其实神奇的魔语就在我们身边,难过时,我们会听到"笑一个吧！别难过了。"遇到困难时,我们会说"相信自己,我能行！"遇到挫折时,我们会听到"加油！千万别放弃！"……魔语真奇妙,让我们的生活充满了动力,让我们继续找魔语、说魔语,把魔语送给更多的人吧！

歌曲

魔　语

波波很生气。他看见一个老爷爷坐在长椅子上,于是气呼呼地一屁股坐下,说："你坐过去一点！"

"你怎么啦?"老爷爷问。

"我要逃跑!我不回家了!"波波气得涨红了脸。

"为了什么事情那么生气呀?"老爷爷问。

"我问姐姐借水彩笔,她有那么多,可是一支也不借给我,我让哥哥带我去玩,可他就是不答应。还有,我刚拿了一个面包,奶奶就把面包抢回去,还骂我馋嘴猫。"波波气得捏紧拳头,"大家都不喜欢我!我不回家了。"

老爷爷摸摸波波的头说:"我教你一句有魔力的话,你说的时候要清楚、和气,还要看着别人的眼睛。"老爷爷贴着波波的耳朵,小声地说了一句话。波波笑起来说:"我马上去试试。"他跳起来,跑回家去。

姐姐正在画画,一看见波波,她马上把水彩笔收拢,用手盖住。波波望着姐姐的眼睛,和气地说:"姐姐,请你借我一支水彩笔吧!"姐姐愣了一下,马上拿出所有的水彩笔让波波挑。

然后波波走到奶奶跟前,望着她的眼睛和气地说:"奶奶,请您给我一个面包吧。"奶奶听了波波的话,一下子笑得像一朵花:"好宝贝,你自己挑一个吧。"波波高兴地吻了吻奶奶,就出门去了。

波波正巧遇到了哥哥,波波看着哥哥的眼睛,和气地说:"哥哥,下午请你带我一起去玩吧!"哥哥二话不说,拍拍波波的头说:"走吧,哥哥带你去。"

波波高兴得跳起来,他想,老爷爷这句话真是魔力无穷啊,他跑出去找老爷爷。长椅子上的老爷爷不见了。但是,波波已经牢牢地记住了这句有魔力的话。

多彩贝壳（大班）

宁海县中心幼儿园 / 吴珊珊

 幼儿主导的学习活动

贝壳手工坊

◇ 材料投放

1. 各种各样的贝壳。

2. 色卡纸、塑料绳、蜡烛胶、吸管等。

3. 各种照片、竹编小箩筐、有关贝壳的图书等。

◇ **玩法**

玩法一：贝壳风铃

1. 自主选择不同形状、颜色的贝壳进行有规律地排列，制作成一串串风铃。

2. 借助各种辅助材料进行连接，将一串串风铃固定在竹编箩筐上。

玩法二：贝壳相框

1. 选择贝壳、色卡纸等材料，有规律地粘贴在相框四周。

2. 把照片嵌入相框中。

玩法三：贝壳分类

1. 按贝壳种类进行分类、统计。

2. 记录下不同种类贝壳的不同特征。

3. 查阅图书，了解不同贝类生物的外形特点、生活环境等。

◇ **观察重点**

1. 幼儿是否能有创意地制作贝壳风铃和贝壳相框？

2. 幼儿是否能仔细观察贝壳，发现贝壳形状、花纹等外形的独特之处？

◇ **建议**

本活动可在集体教学后进行。

> 教师主导的学习活动

美术活动：小贝壳

◇ **设计意图**

对于住在沿海地区的孩子们来说，海边可利用的教学资源非常多。假如带孩子们去沙滩上玩，他们最感兴趣的活动就是玩沙和捡贝壳。不少孩子对贝壳非常好奇，他们在捡到贝壳后往往会视如珍宝，甚至还会与小伙伴比较谁捡到的贝壳更多更漂亮。《3—6岁儿童学习与发展指南》的要求中就有这样一条："和幼儿一起发现美的事物的特征，感受和欣赏美。如：让幼儿观察动植物以及其他物体，引导幼儿描述它们美的方面。"既然贝壳如此美丽漂亮，就要充分挖掘它身上的美术元素，运用贝壳外形中的有规律的点、线、形图案进行绘画活动。"小贝壳"活动中，我们以绘画活动为显线，鼓励幼儿细心观察、体验，给幼儿以自然美的艺术享受，为创作贝壳画积累经验与素材；以"海洋文化"为隐线，在活动中突出艺术学习的人文价值，激发孩子对贝壳的喜爱、对大自然的热爱。

教学设计原型

◇ **活动目标**

1. 激发孩子对贝壳的喜爱。
2. 通过多种感官感知贝壳上具有规律的点、线、形图案。
3. 运用点、线、形来装饰贝壳并表现贝壳的外形特征。

◇ **活动准备**

1. 每桌一个摸箱，内有扇形、螺旋形、宝塔形的贝壳若干；不同种类贝壳图片的PPT；人手一张色卡纸、一支记号笔、一支粗细笔。
2. 班得瑞的轻音乐；创设宽敞的环境，供幼儿操作。

◇ **活动过程**

（一）观察比较各种贝壳，感知贝壳的外形特征

1. 摸一摸，猜一猜。

（1）老师在每个桌上都准备了一个摸箱，里面有什么宝贝呢？待会儿请你们闭上眼睛，把手伸进去摸一摸。（规则：只能手伸进去摸，不能拿出来看）

（2）你摸到的是什么？说说理由。

2. 观察实物，欣赏不同形状的贝壳。

（请每个幼儿从摸箱中取出一个贝壳观察）看一看，你的贝壳是怎么样的？（引导幼儿相互观察、比较贝壳的形状）

3. 小结：这些贝壳好漂亮，有各种不同的形状。有的像把扇子，是扇形的；有的像只蜗牛，是螺旋形的；有的像座宝塔，是三角形的。（突出贝壳有不同的形状）

4. 播放PPT，欣赏贝壳上的花纹。

（1）贝壳上的花纹是什么样的？有规律吗？

（2）教师根据幼儿的描述，用记号笔画出相应的点、线、形（也可以请幼儿来尝试），比如：

①把一些鲜艳的点有规律地排列起来，以求达到一种五彩斑斓的效果。

②变化线条的方向或排列方式（横、竖或旋转，并加以穿插、组合进行表现）。

③小结：贝壳上的花纹有点，有线条，如直线、波浪线、折线，还有各种形状。（突出点、线、形组合后的图案之美）

（二）幼儿创作，大胆表现贝壳

1. 你想自己来画一个漂亮的贝壳吗？想一想，你想画什么样的贝壳，可以用怎样的点、线、形来装饰呢？

2. 幼儿创作，教师观察指导。

（1）每人画一个贝壳，提示幼儿要画得大一些。

（2）提示幼儿点、线和形要画得清晰，注意疏密变化。

（3）及时肯定幼儿的创作，创造幼儿间相互学习的机会。

（三）展示作品，分享交流

1. 展示幼儿的作品，相互欣赏。

2. 讲评小结：这些贝壳真漂亮，原来把点、线和一些简单的形状稍稍变化、组合一下，就能创造出新的图案。正因为贝壳这么漂亮，在我们的生活中就有人用这些贝壳做成了很多很多非常漂亮的工艺品，用来装饰房间、美化环境。你们知道贝壳能做成哪些工艺品呢？

3.播放课件。

欣赏用贝壳制成的工艺品,如贝壳风铃、贝壳相框、贝壳项链、贝壳手串等等。

(四)活动延伸

在区域活动中投放各种贝壳,在重点美工区制作贝壳工艺品。

>>> 教学反思 <<<

◇ **聚焦问题**

1.重点的把握不突出。

活动的主要内容应为贝壳的花纹(即点、线、面的表现),形只是一个穿插和铺垫。因此活动重点不够突出,对花纹的挖掘也不够深入。

活动定位不够明确,留给幼儿观察实物和细部线条的时间还不够充分,分析得也还不够深入。

2.过程的处理不够细致。

(1)教师提供的贝壳过多,干扰了幼儿对贝壳花纹的感知与表现。

(2)教师过于强调分割贝壳的形和花纹,而实际上这两者并没有非常明晰的界线,有的幼儿还把螺旋线和形结合了起来。

◇ **改进策略**

1.明确活动定位。

本次活动定位于绘画活动,应让幼儿在充分感知贝壳形状、花纹的基础上自由地创作贝壳画。

2.突出活动重点。

活动重点在于运用点、线、形表现贝壳的花纹。为此,可把贝壳形状进行归类,减少干扰;并在PPT中把所有的点、线、形归类制作起来,做相应的教学点击。同时引导幼儿在画画的时候用两支粗细不同的记号笔表现不同的点、线、形。

教学设计提升

◇ **活动目标**

1.通过多种感官感知贝壳的外形特征,感受贝壳表面简单而有规律的图案的美,激发孩子对贝壳的喜爱。

2. 大胆表现贝壳的外形特征,能运用点、线、形来装饰贝壳。

◇ **活动准备**

1. 每桌一个摸箱,内有扇形、螺旋形、宝塔形的贝壳若干;关于不同花纹贝壳的PPT;人手一份绘画工具,包含:色卡纸、记号笔、粗细笔。

2. 班得瑞的轻音乐;创设宽敞的环境,供幼儿操作。

◇ **活动过程**

(一) 欣赏贝壳,感知贝壳的外形特征

1. 欣赏感知不同形状的贝壳。

(1) 老师在每张桌上都准备了一个摸箱,里面有什么宝贝呢?待会儿请你们闭上眼睛,把手伸进去摸一摸,猜一猜里面是什么,然后取出来看一看。

你摸到的是什么?(贝壳)你摸到的贝壳是什么形状的?

(2) 小结:这些贝壳好漂亮,有各种不同的形状。有的像把扇子,是扇形的;有的像只蜗牛,是螺旋形的;有的像座宝塔,是三角形的。

2. 欣赏感知不同贝壳上的花纹。

(1) (播放PPT,引导幼儿观察几种花纹比较明显、独特的贝壳)贝壳上的花纹是什么样的?有规律吗?

(2) 教师根据幼儿的描述,用粗细不同的记号笔画出相应的点和线(也可以请幼儿来尝试),比如:

①把一些鲜艳的点有规律地排列起来,以求达到一种五彩斑斓的效果。

②变化线条的方向或排列方式(横、竖或旋转的线条,并加以穿插、组合进行表现)

(3) 小结:贝壳上的花纹有点,有线条,如直线、波浪线、折线,还有点与线形成的各种形状。(突出点、线、形组合后带来的简单、有规律的图案之美)

(二) 幼儿创作,大胆表现贝壳

1. 你想自己来画一个漂亮的贝壳吗?想一想,你想画什么样的贝壳,可以用怎样的点、线、形来装饰呢?

2. 幼儿创作,教师观察指导。

(1) 每人画一个贝壳,提醒幼儿要画得大一些。

(2) 提醒幼儿可以用粗细不同的记号笔画花纹,点和线要画得清晰,注意点、线的疏密变化。

（3）及时肯定幼儿的创作,创造幼儿间相互学习的机会。

（三）展示作品,分享交流

1. 展示幼儿作品,相互欣赏。

2. 小结:这些贝壳真漂亮,原来把点、线和一些简单的形状稍稍变化、组合一下,就能创造出新的图案。正因为贝壳这么漂亮,在我们的生活中就有人用这些贝壳做成了很多很多非常漂亮的工艺品,用来装饰房间、美化环境。你们知道贝壳能做成哪些工艺品呢?

（四）延伸活动

1. 欣赏贝壳工艺品。

带领幼儿欣赏贝壳风铃、贝壳相框、贝壳项链、贝壳手串等等。

2. 区域活动中投放各种贝壳,重点放在美工区,鼓励幼儿制作各种贝壳工艺品。

动物王国（大班）

宁波市明楼幼儿园 / 葛静静

 幼儿主导的学习活动

动物的秘密

◇ 材料准备

  1. 动物翻翻棋（方格棋盘，瓶盖上贴动物的头像和它的尾巴以及脚印等部分特征当棋子）；骰子。

  2. 笔、任务纸、记录纸。

  3. 内有棋子上的所有动物图案的动物书。

◇ 玩法

玩法一：找一找

1. 手持动物头像，寻找动物相应的特征（如尾巴、脚印等）。

2. 翻开棋子，检查正误，并记录每次操作选择的动物及选择的正误。

玩法二：分一分

1. 根据任务表，选择将相应的鸟类或兽类的棋子进行分类摆放。

2. 在记录纸上勾选鸟类和兽类的特征。

玩法三：走一走

双方轮流掷骰子，骰子掷到哪个数字，可以选择往前后左右走相应步数。如果动物棋子走到相对应的特征，就可以拿走这枚棋子。等全部棋子拿完，双方根据瓶盖背面的数字核对正误，记录自己所赢得棋子的数量，多的获胜。

◇ **观察要点**

1. 幼儿能否耐心观察动物的特征？
2. 幼儿能否运用排除法、对比法等方法进行探索？
3. 幼儿能否在合作游戏中制定规则，并自觉遵守规则？

◇ **建议**

该活动可在科学区中进行，在集体教学后开展。

 教师主导的学习活动

科学活动：是谁来过这里

◇ **设计意图**

孩子与动物天生有缘，他们喜欢与动物们玩，喜欢聆听动物故事，喜欢阅读与动物有关的书籍，对动物世界充满着好奇心。在大班主题活动"动物王国"的背景下，大班的孩子们对动物的外形特征、生活习惯等有了一定程度的认知，在这样的经验基础上，我们思考如何将孩子的已有经验进行进一步整合和提升。于是我想到了可根据动物的身体特征、脚印，甚至粪便来引导幼儿全方位感知动物的习性。

在《3—6岁儿童学习与发展指南》中提到："引导幼儿在探究中思考，尝试进行简单的推理和分析，发现事物之间的明显联系。"可见培养幼儿的学习品质是至关重要的，因此本次活动以游戏的形式为主，每个环节都渗透了探索性经验，有助于幼儿在探索中培养良好的学习品质。

教学设计原型

◇ **活动目标**

1. 仔细观察画面,依据画面中动物的身体特征及脚印、粪便等,推理判断是什么动物留下的。

2. 进一步了解动物的生活习性,萌发对周围环境中动物留下的痕迹的观察兴趣。

◇ **活动准备**

1. "大侦探"徽章、动物图片、带插图的题板两块。

2. 幼儿事先有对动物粪便、脚印的简单认识。

◇ **活动过程**

(一)引题激趣

1. 今天,我收到了狮子大王寄来的信,它说:"昨晚,我举行了一场隆重的宴会来庆祝自己的生日,但是宴会结束后,我发现宝箱里的王冠不见了,真着急!请你为我选几位能干的人做侦探,找到小偷。成功破案后我将送给他们'大侦探'徽章。"你们想帮狮子大王破案吗?

2. 开始破案之前,我要先考考你们,侦探是什么?

3. 小结:侦探就是像警察一样会破案的人。他们先找线索,然后分析哪些人可能是罪犯,再通过找到的证据破案。可神气了!现在我们就一起来做大侦探破案吧!

(二)找出参加宴会的动物

1. 猜猜谁参加了宴会。

这是宴会的现场,你觉得昨晚可能有哪些动物来参加了宴会?

2. 猜测。

(1)到底有哪些动物来参加了宴会呢?对了,宴会现场有监控,让我们来瞧瞧都有谁。(在黑板上逐一展现长颈鹿、斑马、奶牛、老虎、蛇、小鸡、猴子、大象、兔子、狗的剪影)

(2)你觉得是它们当中的谁偷了王冠?为什么?(给重点怀疑对象做上星号标记)

3. 分辨身体特征。

光说没有用,侦探讲的是证据。这是昨晚进过放宝箱房间的动物被拍下的照片,但是都只拍到了一部分。你能猜出它们分别是谁吗?

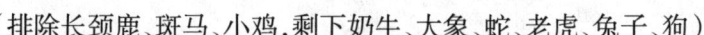

（排除长颈鹿、斑马、小鸡，剩下奶牛、大象、蛇、老虎、兔子、狗）

（三）分辨脚印

1. 看来，昨晚这几个动物并没有进过放王冠的房间，也就是说小偷不在它们几个当中。除了照片，我们还需要继续找其他线索，现在我们就去案发现场看一看。你发现了什么？（有脚印）

2. 你看得出这些脚印都是谁留下的吗？（逐一分析脚印）

3. 这么多脚印，到底哪个是小偷留下的呢？（展示靠近宝箱的脚印）

排除：老虎、大象、奶牛、蛇。

剩下：兔子、狗。

（四）找出小偷

1. 看来小偷就是小兔、小狗中的一个，我们赶快沿着脚印找出真正的小偷！你发现了什么？（尿迹）你猜是谁留下的？谁有在树边撒尿的习惯呢？（小狗）

2. 看来小偷很可能是小狗，我们继续沿着脚印走。这应该就是小偷的家。透过窗子向里看看，能发现什么？你看到了什么？（粪便、礼物盒）这是谁的粪便？小狗的粪便是什么样的？小兔的粪便是什么样的？猜猜礼物盒里会有什么。（出示胡萝卜、王冠）

3. 你觉得小偷是谁？（幼儿大胆表述）

4. 给大家5秒钟时间，觉得是小兔的小朋友坐在椅子上，觉得是小狗的小朋友站起来。（教师倒数5秒后，揭晓答案）原来小偷是谁呀？（小狗）

（五）真相大白

原来王冠是小狗偷的。它为什么要偷王冠呢？原来明天是小兔的生日，小兔一直希望有一天能戴上王冠当一回大王。小狗是它的好朋友，除了送它胡萝卜，还想帮它实现愿望，结果做了傻事。现在它知道错了，决定亲自把王冠还给狮子大王，并向它当面认罪。狮子大王知道小侦探们破获了案子，很高兴，决定给每个小朋友都发一枚"大侦探"徽章，现在请你们自己把徽章挂在衣服上。

大侦探们，我们帮狮子大王破获了案子，完成了任务，现在可以高高兴兴回去咯！出发！

>>> 教学反思 <<<

◇ 聚焦问题

1. 个别化操作不够。

活动具有趣味性，充分体现了游戏本位精神，但幼儿在游戏中缺乏应有的具体的个别化操作。

2. 教具不能很好地吸引幼儿。

PPT可更具有动态性和写实性，以吸引学龄前儿童对问题的关注。

3. 经验提升不够突出。

从幼儿经验出发，分析线索，以及针对动物特征的推理，对幼儿的思维是一种训练。本次活动的出发点和立足点都是幼儿已有的对动物特征的经验，在此基础上，活动中还需梳理幼儿的经验，拓展其思维。

◇ 改进策略

1. 增加幼儿个别化表达的机会。

给予每个孩子更多的选择机会来表达自己的想法。给有表现欲望的孩子上台讲述的机会；给不愿意表现的孩子每人一个号码胸牌，可随时取下，贴在怀疑对象的身上，用行动来表达自己的想法。

2. 趣味性的提升。

丰富教学材料，多元呈现，让孩子们有机会拿起材料来亲眼看一看。另，可对PPT做一点改动，将原有的静态呈现更改为摄像头形式聚焦的动态呈现。

3. 环节上的调整。

在游戏中除了渗透思维方面的内容，还可以在排除中添加数学知识，如在环节的层层递进中，每次淘汰掉一批动物以及对一些动物共同特征进行总结的时候。教师可以以集合圈的形式进行归纳总结，用经验总结的形式来提升幼儿的逻辑思维能力。

教学设计提升

◇ 活动目标

1. 仔细观察画面，依据画面中动物的身体特征及脚印、粪便等，推理判断是什么动物留下的。

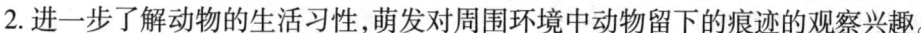

2. 进一步了解动物的生活习性,萌发对周围环境中动物留下的痕迹的观察兴趣。

◇ **活动准备**

1. "大侦探"徽章、动物图片、带插图的题板两块。

2. 幼儿事先对动物粪便、脚印有简单认识。

◇ **活动过程**

(一) 引题激趣

1. 今天,我收到了狮子大王寄来的信,它说:"昨晚,我举行了一场隆重的宴会庆祝自己的生日,但是宴会结束后,我发现宝箱里的王冠不见了,真着急!请你为我选几位能干的人做侦探,找到小偷。破案成功后我将送给他们'大侦探'徽章。"你们想帮狮子大王破案吗?

2. 开始破案之前我要先考考你们,侦探是什么?

3. 小结:侦探就是像警察一样会破案的人。他们先找线索,然后分析哪些人可能是罪犯,再通过找到的证据破案。可神气了!现在我们就一起来做大侦探破案吧!

(二) 找出参加宴会的动物

1. 猜猜谁参加了宴会。

这是宴会的现场,你觉得昨晚可能有哪些动物来参加了宴会?

2. 猜测。

(1)到底有哪些动物来参加了宴会呢?让我们通过宴会现场的监控录像,瞧瞧都有谁。(PPT出现一个摄像头,逐一扫射出动物的剪影)

(2)你觉得是它们当中的谁偷了王冠?为什么?

(3)在黑板上展现长颈鹿、斑马、奶牛、老虎、蛇、小鸡、猴子、大象、兔子、狗的剪影,每个孩子拿着号码牌给自己认为的重点怀疑对象做上星号标记。

3. 分辨身体特征。

光说没有用,侦探讲的是证据。这是昨晚进过放宝箱房间的动物被拍下的照片,但是都只拍到了一部分,你能猜出它们分别是谁吗?

(排除长颈鹿、斑马、小鸡,剩下奶牛、大象、蛇、老虎、兔子、狗)

(三) 分辨脚印

1. 看来,昨晚这几个动物并没有进过放王冠的房间,也就是说小偷不在它们几个当中。除了照片,我们还需要继续找其他线索,现在我们就去案发现场看一看。你发

现了什么？（有脚印）

2. 你看得出这些脚印都是谁留下的吗？（逐一分析脚印）

3. 这么多脚印，到底哪个是小偷留下的呢？（展示靠近宝箱的脚印）

排除：老虎、大象、奶牛、蛇。

剩下：兔子、狗。

（四）找出小偷

1. 看来小偷就是小兔、小狗中的一个，我们赶快沿着脚印找出真正的小偷！你发现了什么？（尿迹）你猜是谁留下的？谁有在树边撒尿的习惯呢？（小狗）

2. 看来小偷很可能是小狗，我们继续沿着脚印走。这应该就是小偷的家。透过窗子向里看看，能发现什么？你看到了什么？（粪便、礼物盒）这是谁的粪便？小狗的粪便是什么样的？小兔的粪便是什么样的？猜猜礼物盒里会有什么？（出示胡萝卜、王冠）

3. 你觉得小偷是谁？（幼儿大胆表述）

4. 给大家5秒钟时间，觉得是小兔的小朋友坐在椅子上，觉得是小狗的小朋友站起来。（教师倒数5秒后，揭晓答案）原来小偷是谁呀？（小狗）

（五）真相大白

原来王冠是小狗偷的。它为什么要偷王冠呢？原来明天是小兔的生日，小兔一直希望有一天能戴上王冠当一回大王，小狗是它的好朋友，除了送它胡萝卜，还想帮它实现愿望，结果做了傻事。现在它知道错了，决定亲自把王冠还给狮子大王，并向它当面认罪。狮子大王知道小侦探们破获了案子，很高兴，决定给每个小朋友都发一枚"大侦探"徽章，现在请你们自己把徽章挂在衣服上。

大侦探们，我们帮狮子大王破获了案子，完成了任务，现在可以高高兴兴回去咯！出发！

我是划船手（大班）

宁波市鄞州区云龙镇中心幼儿园 / 王春艳

 幼儿主导的学习活动

搭一搭 划一划

◇ **材料投放**

1. 小椅子。

2. 纸盒、旧报纸、大型积木等。

◇ **玩法**

玩法一：小船很稳

1. 一人一把椅子，双脚离地，探索在椅子上保持平衡的方法。

2. 几人合作，把比人数少1的椅子排成一排。

3. 探索令多人在椅子上保持身体平衡的方法。

玩法二：搭轮船

1. 几个人合作，将椅子摆成不同形状的"小轮船"。

2. 运用辅助材料装饰"小轮船"。

◇ **观察重点**

1. 幼儿是否能在椅子上保持平衡？

2. 幼儿是否能变换多种摆放方式?

3. 幼儿是否能和同伴合作?

◇ **建议**

该活动可以放在晨间活动中,让幼儿自主进行。

教师主导的学习活动

体育活动:我是快乐的划船手

◇ **设计意图**

针对大班幼儿平衡能力发展的需求,本活动以幼儿日常用的椅子为载体,通过探索椅子的多种玩法,来锻炼幼儿身体的协调性和灵活性、平衡能力,并在活动中通过团队的合作,一起战胜大鲨鱼,使孩子们体验成功的快乐。为了达成活动目标,整个活动共分了三个环节,一是探索在椅子上保持平衡的方法,二是两人合作站在一把椅子上保持平衡,三是四人一组用最少的椅子保持平衡。活动中,始终放权给孩子,让孩子们自己解决问题,自己思考方法,培养了幼儿解决问题的能力。

教学设计原型

◇ **活动目标**

1. 探索在椅子上保持平衡的多种方法。

2. 锻炼身体的协调性、灵活性,发展平衡能力。

3. 体验团队合作战胜鲨鱼的成就感。

◇ **活动准备**

椅子每人一把。

◇ **活动过程**

(一) **热身运动**

小朋友们,一会儿我们要到大海中划船去。看!那边就是我们的小船。请找一条自己的小船,并站在上面,好了,我们开始划船喽!

怎么划呢？（教师或自己演示或请个别幼儿进行展示，带领大家做热身运动）

（二）**基本部分**

1. 探索一个人站在一把椅子上保持平衡的不同方法。

（1）小朋友们，现在我们站在椅面上，所以不会掉到水里。你能不能站在椅子的其他部位，仍然不掉到水里呢？

（2）来，大家试试看！（4—5名幼儿在集体前示范，其他幼儿一起学一学）

2. 探索两个人玩一把椅子保持平衡的不同方法。

（1）小朋友们都很棒，想出了这么多奇特的保持平衡的方法。给自己一点掌声吧！

（2）不过，大海里的大鲨鱼发现了我们。它说如果我们两人乘一条小船，就不会吃我们了。后面两排的小朋友们，马上到前面找到一个小伙伴，一起乘一条船吧。（幼儿初步探索）

（3）坐好了吗？哦，大家都站在椅面上吗？有没有高难度而且两个人都不会掉下来的办法呢？（幼儿再次探索并分享方法）

3. 探索用最少的椅子使四个人全部站在上面而不会掉下来的方法。

（1）小朋友们，大鲨鱼看到了，觉得我们都很棒，就不来吃我们了。

不过，它又说了，你们的船太多了，换成四艘大船吧？请后两排的小朋友回到原来的位子，然后，把你们的小船并在一起，不就成四艘大船了吗？

（2）大鲨鱼还想请你们四组来比赛一下，看一看哪组的小朋友用的椅子少，而且大家又都能站上去，不会掉下来。那我们快来比比看吧！（初次尝试、再次探索并分享交流）

（三）**结束部分**

大鲨鱼觉得我们的小朋友们太棒了，能想出这么多种不同的方法，它也要回去和鲨鱼幼儿园的小鲨鱼们一起玩一下。

接下来，请大家站在你的小船上，做出几个优美的动作，欢送大鲨鱼吧！

大鲨鱼，下次我们就只坐两条船，或者一条船来玩了。

>>> **教学反思** <<<

◇ **聚焦问题**

1. 缺少氛围的渲染,可用音乐或敲鼓的方式。如果有音乐的渲染,孩子们在音乐节奏的影响下,会有相应的放松、紧张的感觉,有利于活动目标的达成。

2. 情境可以再突出一些。情境会吸引幼儿,孩子们会融入情境中,产生一种角色意识。

3. 教师对于孩子们可能出现的问题要有一些预设,这样可以及时地进行回应和引导。

4. 给予孩子更多的自主权。本次活动有一定的安全隐患,所以相对来说,存在较明显的高控行为,其实完全可以放开一些,让孩子们更自主。

◇ **改进策略**

1. 选择三段音乐,分别用于开头、中间和结尾,使活动具有一定的氛围感。

2. 为鲨鱼准备一个头饰,并在与幼儿互动时,用一些形象的语言。

3. 为了使幼儿能够有多种想法,教师首先要多想一些,开拓、引导幼儿。

4. 每个环节中,可让幼儿大胆地想、大胆地做,但安全要放在第一位。

教学设计提升

◇ **活动目标**

1. 探索在椅子上保持平衡的多种方法。

2. 锻炼身体的协调性、灵活性,发展平衡能力。

3. 体验团队合作战胜鲨鱼的成就感。

◇ **活动准备**

椅子每人一把、音乐三段、鲨鱼头饰一个。

◇ **活动过程**

(一)热身运动(教师可带动幼儿),播放第一段音乐

小朋友们,一会儿我们要到大海中划船去。看!那边就是我们的小船。请找一艘自己的小船,并站在上面,好了,我们开始划船喽!

可是怎么划呢?(教师或自己演示或请个别幼儿进行展示,带领大家做热身运动)

(二) 基本部分,播放第二段音乐

1. 探索一个人站在一把椅子上保持平衡的不同方法。

(1) 小朋友们,现在我们是站在椅面上,所以不会掉到水里。你能不能站在椅子的其他部位,仍然不掉到水里呢?

(2) 来,大家试试看! (4—5 名幼儿在集体前示范,其他幼儿一起学一学。此时音乐暂停)

2. 探索两个人玩一把椅子保持平衡的不同方法。

(1) 小朋友们都很棒,想出了这么多奇特的保持平衡的方法。给自己一点掌声吧!

(2) (鲨鱼出现)不过,大海里的大鲨鱼发现了我们,它说如果我们两人乘一条小船,它就不会吃我们了,后面两排的小朋友,马上到前面找到一个小伙伴,一起乘一条船吧。(幼儿初步探索。音乐继续)

(3) 哦,大家都站好了吗? 有没有高难度而且两个人都不会掉下来的办法呢? (幼儿再次探索并分享方法。此时音乐暂停)

3. 探索用最少的椅子使四个人全部站在上面而不会掉下来的方法。

(1) 小朋友们,大鲨鱼看到了,觉得我们都很棒,就不来吃我们了。

不过,它又说了,你们的船太多了,怎么办? (如果幼儿说不出,教师可做引导:让我们换成四艘大船吧? 请后两排的小朋友们回到原来的位子,然后,把你们的小船并在一起,不就成四艘大船了吗?)

(2) 大鲨鱼还想请你们四组来比赛一下,看一看哪组小朋友用的椅子少,而且大家又都能站上去,不会掉下来。那我们快来比比看吧! (初次尝试,音乐继续。再次探索。分享交流。此时音乐暂停)

(三) 结束部分

大鲨鱼觉得我们的小朋友们太棒了,能想出这么多种不同的玩法,它也要回去和鲨鱼幼儿园的小鲨鱼们一起玩一下。

接下来,请大家站在你的小船上,做出几个优美的动作,欢送大鲨鱼吧! (播放第三段音乐)大鲨鱼,下次我们就只坐两条船,或者一条船来玩了。

有趣的画圆（大班）

宁波市第一幼儿园 / 徐晓青

幼儿主导的学习活动

圆的探索

◇ 材料投放

1. 一次性纸杯、塑料圆环、碗、纸盒、圆柱形的物品等。
2. A4纸、圆规、尺等。
3. 记录纸、笔。
4. 圆柱形建筑的照片若干。

◇ **玩法**

玩法一：徒手画圆

1. 幼儿利用白纸和笔徒手画圆。

2. 看看谁画得最圆。

玩法二：辅助画圆

1. 在教师提供的圆形和椭圆形材料中，选择1—2种在白纸上画圆。

2. 尝试边探索边记录的方法。

玩法三：组合画圆

1. 幼儿选择多种圆形物品在纸上组合画圆。

2. 幼儿自由把玩圆规并尝试画圆。

玩法四：搭建

与同伴一起运用一次性纸杯搭建圆柱形建筑物。

◇ **观察重点**

1. 幼儿在第一次徒手画圆中是否掌握了方法，以及对圆形大小、形状的控制能力等？

2. 幼儿在第二次辅助画圆中是否能利用材料自身的特点进行选择和画圆，并感受到了借助圆形物品辅助画圆的便捷？

3. 幼儿是否能够选择不同大小的圆形物品组合画圆？幼儿在第一次把玩圆规时，不要求完全会用而是尝试探索，教师需要特别注意使用中的安全问题。

4. 运用一次性纸杯搭建圆柱形的建筑时幼儿是否能互相合作、学习记录探索结果等？

◇ **建议**

该活动可以在集体教学前在美工区或建筑区中进行。

教师主导的学习活动

语言活动：画圆

◇ **设计意图**

《画圆》并不是一首新诗，它是老教材里的内容，选择它是鉴于诗歌本身所蕴含的核心价值的四个基本特质：

1. 有趣。幼儿园里的教育教学活动倘若离开了"有趣"二字，余下的也就无从谈起。该首诗歌有趣在将动物以拟人化、动态化的形象呈现，最后出现圆的效果，带给孩子惊喜和惊奇。

2. 匹配。该首诗歌具备真实景象和虚拟景象相匹配的特点，如小猴子用尾巴勾住树枝是现实中真实的景象，但是那个圆是人们通过它一系列的动作想象出来的，刺猬在草地上打了个滚后画的圆也是通过人们脑海当中的想象才出现的。这样的匹配方式可以很好地调动幼儿的抽象思维和逻辑思维。

3. 联想。诗歌教学的成功绝对不仅仅只看对诗歌本身句式结构的把握、词汇的认知、意境的感受等到位，更重要的是让幼儿跳出诗歌看诗歌。在这首作品中，孩子们除了看到了诗歌中的小动物会画圆，还能够大胆想象还有哪些小动物也会画圆、怎样画圆、在哪里画圆等，很好地调动起了幼儿的联想能力。

4. 创造。一般诗歌都会有仿编或者第二课时的创编活动。在本次教学活动中，我也用到了仿编，主要是为了让孩子们感受特殊的句式结构。本首诗歌的每一句诗是由三个短句组成的，头一句是人物，中间是动作，结尾交代地点，这样的表达虽然能够让诗歌的句式更加规整，意境更加丰富，却违背了我们日常的语言表达习惯。因此，在仿编环节，我用了表格作支架辅助，让孩子们清楚地看到三个格子，圆圈在中间，人物在最前面，地点在最后面。

教学设计原型

◇ **活动目标**

1. 学念诗歌，用动态的方式理解诗歌中的动词，尝试根据诗歌句式结构进行仿编。

2. 感受不同的画圆方式以及圆和生活的联系,敢于大胆想象、有创意地回答。

◇ **活动准备**

PPT,录像,相配套的图片、文字和音乐等。

◇ **活动过程**

(一)情境引入,引起兴趣

今天我们班来了一位新客人——黑猫警长,它说森林里发生了一件怪事,一夜之间出现了好几个圆。它不知道这些圆是谁画的,让我们来帮帮它好吗?

(二)情景展现,想象猜测

1. 感受圆的数量和位置。

数一数,有几个圆? 这些圆分别在森林里的什么地方?

2. 鼓励幼儿大胆猜测这些圆是谁画的。

(三)动态呈现,学习诗歌

1. PPT 呈现动物的图片。

这些圆到底是谁画的呢? 是不是大家猜的这些小动物呢? 让我们一个一个来看。

2. 鼓励幼儿说说猴子是怎么画圆的,并学念诗歌第一句。

按照幼儿的想法依次看每个圆后相应的动物,鼓励幼儿大胆说出动物是用什么样的动作来画圆的,并呈现动物的图片,在听完诗歌后 PPT 上出现相应动词和动物图片及场景图片组成诗歌句子。

3. 伴随音乐完整念诗歌。

4. 鼓励幼儿仿编。

(四)结合经验,"画圆"延伸

1. 幼儿用身体的部位来画圆。

你会画圆吗? 怎么画?

2. 观看录像《生活中的圆》进行延伸。

>>> **教学反思** <<<

◇ **聚焦问题**

1. 集体教学的容量太大。

作为诗歌教学活动的第一课时,既要欣赏诗歌,同时又要猜测、学习,还要进行仿编,教学容量是否过大。

2. 情境创设的适宜性欠缺。

活动开始,教师创设了幼儿协助黑猫警长破案的情境以激发幼儿的兴趣,然而,在实际教学过程中,有部分幼儿明显受到了这一情境的影响,对于各种不同圆的想象主要针对"一只耳"的形象,这样的情境创设在一定程度上限制了幼儿的想象,从而影响了活动的整体效果。

3. 综合发展的可能性不够。

在活动的第三环节,教师让幼儿猜测圆是谁画的,这里教师仅仅采用了集体猜测的方式,从手段上来看过于单一。更重要的是,幼儿在猜测过程中发现了圆的大小同画圆动物之间的关联,此时需要教师通过引导让幼儿从单一的猜测转变为提升推理,这样也能为幼儿的综合发展提供更多的可能性。

◇ 改进策略

1. 取消仿编环节。

考虑到活动是诗歌教学的第一课时,因此取消了仿编环节,以让幼儿有更多的时间可以推理和猜测,同时增加了对诗歌整体欣赏和感受的环节。

2. 调整导入环节。

针对黑猫警长情境的干扰性,调整导入环节,由情境导入变为经验导入,引发幼儿回忆的同时引出活动主题。

3. 丰富活动形式。

在猜测和推理环节,采用更丰富的形式,例如集体推理两个小动物,用抛砖引玉的方式让幼儿通过小组合作或其他方式猜测其他三种小动物。这样做,在丰富活动形式的同时,也能帮助幼儿感受和学习诗歌的句式结构。

教学设计提升

◇ 活动目标

1. 学念诗歌,用动态的方式理解诗歌中的动词,尝试根据圆的大小和方位猜测关系,培养初步的推理能力。

2. 感受不同的画圆方式以及圆和生活的联系,敢于大胆想象、有创意地回答。

◇ **活动准备**

PPT,录像,相配套的图片、文字和音乐等。

◇ **活动过程**

(一)谈话讨论,引起兴趣

今天,我要来考考大家,我首先画个图形,你们认识它吗?(圆)它像什么?动物森林里出现了一个和圆有关系的麻烦,让我们来看一看。

(二)情景展现,想象猜测

1. 感受圆的数量和位置。

数一数,有几个圆?这些圆分别在森林里的什么地方?

2. 鼓励幼儿大胆猜测这些圆是谁画的。

(三)动态呈现,学习诗歌

1. 第二轮幼儿猜测剩下的四个圆。

剩下的四个圆到底是谁画的?请大家小组合作根据圆的大小和所在的位置进行推理,并用一号圆的句式进行表达。

2. 鼓励每组幼儿说出猜测的答案,教师同时揭示正确答案。

3. 听完诗歌后出现相应动词、动物图片及场景图片,组成诗歌。

4. 伴随音乐完整念诗歌。

这首诗歌带给你怎样的感觉?让我们跟着美妙的音乐一起来念一念。

(四)结合经验,"画圆"延伸

1. 幼儿用身体的部位来画圆。

你会画圆吗?怎么画?

2. 观看录像《生活中的圆》进行延伸。

诗歌

画 圆

小猴画圆,勾住树枝荡一圈,空中画个圆。

青蛙画圆,扑通一声跳下水,水面画个圆。

小鱼画圆,吐出水泡一串串,水中画个圆。

刺猬画圆,缩紧身子滚一滚,草地上画个圆。

啄木鸟画圆,抓住树枝啄啄啄,树上画个圆。

快乐派送(大班)

宁海县实验幼儿园 / 何时平

 幼儿主导的学习活动

试一试

◇ 材料投放

1. 白色箩筐、各种各样的盒子、不同质地的填塞物、报纸、包装纸、即时贴。

2. 快递篮、快递单、商品记录清单、白板笔等。

3. 各种各样的派送商品(手链、绣球、项链、漂亮的包包等手工作品),可以搭建的玩具架。

◇ **玩法**

玩法一：整理货物

1. 合作搭建商品陈列柜。

2. 按商品的用途进行分类。

3. 给每件商品贴上价格标签，并摆放在陈列柜上。

玩法二：选购商品

1. 观察快递单，填写步骤图。

2. 选择自己喜欢的商品的图片，在"服务员"的帮助下填写快递单。

玩法三：包装商品

1. 根据商品的大小选择合适的盒子。

2. 用填充物将商品固定在盒子内。

3. 选择包装纸将商品包住，并贴上快递单。

◇ **观察重点**

1. 幼儿能否自主填写快递单？

2. 幼儿能否主动整理自己管理的商品，并能及时清点数量？

3. 幼儿是否能互相合作打包商品，并主动分类整理三个装有辅助材料的箩筐？

◇ **建议**

该活动可以在集体教学前进行。

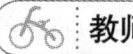 教师主导的学习活动

社会活动：小小快递员

◇ **设计意图**

《3—6岁儿童学习与发展指南》社会领域人际交往部分的第四条目标"关心尊重他人"中，建议教师要引导5—6岁的幼儿尊重为大家提供服务的人，珍惜他们的劳动成果。

随着时代的发展，网购成了人们生活中一种方便快捷的购物方式。人们足不出

户就能收到来自全国各地的物品,快递成了现代生活中的一个新兴行业。快递员的身影越来越多地出现在孩子们的生活中。然而包裹是怎么来到我们手中的?快递员是怎么送包裹的呢?

基于幼儿对快递的兴趣及已有经验,设计了本次活动。旨在通过情景模拟、游戏体验等方式让孩子了解快递员的工作是及时、准确、完好地将包裹送到目的地,感受快递员工作的辛劳,从而激发幼儿的感恩之心,萌生尊重快递员的情感。

教学设计原型

◇ **活动目标**

1. 初步认识快递员的工作,知道快递员给人们的生活带来了方便和快乐。
2. 在游戏体验中,感受快递员工作的辛劳,产生尊重他们的情感。

◇ **活动准备**

PPT、快递包裹、快递单、回执单、记录笔、固体胶。

◇ **活动过程**

(一)情境导入,了解快递单

1. 导入:电话铃响了,接电话,出现包裹。
2. 观察快递单。

你们知道这个包裹是寄给谁的吗?你们怎么知道是寄给老师的?快递员又是怎么知道这个包裹是给老师的?

(1)有人名

①追问:怎么有两个人的名字?

②什么是寄件人?什么是收件人?(寄件人是寄包裹的人,收件人是收包裹的人)

(2)有地址

追问:为什么要写地址?(告诉我们这个包裹从哪里寄出来,又要寄到哪儿去)

(3)有电话号码

①追问:电话号码有什么用处?(可以联系收件人,把快递送到他手上)这里还有一个电话,一共有两个电话,快递员为什么不会打错?

②原来右边都是收件人的信息,左边都是寄件人的信息,很清楚。如果收件人的地址错了或搬家了,快递员就要打哪个电话?

小结:快递单上的信息真重要,寄件人、收件人的名字、地址、电话都要写全、写对、写清楚,这样,收件人才能快速安全地收到包裹。

(二)游戏:小小快递员

想不想看看我的包裹里有什么呢?这些点赞星星是用来奖励小小快递员的。

小小快递员要做些什么呢?

首先要到我这儿来接单(填快递单、领包裹),然后按照快递单的信息送包裹,包裹送到后,要请收件的老师在回执单上签名确认,并为你的服务打分。

1. 填写快递单。

分快递单:看看小纸条上有谁的信息啊? 老师是寄件人,所以把自己的信息填在寄件人这一边;下面一条是收件人的信息,要填在收件人这一边,注意要填写清楚,不会写的字可以用自己喜欢的符号代替哦!

2. 送礼物。

填写好快递单的小朋友,到旁边选择一份礼物,把快递单贴上,就可以派送了。

小快递员带上要派送的包裹出发。提示:(1)路上注意安全;(2)记得把回执单带回来。

(三)情感升华,感受辛劳

1. 幼儿派送完毕,观看视频《快递员的一天》。

在送快递的时候遇到过困难吗?怎么解决的?你是怎么又快又对地送到的?

(可能出现的问题:为什么回来晚了?为什么你的礼物被退回来了?)

2. 在送货的过程中,你有什么体会?你觉得快递员的工作怎么样?

3. 小结:快递员的工作可真辛苦。特别是节假日或者周末的时候,我们在家休息,他们却在不停地忙碌。有了他们的辛苦付出,我们的生活才变得更加方便。以后我们从快递员手中接包裹时,要对他们说一句:"谢谢叔叔,你辛苦啦!"

>>> 教学反思 <<<

◇ 聚焦问题

1. 活动的容量偏大。

认识快递单 — 填写快递单 — 派送包裹 — 体验辛劳,活动的容量对孩子来说太大,尤其是填写快递单,尽管之前花了较多的时间来引导幼儿观察快递单,了解快递单上信息的重要性,但是幼儿的经验仍然不足。从认识到自己填写,跳跃得过快,挑战难度过大,导致孩子整个过程中快乐基点降低。

2. 填写"快递单"环节是否必要?

第二环节的游戏,填写快递单 — 送快递 — 请客户评价,整个过程很完整,但是在填写快递单的过程中,却出现了很多预料之外的问题。显然,幼儿对快递单没有足够的认识,我们需要思考的是:大班幼儿具有一定的表征能力,可以尝试着进行简单的图像表征。但活动中让幼儿现场填写,似乎没有必要。

◇ **改进策略**

1. 精简内容。

有选择地削掉多余的枝杈,才能使枝干长得更强壮。一个活动也是如此。删掉填写快递单这一环,以接单 — 送货 — 评价为主线贯穿整个过程即可。所有包裹都直接派送,教师放大体验环节,请孩子们交流送包裹过程中碰到的困难,他们会更有话说。最后若能达成孩子对快递这一职业的尊重效果会更好。或者将活动分解成"认识快递"和"派送快递"两个小活动进行。可在活动之后,在主题区角里延伸。

2. 充分体验。

情感提升环节可以"说说送快递过程中遇到的事件"为主,发扬幼儿克服困难、坚持完成任务的品质。在体验环节的设计和组织上,充分考虑体验的目的和时间,确保每个孩子能获得完整的实践体验。在派送的过程中,幼儿会遇到许多问题:绕了大圈子;教室里没有人,不知送给谁;回执单忘拿了,重新送一次……教师要充分挖掘幼儿解决这些问题的过程,给幼儿表达的机会,促进分享交流,从而让幼儿体验快递员送货的辛苦,更让幼儿体验在克服困难以后完成任务带来的成就感。

3. 突显领域特质。

活动重心聚焦到派送过程中时。本活动由原来的综合活动变成社会活动,通过情景模拟、游戏体验等方式可让孩子了解快递员的工作是及时、准确、完好地将包裹送到目的地,在活动中感受快递员工作的辛劳,从而激发幼儿的感恩之心,萌生尊重快递员的情感。

教学设计提升

◇ **活动目标**

1. 初步认识快递员的工作,知道快递员给人们带来了方便和快乐。
2. 在游戏体验中,感受快递员工作的辛劳,产生尊重他们的情感。

◇ **活动准备**

PPT、快递包裹、回执单。

◇ **活动过程**

(一)情境导入,了解快递单

1. 电话铃响了,接电话,出现包裹。
2. 观察快递单。

你们知道这个包裹是寄给谁的吗?你们怎么知道是寄给老师的?快递员又是怎么知道这个包裹是给老师的?

(1)有人名

①追问:怎么有两个人的名字?

②什么是寄件人?什么是收件人?(寄件人是寄包裹的人,收件人是收包裹的人)

(2)有地址

追问:为什么要写地址?(告诉我们这个包裹从哪里寄出来,又要寄到哪儿去)

(3)有电话号码

①追问:电话号码有什么用处?(可以联系收件的人,把快递送到他手上)这里还有一个电话,一共有两个电话,快递员为什么不会打错?

②原来右边都是收件人的信息,左边都是寄件人的信息,很清楚。如果收件人的地址错了或搬家了,快递员就要打哪个电话?

3. 小结:快递单上的信息真重要,寄件人、收件人的名字、地址、电话都要写全、写对、写清楚,这样,收件人才能快速安全地收到包裹。

(二)游戏:小小快递员

1. 过渡:想不想看看我的包裹里有什么呢?这些点赞星星是用来奖励小小快递员的。

2. 我这儿有一些礼物是送给幼儿园各个班级的老师的,可是我对幼儿园不熟悉,想请你们做小小快递员,帮助我把这些礼物送到各个班级去,行吗?哪个小快递员能安全快速地把礼物送到,他就可以得到点赞星星。

（1）观察包裹

小小快递员怎么才能把快递安全准确地送到呢？（仔细看快递单,分清收件人和寄件人）

请幼儿选一份包裹派送,先看一看,你的包裹是要送到哪个老师手上的？（相互交流）

（2）送礼物

包裹送到后,要请收件的老师在回执单上签名确认,并为你的服务打分。（拿着回执单介绍,用手势暗示）服务非常好的小快递员可以得三星,速度非常快的小快递员也可以得三星哦！你们都明白了吗？记得带回执单回来换点赞星星哦。

（3）小快递员派送包裹。提示：①路上注意安全；②记得把回执单带回来。

（三）情感升华,感受辛劳

1. 幼儿派送完毕,观看视频《快递员的一天》。

在送快递的时候遇到过困难吗？怎么解决的？你是怎么又快又对地送到的？

（可能出现的问题：为什么回来晚了？为什么你的礼物被退回来了？）

2. 在送货的过程中,你有什么体会？你觉得快递员的工作怎么样？

3. 小结：快递员的工作可真辛苦。特别是节假日或者周末的时候,我们在家休息,他们却在不停地忙碌。有了他们的辛苦付出,我们的生活才变得更加方便。以后我们从快递员手中接包裹时,要对他们说一句："谢谢叔叔,你辛苦啦！"

美味寿司(大班)

宁波市镇海区海润幼儿园 / 宓丹颖

 幼儿主导的学习活动

寿司 DIY

◇ **材料投放**

1. 寿司紫菜、米饭、肉松、黄瓜、胡萝卜、香肠、沙拉酱。
2. 西餐刀、彩色砧板、汤勺、盘子、碟子等。
3. 寿司制作读本、寿司制作流程图、各种各样的寿司的图片等。
4. 卡纸、笔、装饰材料、角色牌等。

◇ **玩法**

玩法一：包春卷

1. 观察图示，了解包春卷的步骤。
2. 选择春卷皮，练习由下往上卷的方法。
3. 选择黄瓜、萝卜、香蕉等食材，用小刀切成丝。
4. 结合图片和儿歌游戏，尝试制作春卷。

玩法二：寿司制作

1. 自主阅读寿司制作读本，了解制作寿司的步骤与方法。

2. 按照读本中的材料与工具,选择食材,准备工具。

3. 在图示的帮助下,尝试制作寿司。

4. 大胆创作,独立地设计与制作寿司。

玩法三:美食驿站

1. 讨论:如何开一家寿司店。

2. 提供材料设计门面、广告、价格单等等。

3. 分配角色,可供分配的角色有店长、厨师、服务员、收银员。

4. 按照角色的分工,讨论角色扮演游戏的开展方法。

5. 按照角色分配,各自扮演角色,进行买卖游戏。

玩法四:寿司的秘密

1. 搜寻问题并记录梳理,教师提供相关的图书与资料。

2. 通过图书与电脑查阅自己感兴趣的内容,了解寿司的起源与文化。

3. 运用文化棋子和世界地图进行连线游戏,初步了解世界各地的不同美食。

◇ **观察重点**

1. 幼儿是否能看图示学习由下往上卷的方法?重点观察幼儿是否能掌握道具的正确使用方法?如使用不当需要及时纠正。

2. 幼儿是否愿意自己尝试根据读本探索寿司制作的方法,并将自己的学习经验与同伴分享?

3. 幼儿是否能设计制作不同的寿司,并能运用装饰材料大胆地表现?

4. 幼儿能否自主扮演餐厅中的各种角色,并按照相关角色要求进行游戏?

◇ **建议**

玩法一和玩法二可以在集体教学前进行,玩法三和玩法四建议在集体教学后进行。

> 教师主导的学习活动

美食体验活动：美味寿司

◇ 设计意图

"美味寿司"是大班体验课程里面的一个内容。之所以选择这个活动是基于几个方面的考虑：1. 孩子们的生活经验与能力特点。现在孩子们通过各种渠道接触寿司的机会多了，他们有过品尝寿司的经验，寿司酸酸甜甜的味道得到了孩子们的喜爱。经过小班、中班的美食制作活动，孩子们有了切、卷的经验，但真正制作寿司时要将整张紫菜卷好后切开来，对孩子们来说使用竹帘制作寿司比制作单个寿司要困难得多，因此活动中让孩子们制作单个的寿司，降低活动的难度。2. 制作场地的考虑。大多数的餐馆活动都是在美食教室完成的，因为需要电气设备的辅助。而寿司的制作不用电气设备，材料也易于操作。3. 基于美食活动中自主学习的尝试。一般的制作活动都离不开老师的示范，孩子们大多只是模仿学习，很少有自主的学习模式。本次活动设计时强调让孩子们自己到读本中去学习，在实际操作中去反思，在多途径的学习渠道中去发现，在一次次的经验梳理中体验到成功。这样的学习模式是值得尝试和实践的。

教学设计原型

◇ 活动目标

1. 在实物感知、课件欣赏中初步认识寿司，感知寿司中食材的丰富。

2. 自主阅读美食制作读本，在图片和微视频的帮助下，学习制作寿司。

3. 感受美食制作与美味分享的快乐。

◇ 活动准备

1. 紫菜、香肠、青瓜、胡萝卜、米饭（事先拌好果醋）、肉松、调羹、沙拉酱。

2. 大紫菜、制作寿司用的竹帘。

3. 寿司欣赏PPT、幼儿园美食制作读本。

4. 有切蔬菜的经验。

◇ **活动过程**

(一) 情境创设,认识寿司

1. 孩子们在背景音乐《樱花》中进入活动室。

小朋友们,你们听到过这首曲子吗?(带领孩子们进入活动室)

2. 介绍歌曲名称,引出寿司。

刚才这首曲子的名字叫《樱花》,是一首著名的日本民歌。今天,我们要来认识一样很特别的日本美食。

3. 出示寿司,实物感知。

(1) 这是什么?(寿司)你们吃过寿司吗?喜欢吃寿司吗?

(2) 是的,寿司不仅是韩国人、日本人喜爱的美食,如今也已经成为我们中国人喜爱的美食了。

4. 观看寿司的图片,发现寿司品种丰富。

今天老师带来了好多种寿司呢!你喜欢哪一种?里面包了什么食材?给它取个名字吧!(玉米寿司、三文鱼寿司、香蕉寿司等等)

5. 小结:寿司的品种非常丰富,里面包的食材也很丰富,可以是蔬菜、水果,也可以是新鲜的海鲜。

(二) 自主阅读,了解过程

1. 孩子们自主阅读绘本,了解寿司的制作步骤和方法。

你们想不想做美味的寿司呢?寿司制作的方法就在这本美食制作读本中,两个人一组去读本中找找方法吧!(幼儿两人合作阅读制作读本)

2. 师幼为图片排序,帮助梳理步骤。

你们找到制作寿司的办法了吗?请小朋友们来排排制作的顺序图。

3. 运用提问、视频帮助孩子们记住制作过程中的几个要点。

在读本中你发现了什么小秘密吗?五角星有提示的作用哦!哪些地方需要特别注意呢?

步骤一——强调切丝的方法,请尽量切细一点哦!

步骤二——看,紫菜是横着放还是竖着放的?米饭是怎样放上去的?一小撮一小撮放哦!

步骤三——这里用到了什么工具?调羹和水有什么作用呢?请美食家来给我

们介绍一下吧!

步骤四——把自己喜欢的食材放上去,五角星已经告诉我们放的位置了。

步骤五——从下往上卷起来,怎样才能卷紧呢?请小朋友们自己尝试一下,好吗?

(三)自主制作,体验成功

1. 孩子们第一次自主尝试制作寿司。

你们觉得自己会做了吗?现在就请你去试着包一个,包完后请你将你包的与老师包的寿司进行比较,看看有什么不同。

2. 老师一边指导一边鼓励孩子们进行第二次制作。

听了几个小窍门后,你们应该能把寿司做得更棒了吧!大家一起再来做一个吧!材料不够的孩子可以再去选一些。

3. 分享美味。

做完的小朋友可以品尝自己亲手做的寿司啦!也可以和老师、班级的其他小朋友们一起分享哦!

(四)拓展延伸

1. 自己亲手制作的寿司好吃吗?其实制作寿司的方法还有很多种,我们一起来看看别人是怎么制作寿司的吧!(孩子们一边品尝一边观看视频)

2. 今天你们学会了制作寿司的方法,回家后可以跟爸爸妈妈一起尝试刚才视频中的做寿司的方法,将美味与更多的人分享。

(五)收拾与整理

>>> 教学反思 <<<

◇ 聚焦问题

1. 对幼儿原有经验的挖掘不够。

其实孩子们本身大多都品尝过寿司,但在活动第一环节中教师比较僵硬地让孩子们围绕PPT进行讨论,没有给孩子们充分表达的机会。

2. 没有很好地解决"卷"这一难点。

制作中,很多孩子出现了卷不起来的情况。原因在于分析步骤的时候,对于卷的这个难点只是口头讨论了一下,而事实证明单凭口头讲述还不能很好地解决问题。

3. 制作环节时间比较长。

第一部分 学习活动设计

在五个步骤的制作中,有两个大环节需要比较多的操作时间,一个是切三种食材的环节,另一个是攥饭的环节。为保证活动的时间,在制作环节上需要压缩。

◇ **改进策略**

1. 满足孩子们讲述与表达的愿望。

让孩子们自己讲述对寿司种类、味道等方面的经验,不一定局限在 PPT 上的种类,满足孩子的需要,从而也激发孩子们参与制作寿司活动的兴趣。

2. 以直观的微视频的方式解决难点。

寿司制作环节是孩子们原先经验的空缺点,他们没有这样的经验,因此可直接告诉孩子们正确的方法,不必去讨论和探索。现场教学中,微视频既直观又具体,能很好地解决这个难点。

3. 舍原有经验重新获得经验。

考虑到切丝的技能是孩子们的原有经验,而攥饭的技能是新经验的获得和练习,因此操作中要保证孩子有反复进行练习的机会。可把切的这个环节省去,由老师提供切好的食材供幼儿选用。

教学设计提升

◇ **活动目标**

1. 在实物感知、课件欣赏中初步认识寿司,感知寿司中食材的丰富。
2. 自主阅读美食制作读本,在图片和微视频的帮助下,学习制作寿司。
3. 感受美食制作与美味分享的快乐。

◇ **活动准备**

1. 紫菜、香肠、青瓜、胡萝卜、米饭(事先拌好果醋)、肉松、调羹、沙拉酱。
2. 大紫菜、制作寿司用的竹帘。
3. 寿司欣赏 PPT、幼儿园美食制作读本。
4. 有切蔬菜的经验。

◇ **活动过程**

(一)情境创设,认识寿司

1. 孩子们在背景音乐《樱花》中进入活动室。

小朋友们,你们听过这首曲子吗?

2. 介绍歌曲名称,引出寿司。

刚才这首曲子的名字叫《樱花》,是一首著名的日本民歌。今天,我们要来认识一样来自日本的美食。

3. 出示寿司,实物感知。

(1)这是什么?(寿司)你们吃过寿司吗?喜欢吃寿司吗?

(2)你吃过什么寿司呢?请来和大家分享一下。

(3)是的,寿司不仅是韩国人、日本人喜爱的美食,如今也已经成为我们中国人喜爱的美食了。

4. 观看寿司的图片,发现寿司品种丰富。

看,今天老师还带来了好多种寿司呢!你喜欢哪一种?里面包了什么食材?给它取个名字吧!(玉米寿司、三文鱼寿司、香蕉寿司等等)

5. 小结:寿司的品种非常丰富,里面包的食材也很丰富,可以是蔬菜、水果,也可以是新鲜的海鲜。

(二)自主阅读,了解过程

1. 孩子们自主阅读绘本,了解寿司的制作步骤和方法。

你们想不想做美味的寿司呢?寿司制作的方法就在这本美食制作读本中,两个人一组去读本中找找方法吧!(孩子们两人合作阅读制作读本)

2. 在食谱中,你们发现做寿司需要什么材料了吗?

我们一起来看一看,有黄瓜、胡萝卜、香肠、肉松、紫菜条;用到的工具有刀、调羹、砧板。

3. 师幼为图片排序,帮助梳理步骤。

你们找到制作寿司的办法了吗?请小朋友们来排排制作的顺序图。

4. 运用提问、视频帮助孩子们记住制作过程中的几个要点。

在读本中你发现了什么小秘密吗?五角星有提示的作用哦!那么哪些地方需要注意呢?(尽量请小朋友来发现和讲述)

步骤一——切丝,老师已经帮大家切好了。

步骤二——看,紫菜是横着放还是竖着放的?米饭是怎样放上去的?一小撮一小撮放哦!

步骤三——这里用到了什么工具?调羹和水有什么作用呢?请美食家来给我

们介绍一下吧!

步骤四 —— 把自己喜欢的食材放上去,五角星已经告诉你放的位置了。

步骤五 —— 卷,该怎么卷呢?我这里有两个小朋友卷的寿司,你们看看有什么不同,哪个更好一些呢?我们一起来看一下卷寿司有什么窍门。(观看视频)

(三) 自主制作,体验成功

1. 提出选食材的要求。

你们觉得自己会做了吗?现在就请你去试着包一个。等一下大家用小盘子选择自己喜欢的食材,我们需要做两个寿司,所以选择的食材要适量哦!记住不要浪费哦!(提醒孩子擦手和洗手)

2. 孩子们尝试进行制作,老师指导。

大家开始动手吧!注意刚刚五角星的提示哦!大家行动吧!

3. 分享美味。

做完的小朋友可以品尝自己亲手做的寿司啦!也可以和老师、班级里的其他小朋友们一起分享哦!

(四) 拓展延伸

1. 自己亲手制作的寿司好吃吗?其实制作寿司的方法还有很多种,我们一起来看看别人是怎么制作寿司的吧!(孩子们一边品尝一边观看视频)

2. 今天你们学会了制作寿司的方法,回家后可以跟爸爸妈妈一起尝试刚才视频中的做寿司的方法,将美味与更多的人分享。

(五) 收拾与整理

蒜的世界（大班）

宁海县跃龙中心幼儿园/严佳妮

 幼儿主导的学习活动

蒜蒜吧

◇ 材料投放

1. 完整的蒜头、蒜苗、蒜薹的实物若干，用蒜头、蒜苗、蒜薹制作的菜品。

2. 平衡秤、砝码、塑料小刀、剪刀、尺子、长短不一的牙签、小捣臼、蒜泥勺、箩筐、一次性手套等。

3. 铅笔、记录纸若干。

◇ 玩法

玩法一：量一量

1. 选择尺子等测量工具对蒜头、蒜苗、蒜薹的长度、宽度、厚度等进行观察、测量与记录。

2. 选择秤、塑料刀等工具对蒜头、蒜苗、蒜薹的重量进行测量与记录。

3. 对相同重量的蒜头、蒜苗、蒜薹进行体积大小的比较与记录。

玩法二：玩一玩

1. 利用牙签等工具对切割好的蒜头、蒜薹、蒜苗进行造型。

2. 利用小捣臼、蒜泥勺等工具制作蒜末、蒜泥、蒜汁。

玩法三：尝一尝

1. 介绍菜谱。

2. 自主选择蒜类小菜品尝。

◇ 观察重点

1. 幼儿是否能通过探索发现蒜头、蒜薹、蒜苗的相同与不同之处？

2. 幼儿是否能正确而快速地利用不同工具对各种蒜小块进行立体搭建和串联？

3. 幼儿是否能互相合作，学习记录探索结果？

4. 幼儿是否能够注重个人安全与卫生，能够控制自己的手不去碰眼睛？

5. 幼儿是否能够在观察与探索中发现其他秘密，然后在记录单上体现出来？如相同大小不同重量、相同重量不同大小等的数学方面的新内容。

6. 幼儿是否愿意品尝蒜类食物？

◇ 建议

该活动可以在集体教学后进行，其中玩法三可安排在午餐时。

 教师主导的学习活动

科学活动：蒜的秘密

◇ 设计意图

春天是一个感冒常发的季节，幼儿园经常会让孩子食用一些醋、大蒜来预防流感，同时也会在午餐时适当让孩子吃一些蒜，因此蒜对于孩子来说是常见的。大班孩子对蒜有零散的生活经验，但大部分孩子不爱吃，因为它有气味。在主题"有气味的蔬菜"的研讨中，我发现蒜头、蒜苗、蒜薹三者之间有着特殊而明显的关系。为了提升与梳理孩子对蒜的经验，同时也为了让大部分孩子能爱上这种有气味的蔬菜，促使幼儿通过看、摸、闻、切等多种形式了解蒜头、蒜苗、蒜薹，从中发现它们之间的相同之处和不同之处，使幼儿学会更多的观察方法，发现更多的秘密，我设计了此次科学活动。

教学设计原型

◇ **活动目标**

1. 通过看、摸、闻、切等方法,比较观察蒜头、蒜苗、蒜薹的特征,了解三者之间的关系,体验发现的乐趣。

2. 了解一些有刺激性气味的蔬菜。

3. 养成不挑食、爱吃蒜等有气味蔬菜的好习惯。

◇ **活动准备**

1.（1）蒜头、蒜苗、蒜薹人手一份,其他有气味的蔬菜若干。

（2）图片人手一份,蒜生长过程、蒜的作用的视频,擦手毛巾人手两块。

2. 幼儿对蒜有粗浅的认识,在植物游戏中对蒜有经验感知。

◇ **活动过程**

1. 气味引题,导入活动。

（1）为什么要捂住鼻子呢？你闻到了什么气味？

（2）幼儿讲述,验证。

2. 多方观察,了解特征。

（1）出示蒜薹、蒜苗、蒜头

你们的鼻子可真灵。今天我带来了三样东西,你们知道它们的名字吗？你们在哪里看到过它们？平时我们都叫它们什么？

（2）幼儿观察操作

请你们各自拿一种,仔细地看一看它是什么形状的,摸一摸是光滑的还是粗糙的,闻一闻有什么气味,然后把你的发现告诉同伴。(请幼儿通过看、摸、闻、切等方法,发现蒜各部分的特征)

（3）交流分享

①谁愿意分享一下你发现的秘密？请说一说你拿到的是什么,发现了什么秘密。

②小结：蒜苗、蒜薹、蒜头各自有不同的形状,但它们摸起来都很光滑,都有一种刺鼻的气味。

③你们想知道它们的一个秘密吗？它们是怎么种出来的呢？

（4）完整观看视频,了解生长过程

①我们一起来看一看它们的生长过程。

②小结:原来蒜头、蒜苗、蒜薹都是蒜的一部分。(出示图片,揭示三者之间的关系)

(5)结合游戏,强化认知

①"植物大战僵尸"中的僵尸为什么接近蒜头就会换个地方?(有气味)

②听说僵尸又进化了,怎么样让我们的蒜头更强大?怎么样进化?

③当蒜的三部分紧紧结合在一起时,对僵尸的攻击力将会更加强大。你们想来试一试吗?(幼儿根据图片自由组合,老师扮演僵尸进行游戏并检验组合的正确性)

3. 迁移经验,了解作用。

(1)大蒜阵可真是厉害,把这么厉害的僵尸都赶跑了。大蒜除了会释放出特殊的气味,它还有什么本领呢?

(2)幼儿讲述。

(3)平时为了预防感冒,老师们都会请小朋友们吃什么蒜制的食品呢?为什么要吃这些呢?为什么做菜的时候要放蒜?

(4)播放视频:《蒜的作用》。

(5)小结:生吃大蒜可以杀菌,做菜时放大蒜可以除腥味,蒜还可以预防感冒、抗癌等等。你平时都吃过哪些蒜类食品呢?

4. 品尝蒜类食品。

为了让我们的身体更强壮,具有更强大的能量,赶紧来吃一些蒜制食品吧。你们吃过蒜苗、蒜薹、蒜头吗?都有哪些吃法?

(1)幼儿介绍,教师张贴图片。

(2)幼儿自主试吃各种蒜制食品。

(3)交流:你在几号盆里吃到了蒜的哪一部分呢?

5. 活动延伸。

(1)你还知道哪些蔬菜和蒜一样有特殊的气味呢?

(2)让我们一起去自然角、菜市场、地里找一找其他有气味的蔬菜。(带领幼儿种蒜,具体感知蒜的生长过程)

>>> 教学反思 <<<

◇ **聚焦问题**

1. 幼儿生活用语与科学术语如何巧妙衔接？

科学活动中更注重对幼儿平时松散科学经验的梳理，因此生活用语与科学用语之间必须要有一个有效过渡。本次活动中幼儿对"蒜苗"这一术语有不同的认知，教师应该先充分肯定幼儿的生活用语，也可以进一步引导其他幼儿说出不同的生活用语，然后再与幼儿分享科学术语。

2. 如何使教学游戏化更无痕？

将游戏贯穿在活动中，为的是使课堂更活跃，使枯燥的科学知识变得更有趣。在活动中教师有效抓住了幼儿对游戏"植物大战僵尸"的兴趣，寻找到了其中的"蒜头阵"的游戏，将蒜头、蒜苗、蒜薹三者的关系巧妙融入游戏中，令幼儿在游戏中强化对三者的科学感知。但是游戏开展时发现有比较明显的"走过场"的感觉。如何能有效地将这个游戏融入活动环节中？教师在游戏中以哪种角色投入会使孩子玩得更自然，让游戏真正成为活动的主旋律？

3. 如何对幼儿的回答进行有效的提升引导？

活动成功的一大关键在于教师对幼儿的提升性回应。幼儿在动手操作后表达发现时，教师应该及时进行核心点的梳理与引导，对其进行提升。如当幼儿都想表述意见，而且回答的点雷同时，教师应引用前面幼儿的点及时进行梳理，如"还有谁也发现了它们形状上的秘密？"或"他刚才发现了形状上的秘密，还有谁是和他一样的？"这样就避免了时间上的拖沓和环节上的松散。

4. 如何将体验品尝与活动有效融合？

食品的科学活动形式往往是让幼儿亲身体验。蒜类食品是幼儿平时较排斥的，但孩子在同伴与老师的影响下往往在口头上会说喜欢。如何真正地让幼儿（尤其是个别幼儿）过了气味排斥这一关呢？再者，教师提供了菜品让幼儿品尝，但是在品尝环节的卫生方面需慎重考虑。可以把食品品尝放到下一环节中。

◇ **改进策略**

1. 自然地引入科学用语。

这是活动重点调整的内容，注重幼儿生活用语与科学术语的隐形转换引导。调整教师的提问设计和语言归纳,创设一个清晰的、自然的转换过程,尤其是要对幼儿零碎的经验给予正确的归纳和提升。

2. 游戏情境环节调整。

游戏"蒜头阵"自然地融入幼儿对蒜头、蒜苗、蒜薹的认识操作后进行。以游戏为兴趣点引导,促使幼儿自由组合,布置新的僵尸阵来巩固认知。

3. 环节适当地减少,将重点放到幼儿对蒜的观察与探索方面。

科学活动的核心点太多会让活动变得松散,因此可将后期的品尝环节放到个别化学习活动中进行。

教学设计提升

◇ **活动目标**

1. 通过看、摸、闻、切等方法,比较观察蒜头、蒜苗、蒜薹的特征,了解三者之间的关系,体验发现的乐趣。

2. 了解一些有刺激性气味的蔬菜。

3. 养成不挑食、爱吃蒜等有气味蔬菜的好习惯。

◇ **活动准备**

1.（1）蒜头、蒜苗、蒜薹人手一份,其他有气味的蔬菜若干。

（2）图片人手一份,蒜生长过程、蒜的作用的视频,擦手毛巾人手两块。

2. 幼儿对蒜有粗浅的认识,在植物游戏中对蒜有经验感知。

◇ **活动过程**

1. 气味引题,导入活动。

（1）为什么要捂住鼻子呢？你闻到了什么气味？

（2）幼儿讲述,验证。

2. 多方观察,了解特征。

（1）出示蒜薹、蒜苗、蒜头

你们的鼻子可真灵。今天我带来了三样东西,你们知道它们的名字吗？你们在哪里看到过它们？平时我们都叫它们什么？

（2）幼儿观察操作

请你们各自拿一种,仔细地看一看它是什么形状的,摸一摸是光滑的还是粗糙

的,闻一闻有什么气味,然后把你的发现告诉同伴。(请幼儿通过看、摸、闻、切等方法,发现蒜各部分的特征)

(3)交流分享

①谁愿意分享一下你发现的秘密?请说一说你拿到的是什么?发现了什么秘密?(教师及时对幼儿的回答进行形状、颜色、长短、粗细、内部结构等的提升引导)

②小结:蒜苗、蒜薹、蒜头都有各自不同的形状,但它们摸起来都很光滑,都有一种刺鼻的气味。

③你们想知道它们的一个秘密吗?它们是怎么种出来的呢?

(4)欣赏视频,了解生长过程

①播放蒜的生长过程的视频。

②小结:原来蒜头、蒜苗、蒜薹都是蒜的一部分。(出示图片,揭示三者之间的关系)

3. 角色扮演,强化认知。

(1)提问:"植物大战僵尸"中的僵尸为什么接近蒜头就会换个地方?僵尸又进化了,怎么样让蒜头更强大?

(2)幼儿表述,教师及时小结:当蒜的三部分紧紧结合在一起时,它对僵尸的攻击力将会更加强大。你们想来试一试吗?

(3)幼儿根据不同的图片对三者进行循环式的组合,教师参与到幼儿的组合中及时提醒与调动气氛。"僵尸"及时检验组合的正确性。

(4)游戏可根据情况重复开展1—2次。

4. 迁移经验,了解作用。

(1)大蒜除了会释放出特殊的气味,它还有什么本领呢?(幼儿表述)

(2)平时,老师为什么会请小朋友们吃蒜制食品呢?为什么做菜的时候要放蒜呢?(播放有关蒜的作用的视频)

(3)小结:生吃大蒜可以杀菌,做菜时放大蒜可以除腥味,蒜还可以预防感冒、抗癌等等。你平时都吃过哪些蒜类食品呢?

4. 了解蒜类食品,拓展延伸。

你们想吃吃这些蒜苗、蒜薹、蒜头制成的美食吗?(幼儿介绍,教师出示PPT,引导幼儿把蒜头、蒜苗、蒜薹送到小厨房,做出美味的菜)

各种各样的服装(大班)

慈溪市博爱幼儿园 / 兰小红

 幼儿主导的学习活动

小小服装设计师

◇ **材料投放**

1. 自制服装的材料(软尺、旧挂历纸、塑料袋、报纸、包花纸、白纸、剪刀、蜡笔、水彩笔、晾衣架等),服装设计模型图(背心、裤子、裙子等)。

2. 娃娃家中投放各种娃娃和娃娃穿的各类衣服,如拉链衫、纽扣衫等。

3. 头饰、纱巾、首饰、富有特色的服装、镜子等。

◇ 玩法

玩法一：给娃娃穿衣服

1. 使用现成的衣服，给娃娃穿衣服、拉拉链、扣纽扣。
2. 帮娃娃选择合适的服装进行搭配。

玩法二：我来做一做

1. 根据样品模型裁剪服装（简单的背心、裤子、裙子等）。
2. 使用双面胶、胶水、别针等将裁剪后的服装制作成形。
2. 将制作好的服装晾挂到展示架上。

玩法三：创意服装师

1. 根据顾客的需要，利用头饰、纱巾、首饰等组合穿戴富有个性的服装。
2. 利用报纸、塑料袋等物品，添加装饰物，制作演出服装，满足幼儿装扮活动的需要。

◇ 观察重点

1. 幼儿是否能通过练习，学会扣纽扣、拉拉链，帮娃娃把服装穿戴整齐？
2. 幼儿是否能根据提供的模型裁剪制作简单的服装并整理材料？
3. 幼儿是否能根据需要设计制作创意服装？
4. 幼儿是否能互相合作、共同商议服装的制作等？

◇ 建议

该活动可以在集体教学后进行。

 教师主导的学习活动

语言活动：螃蟹小裁缝

◇ 设计意图

故事《螃蟹小裁缝》不仅蕴含了丰富的情感与智慧，还蕴含了许多数学和逻辑推理的知识。学前期幼儿的思维以具体形象思维为主，抽象逻辑思维还处于萌芽状态，一些需要经过多层次分析推理的事情，对中班下学期以及大班上学期的幼儿来说是较难接受和理解的。如何使故事中诸多教育价值和教育元素有机融合又充分发挥语言教育的功能呢？首先,我选择以"螃蟹小裁缝"的情感变化为主线贯穿整个活动。其次,采取"难点前置法",在讲故事之前先将甲虫和大象、蟒蛇与蜈蚣拿出来对比分析,将难点放在教学之前,通过观察、讨论、推理、分析和想象,预测故事情节的发展等多种手段,巧妙地采取"留下一半给孩子"的方法,启发、鼓励幼儿积极思考,通过师幼对讲的方式,激励孩子主动发现、大胆表达,从而突破难点。这也是本次活动的一大亮点,打破了传统故事教学按情节顺序讲述的思维禁锢,采用了错段学习的方法。

教学设计原型

◇ **活动目标**

1. 理解故事内容,探索小螃蟹贴出的告示存在的问题,大胆表达自己的推测和理解。

2. 感受故事情节的变化,体验小螃蟹心情的起伏,懂得帮助别人是一件快乐的事。

◇ **活动准备**

1. 大小不一、款式相同的衣服各一件,大小相近、款式不同(一简一复杂)的衣服各一件。

2. 挂图一套、动物角色活动教具各一。

3. 告示一幅。

◇ **活动过程**

（一）结合区别明显的衣服,引出课题

1. 给小朋友上课的人是老师,给病人看病的人是医生,给人们做服装的人我们叫作——(引出裁缝)

2. 裁缝替我们做好了衣服,我们要给他钱吗？

3. 比较衣服,如果请裁缝做,哪件更贵？

（二）分段讲述故事,理解故事内容

1. 结合图片,讲述故事第1—3段。

（1）螃蟹给螳螂做了什么？螳螂付钱了吗？

（2）毛毛虫请螃蟹帮忙做了什么？(裤子)这条裤子有什么特别的地方？

（3）小结：6条裤腿的裤子真是不多见,这么特别的裤子,都没难倒螃蟹裁缝,它太厉害了！

（4）复杂的 6 条裤腿的裤子，毛毛虫付了多少钱？

2. 理解小螃蟹贴的告示。

可是，到了晚上，螃蟹小裁缝想到了一个问题：自己给小鸟做的裤子是两条裤腿 10 元钱，给鸭子做的裤子也是两条裤腿 10 元钱，而给毛毛虫做的裤子有 6 条裤腿，也才 10 元钱，太亏了。

（1）为什么它觉得自己亏了呢？这时候螃蟹裁缝的心情如何？

（2）接下来，螃蟹裁缝该怎么办？（贴出告示）你见过告示吗，在哪里见过？

（3）解读告示：请幼儿读一读。说一说什么是"不论大小"。

（4）具体引导，令幼儿清楚做一件大衣服要多少钱，做一件小衣服要多少钱。

3. 探索讲述大象和蟒蛇来做衣服的部分。

（1）看图片，请幼儿说一说谁来了，会发生什么事情。

（2）教师讲述故事。

（3）这时，螃蟹裁缝的心情怎样？

4. 故事结尾。

可是，令螃蟹没想到的事情发生了。

（1）幼儿看图片讲述。

（2）螃蟹这时的心情怎样？

（3）学说大象和蟒蛇的对话。

（三）和组里的小朋友表演故事

>>> 教学反思 <<<

◇ 聚焦问题

1. 未能深刻挖掘小螃蟹每次的心理活动及心情变化。

反复研读故事素材后可以发现，故事中小螃蟹经历了快乐—伤心—失望—重拾快乐这一系列复杂的心情。教师在活动设计中如何把握这一心理变化过程需要重点考虑。可以通过分段讲述，抓住小螃蟹的情感变化这一主线，帮助幼儿理解。

2. 对难点的突破不够透彻。

对告示内容的解读以及幼儿对"甲虫与大象、蜈蚣与蟒蛇看到告示后的反应的理解"是本次活动的难点。要深入分析，帮助幼儿理解，以突破难点。

◇ **改进策略**

1. 增加对小螃蟹心情变化的挖掘分析。

活动以"螃蟹小裁缝"的情感变化为主线,在原设计基础上,通过增加提问、讨论等方法始终让幼儿自己去发现、表达,通过追问,进一步挖掘幼儿内心的想法,凡是幼儿自己能解决的问题,都交给幼儿自己去解决。并通过角色扮演,采用"情境体验法"让幼儿理解:帮助朋友真好,自己也能得到温暖与快乐。

活动中教师可运用三张小螃蟹的图片来表示螃蟹小裁缝的心情,在每一次"螃蟹小裁缝"经历情感变化时,教师边小结边在小螃蟹的图片上添画五官的表情,使幼儿的理解更直观。

2. 抓住难点进行分析突破。

活动有两个难点部分:(1)解读告示。在活动中先让幼儿自己看告示、说告示,提出疑问,然后再由教师读告示,进一步读懂告示,初步理解"衣服不论大小,一件10元;裤子按腿算,每条裤腿5元"。再通过提问,帮助幼儿理解服装与钱之间的关系,为活动后面的环节做好铺垫。(2)蜈蚣、甲虫、蟒蛇、大象看见告示后与螃蟹小裁缝产生的矛盾与冲突。这部分是活动的难点,活动中可采取"难点前置法",通过教师与幼儿的对话,结合告示进一步分析,让幼儿自己发现这些动物的身体特征以及与它们的服装的联系,通过观察、分析,判断事物之间的关系,厘清难点,让幼儿通过充分的思考与碰撞发现问题,在这个过程中教师首先是听众,其次才是点拨与引领者。

可以以教具辅助难点突破。在出示"告示"后,为了帮助幼儿理解动物的身体特征与服装以及服装与价格之间的复杂关系,出示两组图片,一组是甲虫和大象、小衣服和大衣服、2张10元钱;另一组是蟒蛇和蜈蚣。小甲虫与大象、没有脚的蟒蛇和有许多脚的蜈蚣形成了强烈对比,通过图片的巧妙运用,可以大大帮助幼儿理解。

教学设计提升

◇ **活动目标**

1. 理解故事内容,尝试按情节线索进行分析和想象。

2. 体验故事中小螃蟹的情感变化,对图书制作活动感兴趣。

◇ **活动准备**

1. PPT。

2. 大象和甲虫、蜈蚣和蟒蛇的图片各一张,小螃蟹图片三张,大小不同的衣服,10元纸币。

3. 事先将幼儿分成四组,每组五人。

◇ **活动过程**

（一）激趣引题

1. 给小朋友上课的人是老师,给病人看病的人是医生,给人们做服装的人我们叫作——（引出裁缝）。

2. 今天老师带来一个关于裁缝的故事,这是一个动物裁缝,它有两只大钳子,你们猜,它是谁?

（二）分段讲述故事,理解故事内容

1. 结合PPT,讲述故事第1—3段。

（1）每次有人请小螃蟹帮忙,它都会说一句什么话?

（2）是呀,这时的小螃蟹多爽快,一天工夫,完成了朋友需要的服装。

（3）小螃蟹的心情怎么样?（很开心）从故事的哪句话听出来它很开心?

（4）小结:用本领帮助他人,快乐别人也快乐自己。（教师边说边画相应的表情）

2. 继续讲述,理解告示内容。

（1）小螃蟹的这张告示写得怎么样?我们一起读一读。

（2）这时,来了甲虫和大象（边说边出示动物形象）,它们的个子长得怎样?它们也想要做衣服。如果按照告示说的,甲虫的小衣服（出示小衣服）要多少钱?大象的大衣服（出示大衣服）要多少钱?

（3）如果你是小螃蟹,更愿意帮谁做衣服?谁的衣服做起来更快?

（4）那么它们会怎么想呢?等会儿听听故事。

（5）这时,又来了两个动物,谁呀?原来是蟒蛇和蜈蚣。它们想要做裤子。蟒蛇有脚吗?那它的裤子就没裤腿喽?按照告示上说的,做了裤子它需要付钱吗?为蜈蚣做裤子的话,需要多少裤腿?（许多许多）做裤子需要付许多的5元。

（6）看了这告示,到底谁会愿意找小螃蟹做服装呢?我们继续听故事。

3. 探索讲述大象和蟒蛇来做衣服的部分。

（1）教师讲述故事

谁来找螃蟹做服装了?

（2）给大象和蟒蛇做了服装后,螃蟹小裁缝的心情怎样?

（3）（边小结边画表情）唉,辛苦了半天,得到的和我想的却不一样,真失望。

4. 合作讲述,体味故事结尾的温馨。

可是,令小螃蟹没想到的事情发生了。

（1）幼儿看图片讲述,鼓励幼儿看图和同伴交流。

（2）小螃蟹这时的心情如何?

小结:（边小结边画表情）帮助朋友真好,自己也能得到温暖和快乐。

（三）制作图书

孩子们,老师给你们每人准备了一本书,里面没有图画,只有……（读数字）,这些数字在书里,是书的页码。

图画在这里,请你看一看、讲一讲,最后,按照故事的顺序把图贴到相应的页码上。

书做好了,可是封面还空的,这个故事讲了什么? 回教室后,请把它画到封面上。拿着故事书和小伙伴一起分享一下,好吗?

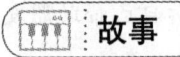 故事

螃蟹小裁缝

螃蟹是有名的小裁缝,它做的衣服样式好看,又合身,大家都喜欢它做的衣服。有一天,来了一只螳螂,它说:"我有一块布,但是有一点小,我想不出做什么。"螃蟹小裁缝说:"没问题,交给我吧。"

第二天,螃蟹拿出一件背心,螳螂穿在身上多帅气呀! 它满意极了,于是螳螂就给了螃蟹10元钱。有一天,毛毛虫抱了一块布来了,它说:"我也像别人一样穿裤子。"螃蟹说:"没问题,交给我吧。"

第二天,螃蟹拿出一条裤子,可这条裤子上面有6个裤腿,毛毛虫穿在身上特别漂亮,毛毛虫开心极了,于是给了10元钱。

到了晚上,螃蟹想:我给青蛙做裤子是2条腿,小鸟也是2条腿,可毛毛虫的裤子有6条腿,这样收钱不是吃亏了吗? 第二天螃蟹想出了一个办法,在家门口张贴告示:"以后做衣服不论大小,按件算每件10元;做裤子不论大小按腿算,每条腿5元。"小甲虫说:"我的身体这么小,一件衣服也要10元,那也太贵了。"螃蟹说:"没办法,

衣服按件算，每件10元。"蜈蚣说："我可穿不起裤子。因为我的腿太多。"螃蟹说："不算大小，按腿算，每条腿5元。"

大象来了，用鼻子包了一大块布，"螃蟹给我做一件衣服吧。"螃蟹在量尺寸的时候，爬上爬下累坏了，大象的身体太大了。光裁剪衣服就用了整整一个晚上，因为大象的身体实在太大了，螃蟹对大象说："做这件衣服我可亏本了，做了一个星期才做完。"大象拿出10元。"那可没办法，是你说的衣服不论大小，按件算。"

大蟒蛇来了，头顶一块布，"螃蟹给我做一条裤子吧，这两天有点冷。"螃蟹想：它的这条裤子要把整个身体都包起来。螃蟹忙了三天三夜才忙完，大蟒蛇穿上裤子，连说"谢谢"，转身就走了。螃蟹说："你还没付钱呢。"大蟒蛇说："我这条裤子没有腿，怎么还要钱呢？"螃蟹说："可是做你这条裤子，我花了三天三夜，看来我只好白白送给你了。"

到了晚上，客人们都走了，螃蟹坐在门口发呆，它想：我贴告示是为了赚钱，现在反而吃亏了。正在这个时候大象带来了很多香蕉："这些香蕉是送给你的，为了感谢你给我做了一件衣服。"大蟒蛇带来了一篮苹果："这些苹果送给你，谢谢你给我做了一条裤子。"这个时候螃蟹多开心啊。晚上，螃蟹悄悄地撕下告示，告诉自己帮助朋友是最快乐的。从此以后，来做衣服的客人越来越多了。

奇妙的身体（大班）

宁波市鄞州区江东中心幼儿园 / 李莹

 幼儿主导的学习活动

食物的旅行

◇ **材料投放**

1. 人体器官解剖图、人体器官图片及文字对应卡、人体器官解剖图操作教具等。
2. 有关食物消化的视频、食物消化过程操作步骤图等。
3. 记录纸、笔。
4. 各种关于人体生理结构的绘本，如《便便》《骨头》《我们的身体》等。

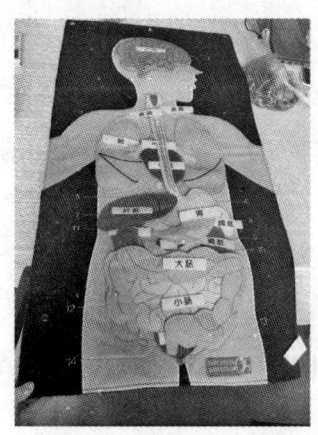
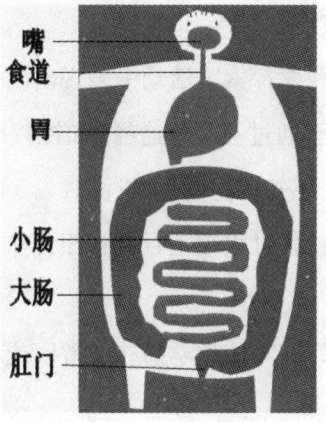

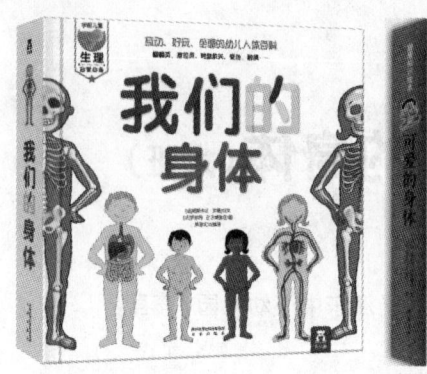

◇ 玩法

玩法一：消化器官对对碰

1. 观察人体解剖图，认识人体不同消化器官的名称。

2. 将器官图和名称卡一一进行对应。

玩法二：食物大变身

1. 观看视频，了解食物的消化、分解过程。

2. 尝试利用边探索边记录的方法记录食物消化的过程。

玩法三：食物的旅行

1. 幼儿按照食物旅行的顺序将人体器官摆放在正确的位置，并利用图示进行检验。

2. 贴上对应食物变化的图片和器官的名称。

◇ 观察重点

1. 幼儿在科学探索区活动中表现出的兴趣是否具有一定的自主性？

2. 幼儿能否通过不同的途径（如视频欣赏、自主阅读），了解人体消化器官的名称及其组合顺序，感知食物消化的过程？

3. 幼儿在操作过程中是否能互相合作、学习记录探索结果？

◇ 建议

该活动可以在集体教学前在益智区或科学区中进行。

教师主导的学习活动

健康活动：便便

◇ **设计意图**

在日常生活中，我们发现幼儿对自己的便便不是很关注，甚至有部分孩子认为便便是一件难为情的事情，避免谈论这个话题。其实，便便能直接反映我们身体的健康与否，是最正常不过的生理现象。活动试图从科学的角度来解释便便的产生，让幼儿学会以科学的眼光来对待便便。同时让幼儿通过对便便的了解，引发他们对身体健康的关注，注意饮食的营养和均衡。我们还发现很多孩子没有很好的排便意识，玩得高兴的时候他们会忍着不解，先去玩，有时又会边玩边拉便便，没有养成良好的生活习惯。根据这一现象我设计了"便便"这个活动。

如果只是单纯的说教，活动就会比较枯燥，我结合了科学绘本《便便》来引出这一活动。结合绘本内容和幼儿的知识经验，进行了取舍，选择了对消化器官做简单的认识，让幼儿了解了便便的形成过程；选择了幼儿比较熟悉、常见的三种便便进行了讨论，让幼儿知道了怎么才能有健康的便便；通过知识竞赛巩固幼儿对于健康生活方式的认识。而且在活动中，运用了多样化的手段，如图片直接引题、多媒体课件、知识竞赛游戏、儿歌化小结等形式，使整个活动生动、有趣。希望幼儿通过这次活动，能在了解便便形成过程的基础上，懂得养成健康的生活方式，有初步的自我健康鉴别的意识，养成良好的生活习惯。

教学设计原型

◇ **活动目标**

1. 在了解便便形成过程的基础上，懂得养成健康的生活方式才能拉出健康的便便的道理，乐意交流、表达自己的想法。

2. 有初步的自我健康鉴别的意识，逐步养成有规律的、健康的生活行为习惯。

◇ **活动准备**

绘本《便便》的PPT，相关生活经验的图片、录像等。

◇ **活动过程**

（一）结合幼儿生活经验，谈话引题

1.（教师出示绘本封面的图片）请你仔细看看这张图片，你看见谁在哪里做什么？（要求幼儿用完整的语言讲述）

2. 回顾幼儿已有经验。

（1）你拉过便便吗？

（2）跟进提问：你一般什么时候拉便便？一天会拉几次呢？便便闻起来是什么味道的？拉便便时你有什么感觉？我们为什么需要拉便便呢？

3. 小结：可能我们每个人拉便便的时间会有所不同，每天拉便便的次数也不一定一样，拉出的便便的形态也不尽相同。但不管是人类还是动物，我们大家都需要拉便便，拉便便是件很正常的事。

（二）通过体态演示，帮助幼儿巩固便便形成过程的知识

1. 生活经验阐述：你们知道便便是怎么来的吗？

2. 师幼共同讨论便便形成的过程，知道食物经过哪些器官最后形成便便。

正如你们所说，食物就好像在我们身体里做了一次奇妙的旅行，最后形成了便便。那食物在旅途中到底要经过哪些站点呢？这些站点又是按照什么顺序排列的呢？我们一起来讨论讨论。（师幼共同讨论食物旅行的过程）

3. 做食物旅行操，巩固对于便便形成过程的认识。

跟随音乐，教师带领幼儿做操。端起食物吃一口，嚼呀嚼呀嚼嚼碎，滑过食道来到胃，搅动食物变成糊，小肠营养吸收完，大肠吸水它最行，变成大便到肛门，扑通一声落下来。

（三）通过操作活动了解怎样才能拉出健康的便便

1. 你可别小看这臭臭的便便，其实通过它可以发现我们身上的许多小秘密呢！

2.（教师出示三种不同便便的示意图）这三种便便看上去有什么不一样？你们有没有拉过这三种便便？拉的时候有什么感觉？（出示稀稀便便图、颗粒状便便图、香蕉状便便图）

3. 幼儿讨论：这三种便便中，哪种便便比较好？这些便便是怎么产生的？（教师根据幼儿的回答出示图片进行小结）

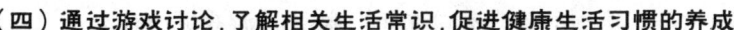

（四）通过游戏讨论，了解相关生活常识，促进健康生活习惯的养成

1. 通过知识竞赛游戏，进一步了解健康的生活习惯，说说自己的想法。

规则：游戏一共有六道题，小朋友们可以选择题目。老师出题后，小朋友有五秒时间到自己名字所属的答题器前选择答案。如果认同请选择笑脸，如果不认同请选择哭脸。时间到，小朋友回到座位，不可再修改答案。

问题一　肯德基、麦当劳真好吃，我天天都要去吃！对吗？

问题二　今天午餐的菜是我喜欢的，我要多吃点；今天晚餐的菜我最讨厌，我就不吃了。对吗？

问题三　汤泡饭真好吃，我想天天吃。对吗？

问题四　等会儿有好看的动画片，我要快点吃饭，原本要二十分钟，现在五分钟就吃完。对吗？

问题五　上课时想便便了马上就去，对吗？（引发幼儿的讨论）

问题六　拉好便便马上出去玩喽，对吗？

2. 医生小结：早上起床喝杯水，细嚼慢咽吃饭饭，多吃蔬菜和水果，多运动来多喝水，每天定时去排便，健康的便便拉出来。（播放视频）

（五）延伸：出示健康运动图

让我们一起听着音乐做做运动，拉出健康的便便来。（播放背景音乐）

>>> 教学反思 <<<

◇ **聚焦问题**

1. 活动目标的设置比较冗杂。

在一个集体教学活动中，不宜将多个领域的内容糅杂在一条目标内，这样会让目标显得不够清晰和直观。

2. 各环节时间安排的比例不够恰当。

本次活动定位在健康活动，因此各环节之间的时间比例应有所区别。可以缩短第二环节的时间，扩大第三环节的比例。同时，可以去掉医生小结的视频，变为教师的提升小结，更加可以抓住课堂中现实的问题。

3. 第四环节的问题需要体现出层次性。

最后的游戏环节的目的是帮助孩子们提升和巩固经验，需要将问题层层递进，让问题的难度有一定的提升,给孩子制造不同难度的挑战,让游戏更加有趣。

◇ **改进策略**

1. 对原有的活动目标进行调整。

新活动目标:(1)在了解便便形成过程的基础上,懂得养成健康的生活方式才能拉出健康的便便的道理,有初步的自我健康鉴别的意识。(2)乐意大胆表达自己的想法。其中第一条为主领域目标。

2. 调整环节之间的比例。

考虑到本班小朋友对食物消化有比较丰富的经验,所以设计中减少了第二环节的内容,利用食物旅行的故事进行串联,并利用食物变化的图片进行小结。将原有的PPT展示变为挂图展示,更加直观和形象,可操作性更强。

增加第三环节的过渡内容,结合幼儿的生活经验聊一聊,自然地引出对不同便便的思考。对每一个问题的小结进行整理和提炼,意图用最简单的语言让幼儿明白其中的含义。

3. 结合活动内容和幼儿的发展水平,调整问题的设置。

利用图片和文字言简意赅地表达题目的内容,如:问题二为今天午餐的菜是我喜欢的,我要多吃点;今天晚餐的菜我最讨厌,我就不吃了。调整为:看到好吃的我要多吃点,不好吃的我不吃。

设置有难度的题目,如:为了玩游戏憋着不去便便,那上课时是不是应该举手去便便?这样的问题提升给了孩子们更多的思考。

增加新的提问方向,如:能不能吃了冰激凌马上又吃热火锅?

教学设计提升

◇ **活动目标**

1. 在了解便便形成过程的基础上,懂得养成健康的生活方式才能拉出健康的便便的道理,有初步的自我健康鉴别的意识。

2. 乐意大胆表达自己的想法。

◇ **活动准备**

1. 绘本《便便》的PPT。

2. 人体结构挂图、食物消化图。

3. 对错指示牌。

◇ **活动过程**

(一) 结合幼儿生活经验,谈话引题

1.（教师出示绘本封面的图片）请你仔细看看这张图片,你看见谁在哪里做什么？请你用完整的话说一说。（要求幼儿用完整的语言讲述）

2. 集体讨论,幼儿回顾已有经验。

3. 小结:可能我们每个人拉便便的时间会有所不同,每天拉便便的次数也不一定一样,拉出的便便的形态也不尽相同,但我们大家都需要拉便便,拉便便是件最正常不过的事。

(二) 通过挂图演示,帮助幼儿巩固便便形成过程的知识

1. 生活经验阐述:你们知道便便是怎么来的吗？（出示活动挂图,激发幼儿的兴趣）

2. 师幼共同讨论便便形成的过程,知道食物经过哪些器官最后形成便便。（教师根据幼儿的回答依次贴上器官图）

3. 小结:无论什么好吃的,从进入我们口中开始就经历了一场有趣的旅行,发生了这么多神奇的变化！

(三) 通过讨论活动,了解怎样才能拉出健康的便便

1. 观察最后一张图,引发对便便形态的思考。

咦,你看,这便便是什么颜色、什么形状的啊？为什么我们排出来的便便会有不同的形态呢？

2. 教师出示PPT,讨论三种不同形态的便便。

这三种便便看上去有什么不一样？你们有没有拉过这三种便便？拉的时候有什么感觉？（出示稀稀便便图、颗粒状便便图、香蕉状便便图）

3. 根据已有经验讨论便便产生的原因,教师根据幼儿的回答出示图片进行小结。

4. 小结:健康的生活方式能让我们拉出健康的便便,也能让我们的身体变得更加强壮。

(四) 通过游戏讨论,了解相关生活常识,促进健康生活习惯的养成

1. 通过知识竞赛游戏,进一步了解健康的生活习惯,大胆阐述自己的想法。

规则:游戏一共有六道题,小朋友们可以选择题目。老师出题后,小朋友们有五秒时间做判断,然后站到你选择的对错指示牌之后。时间到,小朋友们就不可再修改答案!

问题一　肯德基、麦当劳真好吃,我天天都要去吃!

小结:像肯德基、麦当劳之类的快餐含有很高的热量,是垃圾食品,如果长期吃这些东西会导致肥胖,而且吃多了容易拉出颗粒状的便便。

问题二　蔬菜水果真好吃,我要天天吃。

小结:水果、蔬菜含丰富的维生素和纤维素,对我们排便很有好处。

问题三　看到好吃的我要多吃点,不好吃的我不吃。

小结:暴饮暴食的习惯可不好,胃一会儿被撑大一会儿又缩得很小,长此以往会得胃病,对我们身体造成严重影响。同时,挑食也是一种坏习惯。

问题四　等会儿有好看的动画片,我要快点吃饭,狼吞虎咽都吃完。

小结:吃饭的时候要细嚼慢咽,如果狼吞虎咽,会让胃产生很大的负担,时间长了容易得胃病。

问题五　下课了,天天急着跑去厕所拉便便,这时好朋友豆豆叫他:"天天,快点来,一起玩警察游戏。"天天想也没想就和豆豆一块儿玩了起来。

小结:想拉便便时,我们要马上去,否则会导致便秘,拉出一颗一颗的硬便便。

追问:玩了一会儿上课了,天天才想起他急着要去拉便便,他应该和老师说吗?

小结:应该告诉老师,征得老师的同意之后去拉便便。作为一名即将成为小学生的孩子,最好每天早晨起来就拉便便,这样既不影响上课,也不影响健康地排便。

问题六　能不能吃了冰激凌马上又吃热火锅?

小结:冷热交替着吃对我们的肠胃有很大的伤害,容易导致拉肚子。

2. 根据孩子们回答的情况给孩子们颁奖。

(五)延伸:带领幼儿做运动

最后,我还有一个小秘密想告诉大家,多运动也能帮助我们拉出健康的便便,一起跟着老师听着音乐运动起来吧!(播放背景音乐)

我自己（大班）

宁波市鄞州区潘火街道茶苑幼儿园 / 任雪阳

 幼儿主导的学习活动

我的"自画像"

◇ **材料投放**

1. 收集不同材质、形状的名片若干。

2. 彩色手工纸、画纸、大头贴、可以贴的小图片（内容为路名、幼儿园附近小区的名字和符号）等。

3. 各种彩笔、蜡笔、记号笔，小镜子若干。

4. 记录本（可以是可插入的名片夹，也可以是普通的小本子）。

◇ **玩法**

玩法一：自画像

1. 照一照。取一面小镜子，仔细观察，发现自己头部的特征。

2. 画一画。看着镜子，画出自己的自画像。

3. 展一展。将画好的自画像贴在"不一样的我"展示墙上。

玩法二：名片设计师

1. 观察比较不同名片上的图案或标记，利用自己已有的经验进行讲述。

2. 了解名片上有些什么（照片、名字、地址、手机号、QQ、邮编等）及它们的含义。

3. 设计并制作自己的小名片。

玩法三：互赠名片

1. 大胆地向同伴介绍自己的名片，并与同伴互赠名片。

2. 相互解读名片所包含的信息，通过交换名片结交朋友，将收集到的名片保存在小本子内，比比谁的朋友多。

◇ 观察重点

1. 幼儿能否发现自己头部最突出的特征，并用绘画表现出来？

2. 幼儿在观察比较过程中，关注了名片的哪些要素或内容图案或标记（照片、名字、地址、手机号、QQ、邮编等）？

3. 幼儿能否独立设计制作属于自己的名片，有呈现信息的能力？

4. 幼儿能否大胆地和同伴介绍自己的名片并运用名片与朋友分享自己的兴趣和能力？

◇ 建议

该活动可以在集体教学前进行。

 教师主导的学习活动

社会活动：不一样的我

◇ 设计意图

世界上的人成千上万，每个人都是独立的个体，有着不同的外貌、不同的性格、不同的兴趣爱好等等，虽然大班的孩子已经有了一定的自我意识，但他们还不能清楚地理解"我"就是"我"，"我"和别人是不一样的。因此，开展活动"不一样的我"有一定的必要性，符合《幼儿园教育指导纲要》的精神：教育活动内容既适合幼儿的现实需要，又有利于其长远发展；既贴近幼儿的生活来选择幼儿感兴趣的事物和问题，又有助于拓展幼儿的经验和视野。

活动让幼儿尝试多渠道感知，发现自己与别人不一样，从而产生积极的自我体验。整个活动通过从"外部特征"到"内在自我"的不同感知与体验,让每一个孩子进一步认识了解独特的自己。

教学设计原型

◇ **活动目标**

1. 感受个体的多样性,知道每个人都是与众不同的。
2. 观察比较自己与同伴的异同,从而充分了解自我,形成自我意识。
3. 乐意观察和发现周围生活中的人和事,大胆表达自己的想法。

◇ **活动准备**

1. 大镜子、照相机、屏风、录音机各一。
2. 与幼儿人数相等数量的油画棒、纸。

◇ **活动过程**

(一)外在认知,认识自我

1. 不一样的名字。

(1)自我介绍,引入主题。请幼儿用自己的方式介绍自己的名字。

(2)交流:人为什么要有不同的名字?

(3)小结:如果人都没有名字或者名字都是一样的,就分不清谁是谁,也就不清楚谁做了好事、谁表现好了。所以我们每个人都有一个不同的名字。

2. 不一样的声音。

(1)现在我们来做个游戏,游戏的名字叫作"猜猜我是谁"。老师请几个小朋友同时藏在屏风的后面,每次都由其中一位小朋友说一句话,其他的小朋友猜猜他是谁。

(2)请每个小朋友说一句不一样的话,最好能把话说得完整又优美,这句话能代表自己的最高水平,又是自己最想说的话,老师会把你们说的话录下来,大家可要想好哟。

(3)请小朋友们猜猜录音机里播放的是谁的声音。

(二)内在探究,发现自我

1. 每个人都有一个和别人不一样的名字,有不一样的外形特征,有不一样的声音。不同的人还有什么不一样?

2. 每个人都有自己的喜好,有自己最喜欢的事或物,请你介绍给大家。

3. 小结:不一样的家庭,不一样的表情,不一样的年龄,不一样的思想,不一样的职业……每个人都是独一无二的。

（三）多种形式,展现自我

1. 画一画。每人一面镜子,请幼儿仔细观察比较,发现自己的头部特征,说一说。每个人都是特别的,这些特别的地方都很有趣,来找一找自己特别的地方吧!

2. 夸一夸。鼓励画完的幼儿去找一位老师说说自己的特别之处,并请老师把幼儿说的话记录在画像旁。

3. 展一展。布置"不一样的我"展示墙。

4. 小结:不一样的你,不一样的我,不一样的他组成了一个大集体。在集体里,我们要互相帮助,团结友爱,共同进步。

>>> 教学反思 <<<

◇ 聚焦问题

1. "外部特征"认知到"内在自我"感知之间过渡突兀。

幼儿在个别化学习和生活中已经建构了对自我外在的认知经验,引导幼儿关注显性特征的难度不高。在如何有效地过渡到关注、区分我与他人内在的不同点上,环节设置上显得有些突兀。

2. 有效把握活动重难点,凸显集体教学活动的有效性。

最后的情感提升环节,内容安排杂而多。整个集体教学活动各环节时间安排欠考虑,重难点不够凸显。值得考虑的是:如何做到在有效的集体教学活动时间里,既有效激发幼儿情感,又关注集体教学活动时间的有效性。

◇ 改进策略

1. 承上启下,选择适宜的切入点。

环节一、二之间安排游戏"变圆圈",让幼儿实践体验,直观地了解自己与他人不同的想法。通过最直观的绘画记录的方式,将同样的物体创造想象成不一样的物体,直观地体验自己与他人不一样的想法,展现别样的个性和童趣,从而有效地过渡到关注、区分幼儿与他人内在的不同点。

2. 难点前置,调整前后环节设置。

改变原有方案,充分利用活动前的经验准备,将画自画像这一环节调整至活动

> 前,减少占用集体教学活动中的时间,提升活动的有效性。将每一环节中幼儿的记录纸逐一串联成一本自制绘本《不一样的我》,安排在最后一环节中,介绍给同伴。有效关注到每一个孩子,并给予他们表达自我的机会。

教学设计提升

◇ **活动目标**

1. 尝试多渠道感知,发现自己与他人不一样,产生爱自己的情感。
2. 愿意主动参与游戏,体验探索与别人不同的乐趣。

◇ **活动准备**

1. 各类图片、扭扭棒、记号笔、背景音乐。
2. 画有圆形的纸张、男孩女孩画像、大图谱。

◇ **活动过程**

(一)"引"—— 外在认知,初识自我

1. 不一样的名字 —— 自我介绍。

(1)大家好,我是阳阳老师,请你也来介绍一下自己的名字吧。

(2)班里有名字一样的人吗?为什么?

(3)小结:每个人的名字是不一样的。

2. 不一样的声音 —— 游戏"猜猜我是谁"。

(1)你们是怎么猜到的?

(2)小结:对了,原来每个人的声音也是不一样的。你们喜欢自己的声音吗?

3. 不一样的外表 —— 游戏"找不同"。

(1)除了声音不一样,我们还有什么地方不一样呢?找一个好朋友,两个人一组看一看,找一找你和好朋友不一样的地方,并在自画像中把不一样的地方圈出来。

(2)分享交流:你和谁做了比较?你们有哪里不一样?

(3)小结:我们每个人的五官不一样,发型不一样,穿着也不一样。

(二)"导"—— 内在探究,发现自我

1. 游戏"变圆圈"。

这是什么?(圆形)可以变成什么呢?不要说出来哦,请你轻轻地到桌子上去变一变吧。

2. 分享交流:你把圆形变成了什么？大家变的东西一样吗？

3. 小结:一模一样的圆形变成了不一样的东西,原来,每个人的想法都是不一样的。

（三）"现"—— 突显个性,直面自我

1. 选择三样自己喜欢的东西贴在纸上。

每个人都有一个和别人不一样的名字,有不一样的声音,有不一样的外形特征,有不一样的想法,人与人之间还有什么不一样呢？请你选择三样自己喜欢的东西贴在纸上。

2. 介绍一下你的喜好。

3. 小结:原来我们每个人喜欢的东西也不一样。

（四）"悟"—— 情感升华,延续自我

今天,我们发现了每个人的名字不一样,声音不一样,外形不一样,想法不一样,还有爱好也是不一样的,我就是我,一个独一无二的我。

1. 自我介绍（播放背景音乐）,我叫×××。

2. 你们想介绍一下不一样的自己吗？那好,等下,请你们拿出椅子下的操作纸,跟老师一样串成一本。记住哦,配上自己喜欢的封面,然后向同伴或老师介绍一下自己吧。

3. 小结:不一样的你,不一样的我,不一样的他组成了这个大集体。在集体里,我们要互相帮助,团结友爱,共同进步。

汉字的秘密(大班)

宁波市江北区天成幼儿园 / 沈琼

 幼儿主导的学习活动

汉字游戏乐趣多

◇ **材料投放**

1. 十二生肖及简单的象形文字卡片、十二生肖动物卡片、现代汉字卡片等。

2. 棋类底板、夹子、九宫格底板、箭头卡片、小房子、迷宫、报纸、过期杂志等。

3. 游戏攻略书,其中完整展示象形文字与现代文字、象形文字与图画的正确匹配结果以及汉字的演变过程等,以便帮助幼儿寻找正确答案,验证结果。

◇ **玩法**

玩法一:象形文字连连看

1. 选择十二生肖象形文字卡片及动物卡片,通过连线的方式尝试配对。

2. 和同伴一起相互检验连线的对错。

3. 使用游戏攻略书验证对错情况。

玩法二:象形文字翻翻乐

1. 将象形文字卡片放入九宫格中。

2. 观察、猜测文字,并任意翻开其中一张,说出文字。

3. 查找答案，验证对错。

玩法三：文字变变变

1. 选择"车""羊""虎"等文字演变图卡。

2. 按从古到今的演变过程摆放文字图卡。

3. 通过查找攻略，验证答案。

玩法四：字宝宝找家

1. 在现代汉字卡片中找到相同偏旁的字。

2. 将相同偏旁的字宝宝送到一个家里：如提手旁的字，要求送回"提手旁"家。

玩法五：汉字迷宫

1. 根据提供的迷宫的特点，按规律寻找出一条可以从起点顺利走到终点的路线，并用笔画出路线。

2. 说说这条路线上的汉字都有怎样的共同特征。

玩法六：我认识的字

1. 在报纸、废旧图书上圈一圈认识的字。

2. 用剪刀剪出自己认识的字，并贴到自制的小本子上，做成一本简单的图书。

3. 与同伴一起分享自己的文字书。

◇ **观察重点**

1. 幼儿在操作中能否仔细观察象形文字，尝试通过分析、比较、猜测增进对文字内涵的了解？

2. 能否发现象形文字与现代汉字的区别与联系，了解其变化的过程？

3. 能否利用游戏攻略书来寻找并验证自己的答案？

4. 能否与同伴合作游戏，互相交流、探索，增进对文字的兴趣？

◇ **建议**

可于集体教学后在区域活动中进行。

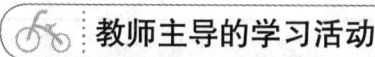

语言活动：汉字的秘密

◇ **设计意图**

中华文明博大精深、源远流长，汉字作为其中一种语言符号，负载着中华民族的悠久历史和深刻的文化内涵。依据造字方法的不同，汉字分为以下几种不同的类型：有象形字，如"日""月"，描绘物体轮廓，突出物体特征；有指事字，以象形为背景，在此基础上加指事符号，如"刃"；有会意字，两个及以上象形符号合成一个新意，如"休""尖"；还有形声字、转注字、假借字等。它们都是对自然万物、社会生活直接或间接的反映，蕴含着丰富的文化内涵。

象形文字非常直观形象，符合幼儿的认知特点，本次活动借助十二生肖，让孩子认识十二生肖的象形文字，重在感知汉字的有趣，促进幼儿观察、想象、猜测、推理等能力的发展。同时希望通过汉字文化的熏陶，激发幼儿对中国传统文化的一种认同感，萌发身为中国人的自豪感。

教学设计原型

◇ **活动目标**

1. 对古代象形文字感兴趣，乐意观察、分析、猜测、描述及玩配对文字的游戏。
2. 了解汉字的起源，知道古代人造字的方法及汉字的演变过程，感受汉字的有趣。
3. 萌发身为中国人的自豪感。

◇ **活动准备**

1. 十二生肖象形文字图卡（A6大小，自制，背贴磁铁），数量与幼儿人数相同，用绳子悬挂的方式展示于教室里；现代文字图卡12张，用于对比。
2. 十二生肖动物图卡（彩打A6大小，背贴磁铁）。
3. 大图表（如下图所示），供幼儿对文字与图卡进行猜测、比较、对应。

序号	文字卡片	猜测情况	验证情况
1			
2			
3—12			

4. 音乐片段,用于幼儿自由猜图卡环节。

5. PPT。

◇ 活动过程

（一）看文字猜动物

1. 发布任务,幼儿自选卡片进行猜测讨论。

我给大家带来一些有关动物的卡片,挂在教室里。请每个小朋友选一张自己喜欢的卡片,猜一猜上面是什么动物。可以和你的小伙伴一起讨论,你们各自猜的是什么,有没有不同意见。等到音乐结束的时候,请你带着卡片回到座位上,我们一起来分享一下。

2. 交流分享,教师引导观察、分析与比较。

你认为你的卡片上是什么动物？为什么？教师根据幼儿的猜测,将文字卡片贴于黑板上,并将所猜测的动物图卡贴在图表的相应位置。

3. 出示动物图片,验证猜测结果。

我们把动物朋友请出来瞧一瞧！(简单的文字,可由教师直接揭晓；异议较多的,讨论后可请幼儿来翻图)

4. 小结并引出象形文字。

你们知道这些简单的图画是什么吗？其实是一种象形文字,是我们中国最早的文字。看到这种文字,你有什么感觉？它有什么特点？

（二）了解文字的起源

1. 观看视频《仓颉造字》。

（1）在很久很久以前,那个时候没有文字,人们用什么来记录事情呢？我们一起来看个短片,看完后请大家来说一说古时候的记事方法是怎么样的,文字又是怎么造出来的。

（2）小结:古人用"结绳记事"的方法进行记录,要记住一件事情,就用绳子打一个结。后来用画画的方式记录,笔画渐渐简单,再后来,黄帝的史官仓颉开动脑筋,设计了符号来表示事物,不但自己用起来方便,还传授给其他部落的人。这些符号经过许多人的补充修改,就成了最早的文字。

2. 通过步骤图,帮助孩子了解文字的形成。

(1)讨论:汉字发生了什么变化?为什么会发生变化?

(2)小结:结绳记事的方式有缺点。时间一长会忘记记录了什么事情;画画的方式可以传递信息,可每个人的画画水平不一样,有的画得很像,可有的画得一点都不像;以简笔画的方式,画物体大概的样子,知道要表达的是什么意思就可以了,比如太阳,就画个圆圈,可是每个人画的也不一定相同。黄帝的史官仓颉开动脑筋,设计了符号来表示事物。

3. 激发民族自豪感。

很早以前只有语言没有文字,后来世界上渐渐有了文字。我们的汉字是唯一从古代一直演变过来,没有间断过的文字。大约在公元前14世纪,殷商后期的甲骨文被认为是汉字的早期形式。今天,各种字体纷纷诞生。

听了这些,你有什么感受?

(三)了解汉字的演变

1. 引出现代汉字。

看了十二生肖的古代文字,你们知道十二生肖在现代汉字中的文字是怎么样的吗?请它们出来吧。

2. 观察比较区别。

现在的汉字与古代的象形文字有什么不一样?发生了哪些变化?(选取"马"字进行观察)

3. 感受"马"字的演变。

出示"马"字的甲骨文、金文、小篆、隶书、楷书等,知道不同时期对同一种物体有不同的文字表现形式。

4. 讨论汉字变化的原因。

绘画有很多局限,世间万物数量极多,用图画的方式容易产生误差,比如小狗。现在有各种各样的狗,很难用简单的图表示,树木、花草也一样。

（四）出示其他象形文字，激发探究兴趣和自豪感

1. 无处不在的中国古文字。

现代的很多汉字都是从中国远古时代的象形文字演变而来的，里面藏着很多的秘密等着我们去发现。瞧！这些物品中藏着的文字你认识吗？

2. 激发幼儿创意。

人们喜欢把古代的文字写在常见的物品上，这是源于对中国文字的喜爱。你有什么特别的创意，能让全世界更多的人认识我们的文字、了解中国？

>>> 教学反思 <<<

◇ **聚焦问题**

1. 教学目标的适宜性问题。

因甲骨文离幼儿的生活比较遥远，且日常环境中并不常见，所以整个活动的重心放在了引导幼儿观察、猜测十二生肖象形文字，了解汉字的起源和演变过程，宣传中国的象形文字上，整体上难以贴近幼儿的生活经验，难以令幼儿在现实生活中对文字加以关注和重视，也难以满足大班孩子幼小衔接的需求。

2. 教学内容的适宜性问题。

整个活动包含的内容过多，容量较大，面面俱到却难以体现重难点。如，猜图交流环节，教师花了很多时间引导幼儿通过观察、比较、分析、猜测等方式了解象形文字的造字方法和特点，并观看了中国文字的起源和变化发展的视频，整个活动时间分配不合理，教学重心不明确，难以满足幼儿的现实需要和长远发展，趣味性、活动性不强。

3. 教具及方法运用的有效性问题。

在第一环节根据甲骨文字卡片猜动物的环节。幼儿拿到卡片后，刚开始都猜不出来，只好现场临时调整，缩小猜测的范围，提示幼儿"这是十二生肖里的十二种动物"，降低猜测的难度。但为方便教师排序展示，教具上事先标记了十二生肖的顺序编号，干扰了幼儿的观察和自主猜测。

◇ **改进策略**

1. 目标调整。

保留原有目标，进行精简，同时新增第三条目标，修改后目标为：

（1）对象形文字感兴趣，乐意观察、分析、猜测、描述及玩配对游戏。

（2）了解汉字的起源，知道古代人造字的方法及汉字的演变过程，萌发身为中国人的自豪感。

（3）能主动关注生活中的汉字，感知汉字的重要作用。

2. 内容调整。

删减环节二"汉字的起源"，即观看视频《仓颉造字》及激发民族自豪感的部分，突出环节三"汉字的演变"，请幼儿猜测象形文字，了解象形文字的局限性，通过演示"马"字的演变过程，以及"车""水"两字的变化，帮助幼儿了解汉字的演变。

新增一个环节：生活中的汉字。积极引导幼儿发现周围生活中无处不在的汉字，发现和体会汉字的作用。通过PPT呈现生活中不同场合下不同作用的汉字。如大街上的汉字就有餐厅名称、价目表、路牌、地铁站、公交车站牌等，引发幼儿对汉字的兴趣。然后让幼儿选取与汉字相关的照片，如酸奶瓶上的说明、购物单、微信聊天记录、书籍等照片进行讨论分析，发现汉字在生活中无处不在，而且作用非常大。

3. 教具及方法调整。

第一环节让幼儿自选十二生肖的甲骨文字卡猜动物有些难度，而且标注的数字干扰了幼儿的观察分析，因此在教具的制作上，删除了原先文字卡片上标注的数字；在方法上调整为直接出示十二生肖动物卡片，让幼儿选取文字图卡来进行对应，并通过PPT演示配对正确答案。

教学设计提升

◇ **活动目标**

1. 对象形文字感兴趣，乐意观察、分析、猜测、描述及玩配对游戏。

2. 了解汉字的起源，知道古代人造字的方法及汉字的演变过程，萌发身为中国人的自豪感。

3. 能主动关注生活中的汉字，感知汉字的重要作用。

◇ **活动准备**

1. 十二生肖象形文字图卡（A6大小，自制，背贴磁铁），数量与幼儿人数相同，用绳子悬挂的方式展示于教室中；十二生肖动物图卡（彩打A6大小，反面对应象形文字，背贴磁铁）。

2. 大图表（如下图所示），供幼儿对文字与图卡进行猜测、比较和对应。

序号	动物图片	文字卡片	验证结果
1			
2—12			

3. PPT，包含文字的演变，如"马""羊""车"字等，十二生肖的现代文字与象形文字的对比图，生活中现代汉字的照片。

4. 生活中的汉字，如公交车票、微信聊天记录等的照片。

◇ 活动过程

（一）根据动物卡片找文字

1. 幼儿根据动物卡片选取文字卡进行对应。

今天，我请到了十二生肖，你们知道十二生肖分别是哪些动物吗？我也请到了十二生肖的象形文字，请每个小朋友选一张自己喜欢的文字卡片，猜一猜这是十二生肖中的哪个动物。可以和小伙伴一起讨论各自猜的是什么，是否有不同意见。

如果确定自己猜得对，就请把卡片贴到相应动物的边上，比一比谁速度又快，猜得又准。等全体小朋友都贴完，我们一起来分享一下，你猜的是什么动物，并说出你的理由！

2. 交流分享，教师引导观察分析与比较。

（1）谁愿意第一个来分享，你拿到的卡片是怎样的。你认为这是什么动物？（引导幼儿在表述时分析象形文字的特征）

（2）有不同意见的孩子可以来发表一下自己的观点。逐一讨论，并通过PPT演示，验证幼儿的猜测结果。引导幼儿重点对图形近似、不容易辨别的象形文字卡进行观察、分析和对比。

3. 小结并进一步了解象形文字。

（1）你知道象形文字吗？请简单来介绍一下。

象形文字是一种图画文字，是汉字的早期形式。很久很久以前的远古时代，人们将文字刻在骨头、乌龟壳上面来记录事情。

（2）看到这些文字你有什么感觉？它有什么特点？（好玩、有趣，和动物的样子差不多）

4. 激发民族自豪感。

世界上最古老的四大文字中就有汉字！而且只有我们中国的汉字是唯一从古代一直演变过来，没有间断过的文字。

听了这些,你有什么感受？

（二）了解文字的演变

1. 以第一环节猜错为例,理解汉字演变的原因。

（1）刚才猜动物的过程中,有很多小朋友没有猜对,是什么原因呢？

（2）小结:象形文字像图画一样,画得比较简单,没有非常准确地表现出动物之间的区别,所以同样是象形文字"狗",有的人认为是狗,有的人认为是猪,也有的人认为是马或者其他四条腿的动物。而且每个人画画的水平也不一样,不可能每个人都画得一模一样。

2. 小结并引出汉字的演变。

远古时代,人们发明了用象形文字来记录事情的方法,并将文字刻在龟甲、骨头上,可是每个人的理解不同,会产生很多误会,所以随着时间的变化,汉字也开始发生了变化。

3. 了解汉字的演变。

（1）我们见过十二生肖的象形文字,那么你知道现在这12个字变成什么样子了吗？（出示十二生肖的象形文字和现代文字图,简单了解,重点观察"马"字的演变,简单介绍其他字的变化）

（2）讨论:有什么变化？为什么会发生这些变化？

（三）了解生活中的汉字

1. PPT呈现生活中各种汉字的照片（如幼儿园门牌、超市、银行、公交车站等照片),幼儿看看说说。

你看到过这些汉字吗？谁能来认一认、读一读？

2. 自选文字图片,分享汉字在生活中的作用。

（1）我为大家准备了很多有关汉字的照片,请到桌子上自选一张,和小伙伴一起看一看、说一说这些汉字代表什么意思,有什么用处。

（2）小结:不同的文字可以表示不同的意思。超市里的文字让我们知道商品的名称,书里的文字能叙述故事,微信中的文字可以用来交流、了解对方的想法等。

（3）如果没有文字，会怎么样？

3. 小结并激发爱国情感。

生活中、幼儿园里和班级里到处都有汉字，它能告诉我们许多信息，给我们的生活带来许多的方便，而且为我们学习知识提供了非常大的帮助。中国的汉字很厉害。

（四）延伸及拓展活动

收集中国古代汉字、现代汉字在生活中的艺术表现作品，同时留下问题供幼儿思考：你有什么特别的创意，能让全世界更多的人认识汉字、认识中国？

有趣的测量（大班）

宁波市鄞州区紫郡幼儿园 / 陈菁菁

 幼儿主导的学习活动

测 量

◇ **材料投放**

1. 木尺、直尺、卷尺、尺寸尺、三角尺、量身尺、身高尺等。

2. 笔、树干、纸条、纸盒、罐头、积木等。

3. 记录纸、笔。

4. 对应测量实物的图片。

 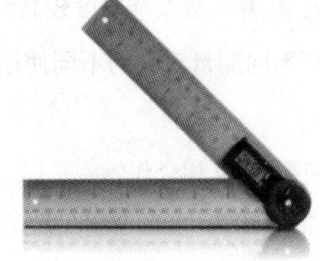 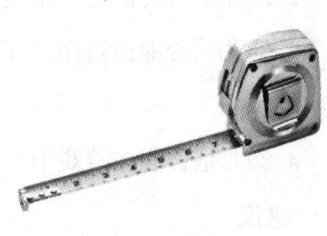

◇ 玩法

玩法一：量一量

1. 使用正规测量工具对材料进行测量，并记录。

2. 使用自然测量工具对同一种材料进行测量，并记录。

3. 与正规测量工具进行比对，初步了解自然测量与精确测量的区别。

玩法二：找一找

1. 根据测量工作的实物照片找到对应的测量物品，如身高尺对应的图片为小朋友，卷尺对应的图片为大窗户等。

2. 进行简单的比对，发现不同尺子的不同之处。

玩法三：量的游戏 PK 赛

1. 2 名以上幼儿进行 PK 游戏，对指定物品进行测量，以准确度和速度决出胜利者。

2. 指定的物品可以由幼儿自主选择。

◇ 观察重点

1. 幼儿在操作中是否运用正确的测量方法进行测量？

2. 幼儿是否尝试边测量边记录，并且数据准确度较高？

3. 幼儿是否能通过游戏了解不同测量工具的不同使用方法以及对应测量的不同实物？

4. 幼儿是否能在游戏中互相帮助、互相合作？

◇ 建议

该活动可以在集体教学之后在益智区中进行。

 教师主导的学习活动

数学活动：一寸虫

◇ **设计意图**

《一寸虫》是一本以测量为核心经验的主题绘本。绘本中以寸为长度单位，自然巧妙地蕴含了测量的方法，适合大班年龄水平与认知水平的幼儿学习。

幼儿在日常生活中对于测量的探索活动参与度不够，日常生活中对于厘米、米等简单的长度单位的了解更是不足。在对"寸"的理解上，孩子们还是比较粗浅的。所以，通过绘本故事的演绎能让孩子们对于长度单位有简单的理解，萌发对周边生活现象的探索精神。据此，设计了此次数学活动。

教学设计原型

◇ **活动目标**

1. 通过绘本《一寸虫》，尝试用首尾相接的方法测量不同动物的身体部位，并对测量结果进行简单记录。

2. 简单了解生活中的各种测量工具，萌发对测量活动的兴趣。

◇ **活动准备**

1. 绘本《一寸虫》、PPT、一寸虫原型16条、16份记录表、长尺、纸棒、笔等。

2. 知更鸟图片16张，苍鹭、巨嘴鸟、蜂鸟图片各8张，各种测量工具。

◇ **活动过程**

（一）**出示绘本，了解"一寸"**

1. 今天老师带来一本绘本，名字叫"一寸虫"。

2. 观察封面，提出问题：（1）你找到一寸虫了吗？（2）一寸是什么意思？它为什么叫一寸虫？（3）一寸大概有多长？

3. 教师小结。

（二）**讲述故事，初探测量**

1. 有一天，一只饥饿的知更鸟看见了一条一寸虫，碧绿绿的像是一小块祖母绿的

宝石,停在小树枝上。它正要一口吞掉它。"不要吃我,我是一寸虫,我很有用,我会量东西。""真的吗?"知更鸟说:"那你来量一量我的尾巴吧!"

2. 一寸虫能准确地量出知更鸟尾巴的长度吗?我们来试一试。老师为小朋友们准备了知更鸟的尾巴和一寸虫,尾巴的长度用红线标注了,请你们去试一试量一量,一共用了几次一寸虫,就有几寸长。

3. 幼儿尝试合作测量知更鸟的尾巴。

4. 集体交流。

知更鸟的尾巴大概有几寸呢?请小朋友来说一说。(PPT展示正确答案:一寸虫说,"一、二、三寸。")

5. 小结。

(三)继续讲述,巩固方法

1. 知更鸟知道自己的尾巴有三寸长,它心满意足地飞走了。不过,树丛里的一寸虫会测量这件事传开了。许多鸟儿都飞来请一寸虫帮助量自己身体的长度。

2. (PPT展示三种小鸟:苍鹭、巨嘴鸟和蜂鸟)老师还给小朋友们准备了做记号用的工具笔,请每个小朋友都来量一量它们分别有几寸长,并做好记录。

3. 幼儿第二次测量,学习并巩固用首尾相接和做记号进行测量的方法。

4. 交流验证。

PPT展示测量结果。

(四)结合生活,工具拓展

一寸虫的本领真大,能帮助小动物们测量,也能帮助我们小朋友们测量生活中许多的物品,你们想让它来帮忙量量什么呢?

(五)故事尾声,思维穿越

1. 有一天清晨,夜莺遇见了一寸虫。"量我的歌。"夜莺说。"我要怎么量歌呢?"一寸虫说,"我只量东西,不量歌。""量我的歌,要不然我把你当早点吃掉。"夜莺说。于是一寸虫想到了一个点子。

它想到了什么点子?最后一寸虫有没有成功量出夜莺的歌声呢?

2. 请小朋友们一起来看看这本《一寸虫》,寻找故事的结尾吧!

第一部分 学习活动设计

>>> **教学反思** <<<

◇ **聚焦问题**

1. 专业认知度不够。

教师在小结中对于"寸"的解释不够到位,导致幼儿在理解上遇到障碍。生活经验缺乏导致的孩子理解上的障碍,势必给活动增加了难度。在活动前期应帮助孩子对于测量单位有一个简单的认知。

2. 迁移生活经验拓展不够。

孩子的学习来源于生活,更应该回归于生活。在环节四中关于生活经验的拓展,仅仅局限在图片上,缺乏真实体验。

3. 材料投放不够简单。

为孩子们准备的材料不够简单,违背了低成本、高效益的原则。

◇ **改进策略**

1. 基于幼儿对绘本故事的兴趣,可以在导入环节中进一步加深幼儿对长度单位的理解,从幼儿原有的经验出发,对幼儿的理解会有更大的帮助。

2. 调整活动环节。环节三结合生活工具进行调整,让孩子自由选择身边的物品进行测量,会更有利于生活经验的迁移。将最后一个环节删除,减少活动获取量,有利于厘清幼儿的思路。

教学设计提升

◇ **活动目标**

1. 通过绘本《一寸虫》,尝试用首尾相接的方法测量不同动物的身体部位,并对测量结果进行简单记录。

2. 简单了解生活中的各种测量工具,萌发对测量活动的兴趣。

◇ **活动准备**

1.《一寸虫》绘本、PPT、一寸虫原型16条、16份记录表、长尺、纸棒、笔等。

2. 知更鸟图片16张,苍鹭、巨嘴鸟、蜂鸟图片各8张,各种测量工具。

◇ 活动过程

（一）出示绘本，了解"一寸"

1. 今天老师带来一本绘本，名字叫"一寸虫"。

2. 观察封面，提出问题：（1）你找到一寸虫了吗？（2）一寸是什么意思？它为什么叫一寸虫？（3）一寸大概有多长？

3. 小结：寸是一个长度单位，就像小朋友身高1米，米也是长度单位。一寸虫的身体长度刚好是一寸，所以它的名字叫"一寸虫"，现在我把它请出来，一寸大概就是这么长。（教师比画）

4. 一寸虫是一条小小的虫子，在它身上会发生什么有趣的事情呢？我们一起边看大图边来听一听吧！

（二）讲述故事，初探测量

1. 有一天，一只饥饿的知更鸟看见了一条一寸虫，碧绿绿的像是一小块祖母绿的宝石，停在小树枝上。它正要一口吞掉它。"不要吃我，我是一寸虫，我很有用，我会量东西。""真的吗？"知更鸟说："那你来量一量我的尾巴吧！"

2. 一寸虫能准确地量出知更鸟尾巴的长度吗？我们来试一试。老师为小朋友们准备了知更鸟的尾巴和一寸虫，尾巴的长度用红线标注了，请你们去试一试量一量，一共用了几次一寸虫，知更鸟的尾巴就有几寸长。

3. 幼儿尝试合作测量知更鸟尾巴的长度。

4. 集体交流。

知更鸟的尾巴大概有几寸长呢？请小朋友们来说一说。（PPT展示正确答案：一寸虫说，"一、二、三寸。"）

5. 正确答案是三寸，可为什么有的小朋友说是两寸，有的说是四寸？你们都是怎么量的呢？请你们来展示一下。

6. 小结：测量要从一端量起，每量一次就画上记号，第二次量的时候要从做记号的地方开始。注意中间不能有空隙。这叫首尾相接测量法，一共用了几次一寸虫就表示有几寸长。

（三）继续讲述，巩固方法

1. 知更鸟知道自己的尾巴有三寸长，它心满意足地飞走了。不过，树丛里的一寸虫会测量的事却传开了。许多鸟儿都飞来请一寸虫帮忙量自己最钟爱的身体部位。

2. PPT展示三种小鸟:苍鹭、巨嘴鸟和蜂鸟。

（1）苍鹭最爱自己的腿,巨嘴鸟最爱自己的巨嘴,蜂鸟最爱自己的身体。

（2）请小朋友们用刚刚老师提到的首尾相接法帮帮一寸虫的忙吧。每只小鸟最爱的部分老师都用红线标注了。老师还给小朋友们准备了做记号用的工具笔,请每个小朋友都来量一量它们分别有几寸长,并做好记录。

3. 幼儿第二次测量,学习并巩固用首尾相接和做记号的方法进行测量。

4. 交流验证。

告诉大家你量的是什么？它有几寸长？有谁和他得出的结果是一样的吗？来演示一下。(PPT展示测量结果)

（四）结合生活,工具拓展

1. 一寸虫的本领真大,能帮助小动物们测量,也能帮助我们小朋友们测量生活中的许多物品。你们想让它来帮忙量量什么呢？

2. 幼儿尝试用一寸虫来测量比较长的物品。（发现困难）

3. 那我们能用别的测量工具来代替一寸虫吗？（引出各种测量工具）

4. 实物结合PPT展示各种测量工具,认一认,说一说它们分别是用来测量什么的。

小结:原来测量不同的物品要选择不同的测量工具。

快乐数学（大班）

奉化市上林华庭幼儿园 / 何婷

 幼儿主导的学习活动

独乐数游

◇ **材料投放**

1. 自制 1—10 的数字卡片若干，1—9 的扑克牌 36 张，塑料保龄球 1 套，皮球 1 个，塑料小盒子 2 个，小山顶模型 1 个，两色小猴王各 10 个。

2. 自制骰子、记录板。

3. 笔、白纸、10 以内数字的分解组合图。

◇ **玩法**

玩法一：占王位

双方选择不同颜色的小猴王，放在各自的盒子里，掷骰子。根据数字大小，选相应数量的猴子占王位（小山顶），数量多者为胜，下局优先掷。

玩法二：速战保龄球

1.10 个保龄球为一组，滚动皮球以推倒保龄球。

2. 在记录板上记录每次被推倒和立着的保龄球的数量。

玩法三：凑"10"高手

准备1—9的纸牌4份共36张，两名幼儿为一组，以投骰子比大小的方式进行。赢了抽对方的牌，将抽到的牌与自己手中的牌组成10，如没有，就把抽到的牌留在手中，让对方抽。先抽完牌的一方获胜。

◇ **观察重点**

1. 幼儿在游戏中是否能把结果正确记录到分解组合图中，能否观察到其递减、递增的规律。

2. 幼儿是否能通过保龄球立与倒的视觉冲击，延伸10以内的加减法。

3. 在"凑10高手"游戏中，观察幼儿的思维灵敏度和合作能力。

◇ **建议**

该活动可以在集体教学前在益智区中进行。

教师主导的学习活动

数学活动：学习10以内的加法应用题

◇ **设计意图**

"儿童加减运算能力的发展经历了从实物操作—表象—概念，从具体到抽象的发展过程。"《3—6岁儿童学习与发展指南》中对大班幼儿运算认知能力的发展有详细说明。因此，在大班年龄段开展"学习10以内的加法应用题"活动是有其一定意义的。

口编应用题最首要的条件是有内容可编，所编内容不仅要幼儿感兴趣，更要是幼儿所熟悉的周围的人、事、物。在课程导入、课例内容的选择上，我们抓住孩子内心"最喜欢"的心理需求，聚焦"最喜欢的节日"——六一儿童节，因为"我的节日我做主"！这是真真实实最贴近孩子生活、最准确折射孩子心理的场景，因此，能激发幼儿主动说、主动想、主动学习的欲望，为活动的顺利开展提供了有力的保障。

教学设计原型

◇ **活动目标**

1. 理解应用题的基本结构,学习看图编口头应用题,发展幼儿分析、判断等思维能力。

2. 尝试用简明的语言表述10以内事物之间的数量关系,发展运用语言表征数学概念的能力。

3. 借助实际情境和游戏化操作,理解"合并"的意义,体验数学活动的乐趣。

◇ **活动准备**

演示板、PPT、操作题卡、各色雪花片、小金牌贴纸等。

◇ **活动过程**

(一)游戏导入:续编数字故事

1. 游戏规则:教师编故事的开头部分,幼儿续编故事内容,可以随意编,但是每一句话里要有一个数字。

2. 故事内容:森林里,住着一只小熊,还有它的一位哥哥。有一天,小熊喝了1罐蜂蜜,又摘了2个橘子,谁能接着往下编?要求每说一句话里面都要有一个数字宝宝哦!……除了吃,还可以做些什么事呢?(请3—5个幼儿回答)

刚才我们编的这个故事,最明显的特点是什么?(每一句话里都有数字)小朋友们不仅会想象,而且更会思考,真棒!

(二)理解结构,学习口编应用题

1. 课例学习,感知(增加)题型。

(1)出示课例:庆六一,真热闹。明明吹了5个红气球,又吹了2个黄气球,他一共吹了几个气球?

(2)提问启发:故事里讲了一件什么事?(明明吹气球)故事中说了几个数字?(2个)分别是哪两个?(5和2)"5"在哪句话里?"2"在哪句话里?这个故事里还问了我们一个问题,谁来告诉大家这个问题在哪里。请你说一说。最后一句就是问题,那么你知道明明一共吹了几个气球吗?

(3)梳理跟进:像这样,一个故事既讲了一件事情,又有多个数字,还有一个问题,这就是应用题。今天,我们就学学创编应用题这个本领。请思考:每次编应用题的时候,都要讲一件事情吗?要出现两个以上的数字吗?是不是还要有一个问题?

(4)操作表征

细化操作要求:明明先吹了5个红气球,又吹了3个黄气球,明明一共吹了几个气球?我们可以用红色雪花片表示先吹好的5个红气球,用黄色雪花片表示又吹好的3个黄气球,在操作题卡上边说边摆,最后提个问题(强调),算一算明明一共吹了几个气球。

操作题卡如下所示:

1	2	3	4	5	6	7	8	9	10

表述数量关系:你是怎么算出"5+3=8"的?5表示什么?3表示什么?8又表示什么?

2. 尝试学习,理解运用。

(1)出示课例:庆六一,开舞会!爸爸妈妈来送礼!送来3袋棉花糖,又送来4袋棒棒糖,谁来帮我提个问题?——"一共送来几袋糖果?"

(2)操作挑战:边摆边说应用题

一共送来几袋糖果?你是怎么算的?列算式3+4=7(袋),一起读一遍算式。3表示什么?4表示什么?7又表示什么?

(3)理解新知:刚才我们讲的这两道应用题说的都是"先……,又……,一共有多少?"原来有的,又增加了,总共的数量也就变多了!

(三)自主游戏,变式巩固

1. 自主学习,看图口编。

(1)出示课例图片:过六一,真热闹,张灯结彩挂灯笼!

(2)谁愿意挂灯笼?谁愿意编一编这道应用题(增加题型)?别忘了提个问题。

(3)拓展:还可以请哪些朋友来帮忙呢?试着来编一编。

(4)巩固:自摆自编应用题(双人互动)。

(5)表述:3+3=6。

第一个3表示什么?第二个3表示什么?6又表示什么?我们可以发现两个数字合并在一起,数量也会变多。

2. 分组互动，巩固应用。

规则：自主分成两组，互动口编应用题。

（四）经验提升，概括策略

有三宝

小朋友，坐一起，大家来编应用题。

应用题中有三宝：一件事、多个数，最后还要提问题！

三宝记心中，成功属于你！

（五）区域拓展，挑战新知（序数求和应用题）

过六一，真热闹！小朋友，排好队，大家一起来参加！

甲小朋友排在第2位，乙小朋友排在甲的后两位，乙小朋友排在第几位呢？（现场体验，感知甲的位置＋后几位的位置＝乙的位置）

启发拓展：请你拿上雪花片和操作卡，在数学区域里好好地想一想、摆一摆，一定会有新的发现哦！

>>> 教学反思 <<<

◇ **聚焦问题**

1. 教学内容容量过大。

纵观整个活动，教师预设的量较多，包含增加、合并、序列求和三种题型，在高结构的集体活动中，对孩子整体思维的挑战太大，认知偏难。面对幼儿，科学合理地确定重难点是关键。

2. 教学过程如何体现灵活学习？

活动的导入环节比较新颖，但是在与下一环节的承接中，存在脱节现象。对于大班幼儿现阶段的思维水平来说，有一定难度。教学过程中教师主导的提问过多，幼儿被动接受，自主性、参与度不够。

◇ **改进策略**

1. 抓数学大概念。

二次设计活动方案时，再次学习《3—6岁儿童学习与发展指南》后，把活动重点定在借助实际情境和游戏化操作中，理解"又"的意义。因此，在环节设计上，把序列求和的相关内容进行了删减，增加感知与学习部分的内容。

2.调整教学策略。

活动导入的设计中,开门见山,续编数字故事《快乐的六一》。在孩子感兴趣的节日中,挑战新知,非常适合大班孩子的心理需求。在第三环节中,通过拓展性的提问,打开了幼儿的生活经验,发散了幼儿的探究性思维。

教学设计提升

◇ **活动目标**

1. 理解应用题的基本结构,学习看图编口头应用题,发展幼儿分析、判断等思维能力。

2. 尝试用简明的语言表述10以内事物之间的数量关系,发展运用语言表征数学概念的能力。

3. 借助实际情境和游戏化操作,理解"合并"的意义,体验数学活动的乐趣。

◇ **活动准备**

演示板、PPT、操作题卡、各色雪花片、小金牌贴纸等。

◇ **活动过程**

(一)游戏导入:续编数字故事《快乐的六一》

1. 游戏规则:教师编故事开头部分,幼儿结合主题续编故事内容,要求每一句话里要有一个数字。

2. 故事主题:快乐的六一。

刚才我们讲了快乐的六一儿童节,大家都说了好吃的、好玩的事……我们编的故事中有一个最大的特征是什么?(每一句话里都有数字)小朋友们的记性可真好,而且说得也很棒!

(二)理解结构,学习口编应用题

1. 课例学习,感知(增加)题型。

(1)出示课例:庆六一,真热闹,明明吹了5个红气球,又吹了2个黄气球,他一共吹了几个气球?

(2)提问启发:故事里讲了一件什么事?(明明吹气球)故事中说了几个数字?(2个)分别是哪两个?(5和2)5在哪句话里? 2在哪句话里?这个故事里还问了我们一个问题,谁来告诉大家这个问题在哪里?请你说一说。最后一句就是问题,那么你知道明明一共吹了几个气球吗?

（3）梳理跟进：像这样，一个故事里，既讲了一件事情，又有多个数字，还有一个问题，这就是应用题。今天，我们就学学这个本领，创编应用题。请思考：每次编应用题的时候，都要讲一件事情吗？要出现两个以上的数字吗？是不是还要有一个问题？

（4）操作表征

细化操作要求：明明先吹了5个红气球，又吹了3个黄气球，明明一共吹了几个气球？我们可以用红色雪花片表示先吹好的5个红气球，用黄色雪花片表示又吹好的3个黄气球，在操作题卡上边说边摆，最后提个问题（强调），算一算一共吹了几个气球？

操作题卡如下所示：

1	2	3	4	5	6	7	8	9	10

表述数量关系：你是怎么算出5+3=8的？5表示什么？3表示什么？8又表示什么？

2. 尝试学习，理解运用。

（1）出示课例：庆六一，开舞会！爸爸妈妈来送礼！送来3袋棉花糖，又送来4袋棒棒糖，谁来帮我提个问题？——"一共送来几袋糖果？"

（2）操作挑战：边摆边说应用题

一共送来几袋糖果？你是怎么算的？列算式3+4=7（袋），一起读一遍算式。3表示什么？4表示什么？7又表示什么？

（3）理解新知：刚才我们讲的这两道应用题说的都是"先……，又……，一共有多少？"原来有的，又增加了，总共的数量也就变多了！

（三）自主游戏，变式巩固

1. 自主学习，看图口编。

（1）出示课例图片库：快乐的六一节（美食、游戏、场景准备等生活素材）。

（2）拓展提问：六一儿童节时，你喜欢做哪些事？选一张你喜欢的卡片。谁愿意编一道应用题（增加题型）？别忘了提个问题。

2. 分组互动，巩固应用。

规则：自主分成两组，看图互动口编应用题。

巩固难点：互动提问、互动编算。

（四）经验提升，概括策略

有三宝

小朋友，坐一起，大家来编应用题。

应用题中有三宝：一件事、多个数，最后还要提问题！

三宝记心中，成功属于你！

（五）班级拓展，挑战新知

生活中，只要有一双会观察的眼睛和一个会思考的脑袋，就能编出很多有趣的应用题！班级里正在举办六一舞会，还有编应用题闯关游戏，大奖等着你，赶紧去参加吧！

第二部分
半日活动设计

【策略导航】

儿童的学习与发展具有整体性的特点,一日活动的安排要兼顾生活、游戏、运动和学习活动之间的协调,以及与健康、语言、社会、科学和艺术五大领域目标的相互渗透。有准备的教学应该是在一日活动流程框架下充分满足儿童多样化的学习与发展需求的教学。

一、建立稳定而灵活的一日活动流程

一日活动流程是幼儿在园一天活动的顺序。稳定的一日活动流程可以使幼儿情绪安定并获得安全感。他们知道每天要做些什么,什么时间需要做什么事,这种可预测性使他们的身体和情感能体验到秩序感和掌控感。另一方面,重复的一日活动流程能够让幼儿进行重复活动,尤其是重复使用某些材料,可以让他们不断加深对熟悉的材料和主题的理解。一日活动的规律性安排还有助于幼儿发展重要的顺序概念和持续性概念,这些概念的形成有利于促进幼儿早期数学和科学思维的发展。

当然,一日活动流程的执行过程应该是灵活的,不应该以此限制幼儿在每个时间段必须做什么。在规定的框架下,教师可以根据幼儿的反应,灵活地把控前后环节的起承转合。同时,不同的季节、节日活动或其他特殊活动时,一日活动的流程可以根据孩子的兴趣而调整。

二、安排模块化的活动环节

一日活动中各环节的数量和性质要合理安排。可把一日活动分成几个有意义的时间段，模块化地安排各环节，避免环节的频繁转换。因为频繁转换不仅会使幼儿感到凌乱，还会造成时间的隐性浪费。

模块化的环节安排可以保证幼儿有充足的时间完成一件事情，能够充分感受和体验活动的过程，享受活动的快乐。模块化的环节增加了时间上的弹性，可以给教师和幼儿较大的自主权，教师可以根据活动的实际情况灵活利用时间。比如，允许活动时间的重叠，即同一时间段内允许不同的幼儿进行不同的活动。如某几个孩子还在专注地完成一项探究活动，这时可以让其他孩子先去洗手，准备吃点心。

三、提供多种类型的活动内容

一日活动安排应该满足幼儿多种的发展需求——既能够让幼儿有机会自主游戏，又有集体教学帮助幼儿整理、归纳、分享、提升学习经验；既让幼儿参加室内和室外的游戏、运动，又有喝水、如厕、餐点、睡眠等生活活动；既有幼儿的个别化活动，又有与同伴、教师的互动交往活动等等。丰富多样的活动可以让每个孩子在一日活动的各个环节中都有机会获得有益和积极的经验。

一日活动中教师主导的活动与幼儿主导的活动要相对均衡，避免出现高控制、高结构活动占大多数的现象，影响幼儿主动性的发展。每个活动的内容要根据幼儿的兴趣和教育目标而定，并且这些内容要有递进性、支持性和具有延展性。以多样化的内容来满足幼儿的兴趣和不同的学习方式，能够让所有的孩子每天都能找到自己感兴趣的事情来做。

四、保证充分自主的选择机会

幼儿需要有各种机会进行自主选择。一日活动中可适当减少集体教学活动时间，以保证充足的自主游戏时间，允许幼儿自主选择游戏空间、材料和同伴，允许他们完全自由自在、自娱自乐地玩游戏；设计自主自助的生活活动，比如喝水、吃点心、午餐等，允许幼儿根据需要适时适量适宜选择；为幼儿个别化学习和小组活动创设良好的环境，如安排充分的活动时间、提供丰富的多功能的多层次的材料等。

总之，教师应降低对一日活动的控制程度，创设机会支持幼儿的自主选择，有效平衡统一性活动和选择性活动，使幼儿能真正感受到幼儿园生活的快乐。

乌龟爬爬（小班）

宁波市海曙区翠柏幼儿园 / 葛维微

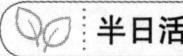 半日活动总目标

1. 通过学习活动认识小乌龟的外形特征，模仿小乌龟进行游泳、爬行等动作。

2. 在教师的引导下乐意参与各项活动，乐于与同伴共同游戏，在集体中感觉安全，情绪稳定。

半日活动流程

一、来园活动（7：40—8：00）

◇活动内容

1. 观察照顾植物角。

2. 一起劳动擦桌椅。

◇观察重点

1. 能否积极参与劳动？

2. 幼儿情绪是否愉快？

3. 是否愿意照顾动植物，并且观察到动植物的变化？

二、自主性游戏（8：00—8：40）

◇ **预设主题**

动动脑动动手、小小建筑师（我帮小乌龟爷爷造房子）、撕撕玩玩（装饰小乌龟）、娃娃家、美发屋、小舞台（表演小乌龟看爷爷的故事）等。

◇ **材料提供**

1. 建构类：鞋盒、纸板、养乐多瓶子等。
2. 装扮类：假发、领带、饰品、围巾等。
3. 工具类：剪刀、彩纸、胶水等。
4. 百宝箱：废旧物品。

◇ **观察重点**

1. 美工区中孩子们又运用了什么新的材料进行创作？
2. 娃娃家中幼儿能否分工合作，交流了什么，生成了什么新的情节？
3. 动脑动手区的孩子在数物匹配中遇到了什么困难？

三、早操活动（8：40—9：00）

◇ **活动内容**

韵律操、带动操、合作操。

◇ **观察重点**

1. 是否能找到自己的位置，并且模仿老师的动作做操？
2. 是否精神饱满，对早操活动有兴趣？

四、生活活动（9：00—9：15）

盥洗

引导幼儿按序按需如厕，学会等待与谦让，能自己拉上裤子。

吃点心

1. 引导幼儿按需取拿点心，讲究文明、卫生。
2. 用餐完毕后，能将自己的小杯子放好，并保持桌面的整洁。

五、学习活动（9：15—9：35）

科学活动：小乌龟

◇ **活动目标**

1. 喜欢亲近小乌龟，尝试大胆讲述小乌龟的外形特征和本领。

2. 模仿乌龟的动作，学习体验伸、缩、爬、翻等动作。

◇ **活动准备**

1. 小乌龟五只、大乌龟一只、小棍若干。

2. 关于乌龟蛋宝宝、乌龟、乌龟食物的图片各一张。

3. 乌龟游泳、翻身、爬的视频。

◇ **活动过程**

（一）蛋宝宝引出课题

1. 小朋友们，今天天气真好，老师带你们一起去草地上做游戏吧！来，我们在草地上找个位置坐下来。

（出示蛋的图片）今天老师带来了一个蛋宝宝，请你们猜猜这是什么蛋。

2. （露出尾巴）宝宝要破壳而出喽！看！它露出了一条小尾巴，猜一猜它是谁。

3. 我们和小乌龟打声招呼吧。（幼儿：小乌龟好！）

（二）观察乌龟，发现乌龟的特征和本领

1. 幼儿自由观察乌龟。

今天，老师把乌龟宝宝请到了我们的教室里。请小朋友们一起和小乌龟玩一玩，看一看小乌龟身上有什么。

2. 幼儿讲述自己的发现。

小乌龟玩累了，我们让小乌龟在旁边休息一下。现在请你来说一说刚刚和小乌龟玩的时候你发现小乌龟身上有什么。

3. （教师结合乌龟图片小结）乌龟有四条腿、硬硬的壳、小尾巴和一个头。

（三）亲近乌龟，学学乌龟的本领

1. 模仿乌龟伸、缩的本领。

小朋友们,你们知道吗?小乌龟会慢慢长大,变成大乌龟。(出示大乌龟)

(幼儿观察)大乌龟的头呢?腿呢?尾巴呢?(学大乌龟的伸、缩动作,带领幼儿进行情景表演。幼儿扮演小乌龟,教师扮演坏人)

2. 观看乌龟爬行,模仿大乌龟爬。

(1)大乌龟这么大、这么重,它会爬吗?(教师把大乌龟放在地垫上)

(2)今天,我们这里人有点多,大乌龟可能害羞了。让我们一起来看一看昨天老师拍的视频吧!(播放视频)

(3)来,让我们变成乌龟来爬一爬!

3. 观看视频,模仿小乌龟游泳。

(1)小朋友你们看,老师给小乌龟准备了一盆水。你们猜,如果把小乌龟放进水里,它会怎么样?(幼儿猜测)

(2)幼儿现场观看乌龟游泳。

(3)来,让我们变成小乌龟来游一游。(幼儿模仿乌龟游泳)

4. 观看视频,个别幼儿模仿大乌龟翻身。

(1)(把大乌龟翻过来)小朋友们,这只大乌龟怎么了?它会怎么样?

(2)让我们一起来看一看大乌龟是怎么翻身的。

(3)大乌龟是怎么翻身的?(个别幼儿练习)

5. 小结:乌龟有伸、缩、爬、游泳、翻身的本领,你们知道乌龟喜欢吃什么吗?

(四)猜测饮食

1. 请个别幼儿说,教师拿出相应的图片。

2. 小朋友们的意见都不一样。老师给乌龟准备了这些食物,放在我们的自然角,小朋友们去喂一喂,就知道乌龟到底喜欢吃什么了。来,小朋友们,我们把乌龟带到自然角去喂一喂吧!

六、户外活动(9:35—10:40)

自主游戏1:乌龟爬爬

◇ **运动器械**

麻袋、爬行垫、小背篓、轮胎。

◇ **观察重点**

1. 幼儿是否能在老师的引导下自主运用不同的运动器械铺设合理、安全的前行路线?

2. 在活动过程中,幼儿能否持续保持兴趣?是否需要引导情境?

自主游戏 2:小兔跳跳

◇ **运动器械**

体操垫、跳圈和椅子。

◇ **观察重点**

1. 幼儿是怎样运用器械在老师的帮助下铺设难度不同的路线的?

2. 幼儿在运动过程中遇到困难或失败时,是否愿意继续挑战?

自主游戏 3:小猴子运西瓜

◇ **运动器械**

小推车、篮球和奶粉罐。

◇ **观察重点**

1. 幼儿在游戏中能否谦让互助?

2. 能否尝试不同的行进路线,有进一步挑战的兴趣?

集体游戏:小乌龟的旅行

◇ **游戏准备**

泡沫地垫、小椅子、指压板。

◇ **游戏方法**

和老师一起爬由各种材质拼成的路,感受不同材质带来的不同感受。同时,老师提供各种情境,如我们要上山了,前面有一条河,我们要游过去等,让孩子们沉浸在游戏中。

◇ **观察重点**

1. 能否克服困难?如当爬过指压板有些痛感时,孩子们能否坚持到底?

2. 幼儿是否能在整个活动中都专注投入?

◇ **保育观察指导**

1. 关注幼儿在运动过程中是否会主动饮水?

2. 幼儿是否能根据天气以及自己的身体状况及时穿、脱衣服？

3. 运动结束后,幼儿能否协同合作整理运动器械？

七、生活活动(10:40—11:40)

餐前准备

1. 一起安静阅读书籍。

2. 认识今天的食物,说说食物的营养价值。

盥洗

1. 能够及时增减衣物,并请老师帮助擦汗,尝试互相帮助,将汗巾挂好。

2. 提醒幼儿及时饮水。

午餐

1. 引导幼儿一口饭、一口菜交替着吃,尽量做到饭菜均匀。

2. 观察吃得慢和挑食严重的幼儿的情况,及时提醒,和他们沟通。

3. 吃完饭将餐具放到指定位置,然后漱口、擦脸。

我爱植物(小班)

宁波市镇海区镇海幼儿园 / 应贤达

半日活动总目标

1. 将"爱植物"的情感体验贯穿于半日活动的每个环节,并感知生活中的多种植物。
2. 在实践中体验种植的乐趣,并简单掌握基本的种植技能。
3. 在教师的提醒下能及时喝水、如厕。

半日活动流程

一、晨间接待(7:45—8:30)

◇材料准备

水壶六个、记录本、笔。

◇活动内容

1. 开窗通风,照顾植物角的植物。
2. 热情地接待孩子来园,引导孩子主动跟老师问好,跟家长再见。

二、区域活动(8:30—9:15)

◇活动准备

1. 美工区:桶装橡皮泥若干。

2. 科学区：自制立体操作学具，雌雄贴，大小不同、颜色不同的花几十朵。

3. 小超市：货架一个，盛放水果的盘子七八个，盘子里分类放各种水果，空水果篮两个。

4. 小餐厅：一套厨师的衣服帽子、两套服务员的衣服帽子、厨房橱柜一个、餐桌一张、椅子三把、厨房用玩具若干。

5. 阅读区：关于绿色植物的图书，其他数学类绘本、童话故事书、安全故事书等。

6. 建构区：各种形状、色彩、厚度不同的泡沫块两筐，自制砖两筐，小动物玩偶五个、废旧盒子、瓶子若干，雪花片一筐，三角形积塑一筐。

7. 自助点心区：两个餐盘内各放两种类型的点心，准备两小壶红枣豆浆以及点心夹。

◇ 活动过程

1. 计划时间。

教师引导幼儿看看每个区角，选择好想去的区角，然后将自己的照片放入相应区域的计划盘内，独自或与朋友一起去区域活动。

2. 工作时间。

幼儿自由分散在各个区域中游戏，教师巡回观察，适时介入游戏。根据小班幼儿的年龄特点，教师以角色身份介入游戏比较适宜。

3. 回顾时间。

（1）橡皮泥西瓜作品的分享和介绍。

（2）即时分享科学区"花儿朵朵"活动的照片。

（3）好书推荐：一名幼儿为大家推荐一本喜欢的书，介绍封面和主要人物。

三、户外活动（9：15—9：55）

早操

器械操＋模仿操。

户外活动

◇ 活动准备

场地一侧悬挂摸高球，准备长凳两条、幼儿篮球架一个、废旧汽车轮胎两个、组合爬行垫两块、塑料拱门五个、皮球一筐、彩虹砖两筐、小呼啦圈二十个、小乌龟背壳十个、小青蛙手环十五个、鳄鱼手环三个。

◇ **指导要点**

值日生和老师一起准备户外活动用的器材,其他幼儿进行喝水、脱衣服等准备工作。喝完水的幼儿陆续到堆放好的活动器材处进行自由组合游戏。老师巡回参与游戏,提醒幼儿注意活动量,及时喝水、擦汗。

四、教学活动(10:00—10:30)

科学活动:种大蒜

◇ **活动目标**

1. 观察认识大蒜,用简单的语言讲述对大蒜的认识和发现。
2. 乐意参加种植活动,愿意照料大蒜并关注大蒜的生长。
3. 在剥大蒜、种大蒜的过程中,体验和同伴一起活动的乐趣。

◇ **活动准备**

1. 每桌一个盒子、一个盘子、实物大蒜、种植工具、花盆(装好泥土)。
2. 画有若干圆形的图表一张,种植示意图四张(一张为一个大蒜瓣,一张为泥土,一张为用水壶浇水,一张为太阳),PPT。

◇ **活动过程**

(一)摸大蒜

1. 每组一个摸箱(里面放置有六个大蒜),请幼儿摸一摸。

我们来玩一个"摸摸猜猜"的游戏,只能用手摸,不能拿出来看哦。(幼儿将一只小手从摸箱的洞口伸进去,摸一摸,猜一猜)

2. 排除法验证。

教师根据幼儿的回答,一一进行排除。

3. 师幼共同验证,教师提示:能吃吗?能剥吗?是什么颜色的?闻一闻,是什么气味的?

(二)剥大蒜

我想知道大蒜的里面是什么样的,怎么办?

1. 教师引导幼儿剥一剥大蒜,巡回指导。

里面的蒜瓣是什么样的,跟什么很像?(把最外面的蒜皮先剥掉,在剥的过程中提醒幼儿不要用小手揉眼睛,将剥下来的蒜皮放在筐里)

2. 观察大蒜瓣。

(1)现在大蒜变成什么样了?(一个大大的蒜头,现在被小朋友们剥成了一颗一颗的大蒜瓣)

(2)蒜瓣是什么样子的?两头一样大吗?(白色的,滑滑的,一头尖尖的,一头扁扁的)

3. 了解大蒜的用途。

(1)你吃过大蒜吗?是什么味道的?好吃吗?我们为什么要吃大蒜?

(2)小结:大蒜的本领可大了,它可以杀死我们身体里的病菌,能预防感冒,还能治病呢,所以小朋友们要多吃大蒜。

(三)种大蒜

1. 念儿歌《大蒜长长》。

大蒜长长

大蒜泥里睡睡,

醒来要喝水水,

太阳公公晒晒,

绿头发芽长长。

2. 探索大蒜的种法。

3. 幼儿种大蒜,体验种植的快乐。

五、分组游戏(10:30—10:55)

◇活动内容

纸巾印染+蔬果印画。

◇活动准备

1. 纸巾若干包;事先在盘子里调好红、黄、蓝、绿、紫色水粉颜料,水稍多点;展示板一块,供幼儿贴作品。

2. 大树背景画两张;苹果、桃子、萝卜、菜头等水果蔬菜切开放在大筐里。

◇**活动过程**

1. 设置情境,回忆玩法。

师幼一起穿围兜,变身魔法师。

(1)教师交代玩法,提出玩色的要求。

(2)幼儿回忆两种玩色游戏的玩法。

2. 幼儿自由玩色,教师巡回指导。

(1)鼓励幼儿大胆地用多种颜色去尝试,体验颜色渗透带来的美感和特殊效果。

(2)鼓励幼儿发挥想象,在印画好的果树上大胆添画。

3. 结束游戏,清洗整理。

(1)幼儿相互欣赏作品,夸夸同伴的作品。

(2)清洗自己的手和画笔,简单整理桌面。

(3)脱下围兜,跟随老师回教室。

六、进餐(11:00—12:00)

1. 独立用餐,保持桌面和地面的整洁;餐后整理好个人卫生。

2. 用完餐的幼儿有序地选择区域游戏或者阅读,不做剧烈运动。

水果的秘密（中班）

宁波市明楼幼儿园 / 葛静静

 半日活动总目标

1. 能根据自己的需要自取点心和午餐，吃完后能自己整理桌面，养成自我服务的习惯。

2. 了解当季水果，知道常见水果的几种吃法。

3. 在户外活动中积极参加锻炼，能结合低结构材料，进行自主搭建、自主游戏。

 半日活动流程

一、运动游戏（7:45—8:45）

自主运动

◇活动内容

1. 投掷：扔沙包。

2. 跳跃：木梯、跨栏跳。

3. 攀爬：木梯。

4. 平衡：椅子游戏、平衡木、轮胎山。

4. 技能：拍球、滚轮胎。

◇ **活动准备**

轮胎若干，可组合型木梯，皮球、椅子若干，平衡木，沙包和动物投掷箱，自制PVC管跨栏。

◇ **指导要点**

1. 用多种方法玩球（双手交替拍球、两人合作抛接球、运球走），鼓励个别能力弱的幼儿坚持练习拍球。

2. 自主将平衡台或椅子摆放成一排，并从桥上通过。根据活动情况逐渐拉开平衡台之间的距离。

3. 用不同的方式通过长木梯，并按照自己的能力，从不同高度的木梯上跳下。（木梯可组合成梯形）

集体体育游戏：水果大战僵尸

◇ **活动目标**

1. 同伴相互合作，制定游戏规则，如按照水果特征，不同水果有不同的攻击距离。

2. 根据骰子所掷的点数进行跳跃（骰子点数1—3），发展跳跃能力。

◇ **活动准备**

方格游戏毯，水果胸贴（苹果、香蕉、橘子、梨、草莓）五个，僵尸胸贴五个，太阳花五朵。

◇ **活动规则**

1. 五名孩子扮演水果，五名孩子扮演僵尸。水果要保护太阳花，僵尸要吃太阳花。

2. 水果和僵尸轮流抛掷骰子，根据抛出的点数，在方格游戏毯中进行相应步数的跳跃，水果根据射程攻击僵尸（1—3步内）。

3. 水果消灭完所有僵尸为胜，僵尸吃到一朵太阳花为胜。

◇ **活动过程**

1. 教师讲解水果和僵尸的目的以及主要的游戏规则。幼儿自主讨论水果的攻击范围以及太阳花的摆放位置等细节。

2. 幼儿选择自己想扮演的角色。

3. 幼儿在游戏中可自行讨论并及时调整规则及游戏次数。

> 早操：音乐游戏《大王带我来巡山》+ 器械操《功夫熊猫》

◇ **活动准备**

早操音乐，幼儿人手一个塑料小矮凳。

◇ **指导要点**

1. 根据音乐节奏进行游戏，感受早操游戏带来的乐趣。

2. 精神饱满地投入器械操中，并利用小凳等器械，进行跳跃、伸展、跨步蹲等技能练习。

二、生活活动（8：50—9：10）

> **自主吃早点**

◇ **活动内容**

自主拿取早点，并能及时整理餐具等。

◇ **指导要点**

1. 按照自己的需求自主吃早点。

2. 自己看提示图，并在餐后进行整理工作。

3. 在餐后贴小标识，记录自己吃早点的情况。

> **气象记录**

◇ **活动内容**

观察并了解气象角所显示的今日气象，进行自主记录。

◇ **指导要点**

1. 餐后进行自主活动，并及时完成气象观察和记录任务。

2. 自行观察气象角的记录，能在观察的时候主动记录，并和同伴交流。

> **植物角护理**

◇ **活动内容**

1. 照顾植物角的植物，并为植物浇水、除草。

2. 自由观察和认识植物角中放置的各种水果。

◇ **指导要点**

1. 引导幼儿自主安排时间，在生活活动的时间内，进行植物角护理的任务。

2. 在照料植物的过程中培养责任感。

3. 在植物角中，观察教师提供的各种水果，为学习活动提供经验支持。

三、主题性谈话——亲亲水果（9：10—9：20）

◇ **谈话目标**

1. 在教师的引导下，有目的地观察水果的外形特征。

2. 了解当季的水果有哪些。

◇ **谈话准备**

在家长的帮助下，收集一部分当季水果。

◇ **谈话过程**

1. 趣味点名：幼儿寻找身边哪位同伴今天没来。

2. 引出话题：爱吃水果吗？现在是什么季节？你知道现在有哪些水果吗？

3. 观察水果的外形特征：出示植物角中的水果——你认识它吗？它长得怎么样？

4. 小结经验：春季的水果有草莓、枇杷等等。

四、学习活动（9：20—9：50）

健康活动：水果可以这样吃

◇ **活动目标**

1. 从情境性的活动中，感知要挑选新鲜的水果吃，并能初步知道香蕉、橘子、苹果、草莓、梨的吃法。

2. 养成吃水果前洗手的好习惯。

◇ **活动准备**

1. 水果超市布置：六份果篮（内有橘子、草莓、苹果）；六个小篮子。

2. PPT。

3. 操作板（大）；每个幼儿椅子下放一张水果的图片（香蕉、葡萄、梨子、杨梅、樱桃、冬枣等）。

4. 黄瓜人手一根，刨刀人手一把。

◇ 活动过程

（一）情境导入

童话村里的熊奶奶生病了，小动物们知道了这个消息后都去熊奶奶家看望熊奶奶，熊宝宝们也想去看望熊奶奶。你们知道看望病人应该准备些什么过去吗？（礼物）

（二）实践探索

1. 挑新鲜的水果。

（1）今天我为大家准备了许多礼物——水果。请你们两个人一组带着篮子去为熊奶奶挑三样水果。

（2）你为什么挑这些水果而不挑那些呢？他（同伴）挑的好吗？为什么呢？

（3）小结：挑水果时要挑新鲜的，这样的水果表面没有黑黑的烂掉的斑点，水分多。

2. 认识水果的吃法。

（1）分一分三种水果

①来看看，我们的熊宝宝买到了哪些水果？（点说）苹果、橘子、草莓。

②这些水果的吃法都一样吗？应该怎么吃呢？

③（出示图卡并小结）剥皮吃的是橘子，洗干净整个吃的是草莓，可以削皮也可以洗干净整个吃的是苹果。

（2）分一分更多的水果

①好了，买到新鲜的水果了，熊宝宝们高高兴兴地捧着水果篮看望熊奶奶去啦。熊奶奶家里堆满了童话村其他小动物送来的水果。哎呀，这么多的水果，你能根据它们的吃法帮熊奶奶分一分吗？（出示操作板，请幼儿操作）

②你刚刚拿到的是什么水果？应该怎么吃？大家说，他说的对吗？没错，香蕉要剥皮吃。

3. 吃水果时的注意点。

（1）熊奶奶要谢谢来看望她的小动物们，决定请小动物们一起吃水果。心急的猪小弟伸出爪子就把桌上的香蕉抓了过来。咳咳咳，一点都不好吃……孩子们，怎么回事呢？

（2）小结：吃东西之前，我们自己的小手也要洗干净哦。你们会洗小手吗？——手心搓一搓，手背搓一搓，指尖指腹搓一搓，手指交叉搓一搓。草莓要洗干净，橘子要剥掉表皮（橘子瓣上的白丝可不剥去）。苹果如果不削皮，就要仔仔细细洗干净，你们知道怎么削皮吗？

（3）（示范削皮）拿起刀，从上到下地削。注意哦，刀口不能对着自己的手指。

（三）学学削皮

熊宝宝托我送给小朋友们梨，说谢谢小朋友们帮他挑水果。你们知道梨怎么吃吗？削去皮？对，可以削去皮。那用什么削去皮？你会削吗？请大家为梨削去皮，削完后可以尝一尝哦。（孩子们动手尝试削皮并品尝）

五、自主游戏（9：50—10：40）

生活活动

◇ **活动内容**

1. 整理学习活动后的物品。

2. 自主早点。

3. 自主水吧。

◇ **指导要点**

1. 引导幼儿整理好学习后的物品，养成良好的整理习惯。

2. 鼓励一部分晨间活动前还没有吃早点的孩子按需进食，摄取足量的牛奶和饼干。

3. 鼓励幼儿及时喝水，养成每天喝水的好习惯，并自主选择水果，按照学习活动中习得的办法，对果皮进行处理。

区域活动

区域	活动名称	玩法	观察重点
科学区	水果分分类	根据水果的种类，摆在适当的位置	幼儿能否利用水果不同的特征进行分类，并能讲出自己的分类依据
	会沉浮的水果宝宝	猜测并记录哪种水果会沉下去，哪种水果会浮起来，并实践检验猜测结果	幼儿的记录方法是否正确？是否愿意记录？能否在实践后对自己的猜测结果进行比较分析

续表

区域	活动名称	玩法	观察重点
美工区	太空泥水果	观察水果的图片,乐意利用太空泥制作水果	幼儿能否自主观察图片,用太空泥表现出水果的主要特征
美工区	水果树	运用剪、贴、画等方法制作水果树;用目测的方法将纸对折剪出各类水果,将其贴在水果树上	幼儿能否自由选择表现形式,在画面中表现水果和水果树的各种特征
角色区	水果店	略	1. 幼儿在玩什么,几名幼儿在合作游戏,使用了哪些游戏材料 2. 幼儿能否装扮自己,并使用相应角色的对白与同伴进行游戏 3. 幼儿能否在游戏中运用数的经验,进行水果买卖
语言区	水果接龙	略	1. 幼儿能否针对书中的一些水果进行交流 2. 幼儿是否喜欢翻看与水果有关的书籍 3. 幼儿是否能一个说季节,另一个说出该季节里能吃到的水果,越多越好
建构区	果园	略	1. 幼儿能否利用各种纸箱与多种建构材料大胆地组合搭建 2. 同伴间的合作方式以哪一种为主

六、餐前活动(10:40—11:00)

◇ 活动内容

手指游戏——切柚子。

◇ 玩法

切柚子

拿刀子,(右手五指并拢当刀子,左手握拳当柚子)

切柚子,(右手在左手上做"切"的动作)

切完了柚子剥柚子,("切"的动作完成后伸出右手大拇指和食指做"剥皮"的动作)

"一、二、三、四、五",(把左手从小指开始一个一个地扳开)

"啊呜!"(做"吃"的动作)

吃完了柚子戴帽子。(左手五指打开,弯曲放在头顶上)

七、进餐活动(11:00—11:30)

◇活动准备

餐具、音乐。

◇活动要求

1. 幼儿自主取放餐具,并在用餐结束后,将餐具简单清洗,放入整理区。

2. 自主盛饭、菜,在保育员的指导下拿好汤。在进餐过程中安静进餐,做到不挑食、不偏食。

3. 就餐完毕后,整理桌面,并能进行漱口、擦脸等自我服务。

八、餐后自主游戏(11:30—12:00)

整理活动

整理桌面、地面,餐具清洗好后摆放至整理回收处。

自主活动

◇活动内容

1. 阅读自带大图书。

2. 玩民间益智玩具等创造性玩具。

◇活动要求

1. 根据自己的喜好,拿着图书卡/玩具卡去选择自己喜欢的游戏活动。结束后,将图书/玩具放回到原来的位置,并取回图书卡/游戏卡。

2. 在阅读中,能跟同伴分享阅读内容;在游戏中,能运用民间游戏的玩法进行平行游戏或合作游戏。

好玩的土豆（中班）

宁波市鄞州区江东中心幼儿园 / 赖婷

 半日活动总目标

1. 以主题"土豆"为线索，理顺孩子生活、运动、学习和游戏之间的关系，于动静相宜、松紧有度的作息安排和内容中寓教于乐。

2. 以"好玩的土豆"为切入点，从晨间观察土豆、运动中运送土豆及晨谈说土豆故事，直至学习中土豆材料的引入和游戏中土豆材料的创想等，创设积极、有意义的半日活动。

 半日活动流程

一、来园活动——开心宝贝（7：50—8：30）

◇ 观察重点

1. 幼儿是否怀着愉快的情绪来园？记录需要特殊照顾（情绪、饮食或其他）的孩子。

2. 幼儿是否能有序主动做好"早晨四部曲"：问早—换运动鞋—放水壶—观察植物角：土豆发芽？

◇ 指导要点

1. 值日生要早到，挂牌，开始一天的服务工作，如帮大家放茶杯、整理座位等

2. 听音乐整理运动装束，准备进行热身运动。

二、户外活动 —— 运动达人（7:50—8:50）

挖土豆

◇ **投放材料**

劳动手套,各种铲子,各种容器:竹篮、背篓、袋子等。

◇ **主要运动技能**

俯身、起身、弯腰、转身、体侧、体转等综合技能和坚持到底的运动品质。

运土豆

◇ **投放材料**

各种车辆,如:推车、自行车;各种用来装土豆的容器:背篓、竹篮、袋子等。

◇ **重点创设的运动环境**

平衡区、钻爬区、跑跳区等。

◇ **主要运动技能**

1. 负重:用各种运载土豆的容器负重运土豆。

2. 耐力:鼓励幼儿坚持将整块地上的土豆都运完。

3. 平衡、钻、跑、跳:在运土豆过程中需克服各种运动障碍。

早操

1. 整理队列,有精神、合拍地做操。

2. 根据气温的变化而作衣服增减的调整,动作舒展,精神愉快。

3. 在做操后进行自我服务,如:拿取自己的水壶、擦汗、抽取汗巾、拿取外套等,最后有序地回到教室。

三、生活和学习活动 —— 自理自学娃娃（8:50—9:35）

生活护理和点心

1. 根据现实情况有计划地进行相关自我服务和吃点心的活动,避免或减少消极等待。

2. 根据个人需要自助选择点心,按从多到少的顺序,分别选择套餐1、2、3。点心中可增加土豆条。

3. 将吃完的点心盘放在指定的地方,安静地准备下一个活动。

4. 值日生尽责,在盥洗处、点心取放处、图书屋等候处协助同伴有序活动。

晨间谈话

1. 提供与土豆有关的多元信息,教师在讲晨间故事时,可在运动、学习、游戏等方面,给予不同的支持。

2. 点名时,留意幼儿是否关注到未到幼儿的情况,并给予关心。

3. 进行活动预告时,要求幼儿认真倾听并且能参与讨论。

集体教学

数学活动:大熊种土豆——感知数量 7

◇ 活动目标

1. 在大熊种土豆的情境中,尝试排除多种干扰,以多种方式正确感知 7 以内的数。

2. 认识数字 7,知道其代表的数量,愿意交流自己的发现与操作结果。

◇ 活动准备

大熊种土豆 PPT,幼儿操作材料:土豆种植板人手一块、土豆若干个、点棒。

◇ 活动过程

(一)以多种方式感知(复习)5 以内的数

1. 情景导入。

土豆又有营养又美味,是大熊最喜欢的食物。

2. 运用多种数数方法,如目测数、手口一致点数、边听边数等,说出土豆的总数。

3. 逐一出示 1 个土豆、4 个土豆、5 个土豆。

(1)复习 5 个土豆是 4 个土豆加 1 个土豆所得。

(2)小结:数土豆的方法有很多种,直接看出来、手指一个一个点着数、边听边数等。

(二)以多种方法感知数量 7

1. 情景继续:小老鼠知道大熊数学不好,偷了大熊好多个土豆,请小朋友们帮帮大熊。

2. 继续提问：

（1）你怎么知道小老鼠偷了3个土豆？可以用几个点来表示？

（2）怎么数能数清楚？

（3）小结：小老鼠偷的土豆的数量我们可以通过看和听，一点点地记下来；也可以通过有顺序地数土豆坑的方法记下来。

（三）幼儿操作，排除干扰种植7个土豆

1. 情景贯穿：大熊数学不好，小老鼠知道自己做错了事，于是决定为大熊实现一块地种7个土豆的美好愿望，请大家来帮忙。

2. 幼儿人手一块已有不同数量土豆坑的种植板和一筐土豆，排除干扰种7个土豆。

3. 幼儿操作，教师巡回指导。

4. 集体验证，集体纠错。

5. 小结：无论多少土豆坑，无论怎么摆放，每块地里都是7个土豆，谢谢你们帮助大熊完成了美好的心愿！

◇ **活动延伸**

结合绘本，在围绕"土豆可以用来干什么"的讨论中结束活动。

四、自主游戏——我是游戏小主人（9∶35—10∶35）

制订计划

1. 介绍土豆。

2. 教师传达信息——土豆有多种玩法，怎么玩都可以。

教师和幼儿共同设计几种土豆的玩法并寻找适合的游戏场地。鼓励孩子基于自己的想法和土豆玩游戏。

游戏1：材料库里的土豆

1. 观察幼儿用土豆当游戏替代物的多种情况。

2. 观察幼儿用土豆开展相关游戏遇到困难时，是否需要介入及如何介入。

3. 观察幼儿使用土豆当材料的有效性，如果无效，如何推进游戏。

游戏2：娃娃家里的土豆

1. 土豆在娃娃家可作为多种替代物。

2. 观察切土豆游戏是否发生，及相关的安全注意事项。

3. 观察土豆在幼儿交往中发挥了什么作用。

4. 观察娃娃家里是否有由土豆引发的幼儿的疑惑。如有，如何解决？（何时解决？怎样解决？是否需要解决？）

游戏3：超市（或）菜场里的土豆

1. 观察超市土豆的游戏情节。

2. 观察幼儿在玩"超市"中的土豆时是否结合了集体教学中"数量"的活动。如有，孩子如何巩固或提升相关经验？

3. 观察土豆是否有跨游戏区、延展游戏的作用等。

回顾分享

1. 选择游戏场合：教师觉得特别有推广价值或疑问多的游戏内容，请幼儿进行表述或现场观看图片（视频）。

2. 看了这段视频（或听了这段游戏讲述，或看了这几张图片），你觉得土豆这样玩，好玩在哪里？你还想怎么玩？

3. 教师和幼儿共同小结。

①教师："今天我看到……情况，我是……做的，我觉得×××哪里不够好，下次我……帮，怎么样？"

②幼儿："我是……玩土豆游戏的，老师（或同伴）×××……帮我（或……做），我觉得×××……很好。（或×××……不够好）"

4. 游戏后，教师将游戏的核心价值通过简笔画画下来，贴在"游戏故事"的墙面上，供幼儿第二次制订游戏计划时参考，积累游戏经验。

5. 分享后伴着音乐整理游戏材料，进行餐前准备。

五、餐前准备——我爱土豆（10：45—11：00）

1. 教师介绍土豆的营养和美味。

2. 值日生餐前提醒伙伴洗手、自主取碗筷、自主盛饭。

六、吃饭香香（11：00—11：30）

1. 关注幼儿餐前是否自觉洗手以及排队取食物的情况。

2. 关注幼儿自主选择同伴就餐时的社会交往、文明交往情况。

3. 关注幼儿进餐过程中是否能轻声交流。

4. 关注个别幼儿的进餐情况，如对某些食物过敏、更换菜品的情况以及个别幼儿身体不适情况等。

5. 关注幼儿进餐后是否自觉有序整理餐盘、桌面和剩余食物的情况及自主安排自己餐后安静游戏的情况。

6. 教师观察以上情况并记录在表格里，现场及时提供协助。

7. 允许幼儿之间有差异，对个别进餐特别慢或特别挑食的幼儿，有针对性地进行引导。

快乐魔法（中班）

慈溪市实验幼儿园 / 蔡春玲

半日活动总目标

1. 学习创造快乐的基本方法，喜欢为身边的人带去快乐，能够恰当地表达自己的情绪。
2. 保持愉快的情绪状态，愿意进行自我生活护理。
3. 主动与同伴互动、分享和交流，增进快乐的体验。

半日活动流程

一、来园活动（7:30—8:10）

◇ 活动内容

1. 区域活动：快乐魔法。
2. 室内自主活动：玩积木、夹弹珠、拼图、剪纸、绘画、看图书。
3. 值日生工作：护理自然角。

◇ 指导要点

1. 面带微笑，热情接待每一位幼儿，亲切地与他们交谈，营造温暖、轻松的心理环境。对于上周因身体不适产生情绪波动的幼儿予以安抚，积极疏导。针对幼儿的个体情况进行个性化的互动问好。

2. 提供丰富的活动材料,引导幼儿做好"来园五部曲":问好礼仪、洗手、放书包、漱口和自主游戏。

3. 观察幼儿区域活动的情况,鼓励幼儿积极与同伴共同游戏,根据需要及时给予适当的帮助。

4. 引导值日生做好自然角护理的任务,做好喂养小乌龟、观察自然角中瓜藤生长情况的记录。

5. 活动结束,引导幼儿做好物品的整理工作。

二、户外活动(8:10—9:00)

自主体育活动

1. 投掷:纸球、软棒、橡皮圆环。

2. 跳跃:编织绳、布垫、羊角球。

3. 攀爬:大纸板箱、攀爬架、滚筒。

4. 平衡与力量:扭扭车、梅花桩。

5. 技巧与协调:竹梯、轮胎。

集体体育游戏:快乐碰碰车

◇ 活动目标

1. 能利用轮胎开展游戏,听到指令迅速变化运动方向。

2. 体验与同伴共同开展体育游戏的快乐。

◇ 活动准备

人手一个轮胎、活泼快乐的音乐一段、小音箱。

◇ 活动规则

1. 幼儿自由开碰碰车,当听到"开快车""开慢车""倒车""停车"的指令时,迅速根据指令做出动作。

2. 教师进一步发出指令,如"三辆车碰一碰""四辆车碰一碰",能够准确找到相应人数的同伴相互轻轻碰撞的幼儿获胜。

3. 没有在规定时间内完成指令任务的幼儿出局,留到最后的为胜利者。

◇活动过程

1. 和轮胎一起跳快乐的舞蹈。

2. 自主探索轮胎的各种玩法。

3. 教师发出"开快车""开慢车""倒车""停车"等指令,幼儿游戏。

4. 和同伴一起玩"×辆车碰一碰"的游戏。

5. 决出最后的胜利者。

◇观察重点

1. 检查活动场地、器械是否安全;检查幼儿衣服、鞋子是否适合运动,并做适当调整。引导幼儿拿好水壶、手环;帮助幼儿准备好擦汗巾。

2. 在户外器械提供和活动组织中关注和把握器械多样性、运动挑战性、运动量适宜性等问题。

3. 关注幼儿运动的情况,及时把满头大汗幼儿的擦汗巾拿掉或更换。

4. 注意观察幼儿在活动中身体的反应,关注个别体弱幼儿,做好相应的保育工作,控制好孩子的活动量。

5. 适时参与孩子的运动。

6. 两位教师同时兼顾全体幼儿,保育员主要管理休闲区。

三、生活活动(9:00—9:10)

◇活动内容

1. 个人自主护理(取吸汗巾、如厕、洗手)。

2. 自助点心。

3. 自主活动(看图书、玩玩具、自主交谈)。

4. 教师点名、晨谈。

◇指导要点

1. 三位班组成员分工、职责明确:保育员在卫生间关注幼儿洗手、如厕的情况,需要的时候给予提醒、协助与帮助;主班教师在活动室内关注幼儿喝水、吃点心的情况;配班教师关注自主护理的幼儿。

2. 以小组或其他简短的方式进行快速点名。

3. 引导幼儿放置水杯、洗手、吃点心,形成一定的常规。

四、集体教学活动（9:10—9:35）

数学活动：项链的秘密

◇ **活动目标**

1. 通过活动,引导幼儿学习按某一特征有规律地进行排序的方法。

2. 在探索寻找活动中,选择不同的方法尝试有规律地排序。

3. 培养幼儿养成初步的推理能力,发展幼儿的创造力。

◇ **活动准备**

1. 各种排列规律的项链。

2. 细绳若干、两种颜色的塑料珠子。

3. PPT。

◇ **活动过程**

（一）欣赏玩具图片,感受规律

1. 米老鼠来我们班做客了！（欣赏系列图片"玩具中的规律"）

2. 这些玩具有什么相同的地方？它们的花纹是按什么规律排的？

3. 小结：玩具上的图案都是按一定的规律排列的,这能让玩具看起来更加漂亮。

（二）回忆幼儿园环境,了解规律

1. 除了玩具,还有很多东西都是有规律地排列的。瞧,这是什么地方？幼儿园的栏杆是以什么规律排列的？

2. 小结：幼儿园里的小路、栏杆、花坛边沿,在排列方法上都是有规律的,这让它们变得更加漂亮、安全和醒目。

（三）寻找生活中的物品,发现规律

1. 你在生活中发现了哪些按规律排列的东西呢？

2. 米老鼠在生活中也找到了很多按规律排列的物品,一起来看看。

3. 小结：生活中按规律排列的东西真多呀,它们让我们的环境更加整洁美观。

（四）尝试初次操作,添补规律

1. 米老鼠的这串项链是按什么规律穿起来的？

2. 小结：我们按照规律帮助米老鼠穿完了项链，他真高兴啊！他非常感谢大家的帮助。

（五）找错改错，巩固规律

1. 看一看米老鼠的项链穿对了没有，是按照什么规律穿的。

2. 小结：瞧，在大家的帮助下，米老鼠又穿好了几串项链。它们是按规律排列的。

（六）主动尝试，自主创造

1. 引导幼儿自主选择材料，按照一定的规律给妈妈穿一条漂亮的项链。

2. 幼儿操作，教师指导，鼓励幼儿大胆创造不同的式样对珠子进行排列，制作与众不同的项链。

3. 和妈妈一同欣赏项链，体验成功的快乐。

五、早操（9：45—10：00）

1. 两位教师同时带操，精神饱满。

2. 保育员负责幼儿的保育工作（关注幼儿的出汗情况，及时为幼儿穿脱并整理衣服，提醒幼儿喝水或擦鼻涕等）

六、区域活动（10：00—11：00）

区域	活动名称	活动目标	材料投放	指导要点
语言区	小花籽找快乐	借助图卡讲述故事中角色的对话，体会与同伴交流的乐趣	语言操作台、故事图卡	引导幼儿有序摆放图卡，大胆讲述角色对话
语言区	消气商店	理解他人生气的原因，能主动用多种方法让自己不再生气，变得快乐	故事图片、可插图片的连环画大书	激发幼儿对翻阅折叠大书的兴趣，并能够根据故事情节讲述
数学区	按规律排序	能按颜色、形状等交替重复的规律玩排序游戏。对数学活动感兴趣	按颜色、形状、图形排序的纸条，操作纸	引导幼儿根据排序纸上的要求进行排序，并能想出新的排序方法
数学区	快乐碰碰车	引导幼儿左手和右手同时出发按不同的线路往前走	玩具小汽车两辆、线路图	引导幼儿明白，出发后两辆车不能停止，要匀速前进

续表

区域	活动名称	活动目标	材料投放	指导要点
科学区	自制喷泉	初步了解虹吸现象,对虹吸现象有好奇心和探究欲望。锻炼动手操作、动脑思考、解决问题的能力	装有水的塑料瓶若干个、小脸盆若干个、吸管若干根	为确保水能够顺利从吸管流出,引导孩子嘴对瓶口吹气时要保证瓶口密封完好
科学区	好玩的哈哈镜	感知镜面凹凸不平是人体镜像扭曲的原因	各种有镜面的生活用品,如金属调羹、杯子、水壶等	引导幼儿用语言描述自己照不同哈哈镜时所成的不同像
美工区	制作漂亮的手环	运用各种不同的材料制作手环,感受制作的快乐	各色彩纸、水彩笔、双面胶、剪刀等	提醒幼儿修剪小花时要注意整齐、美观
美工区	制作开心玩具	学习用交互折叠的方法制作弹性玩具。体验弹性玩具带来的快乐与惊喜	硬质纸条若干、纸笔、有盖的扁平小纸盒、胶水	引导幼儿按步骤制作玩具。折叠时要对齐、平整,保证弹性
建构区	美丽的幼儿园	引导幼儿和同伴一起合作搭建美丽的幼儿园	木质玩具	引导幼儿结伴合作进行此活动

◇ **指导要点**

1. 为幼儿自主游戏创设宽松的氛围,选择宽敞的空间,提供充足的材料。

2. 鼓励幼儿自由结伴、自主游戏,充分交流与表达。

3. 关注幼儿活动时的行为、情绪表现,及时给予幼儿相应的支持与帮助,促进幼儿对各个区域进行探索。

4. 主班教师以照片记录、适宜指导、及时帮助为主,副班教师记录趣事。

七、进餐活动(11:00—12:00)

◇ **活动内容**

1. 区域自主活动。

2. 如厕、盥洗。

3. 餐前准备。

4. 自主进餐。

◇ **指导要点**

1. 引导幼儿正确洗手,做到谦让与耐心等待。

2. 指导值日生擦桌子、分发饭菜。

3. 帮助幼儿了解中餐的营养价值,引导幼儿养成不偏食、不挑食的好习惯,激发幼儿的食欲。

4. 播放轻柔的音乐,营造温馨的氛围,让幼儿在舒适的环境中愉快地进餐,鼓励他们吃完自己的那份饭菜。对班级中有肥胖倾向的幼儿给予关注,帮助他们减少高热量食物的摄入。

5. 鼓励幼儿主动收拾自己的餐具,饭后用温开水漱口。

6. 引导幼儿在餐后安静地开展自主活动,如看书、进区、自由交谈等。

炎热的夏天（中班）

象山海韵幼儿园 / 王艳君

半日活动总目标

1. 了解动物降温避暑的几种常见方法，对动物如何降温避暑感兴趣。
2. 乐意用语言、美术创作、音乐等形式表达自己对夏天的发现和感受。
3. 游戏时会根据自己的运动情况适时休息，并脱外套、擦汗、补充水分等。

半日活动流程

一、来园活动（7:30—8:00）

晨间接待

1. 教师用饱满的热情接待家长和幼儿来园，主动、亲切地上前问好。
2. 仔细检查幼儿衣裤兜内是否有危险物品。
3. 引导幼儿参与简单的劳动，指导幼儿观察自然角。

自主游戏

◇活动内容

自主选择区域进行游戏。

◇ **活动准备**

各色彩纸,关于夏天知识的书籍,各种游戏棋、拼图、积木等。

◇ **活动要求**

1. 能自由地选择内容进行游戏。

2. 活动结束后将材料整理好放回原位。

二、晨间户外活动(8:00—9:10)

户外自主活动

◇ **活动准备**

三角梯、网梯、竹梯、软垫子、轮胎、跳跳鞋、长椅、跨栏、高跷、平衡木等。

◇ **活动要求**

1. 乐意参加晨间锻炼,能自主选择活动器械,与同伴进行活动。

2. 游戏时会根据自己的运动情况适时休息,并脱外套、擦汗、补充水分等。

3. 活动后能主动整理器械,并放回原处。

早操

1. 队伍整齐,能在教师带领下有精神、合拍地做操。

2. 能有序地传递及整理器械。

三、集体活动(9:10—9:45)

生活活动

1. 能自主、正确地洗手,并用自己的毛巾擦干。

2. 能根据自己的需要及时喝水,并做好记录。

集体教学活动

综合活动：动物避暑有妙招

◇ **活动目标**

1. 了解动物降温避暑的几种常见方法，对动物如何降温避暑感兴趣。

2. 能在同伴面前大胆表述动物们降温避暑的方法。

3. 简单了解人与动物之间的关系，激发幼儿关心、爱护动物的情感。

◇ **活动准备**

1. 课前幼儿已经对动物避暑的知识进行了调查。

2. PPT。

3. 各种动物避暑的图片。

◇ **活动过程**

（一）谈话引出"避暑"主题

炎热的夏天到了，小羚羊准备去高山上避暑，它想邀请朋友们一起去，可它的朋友们都没接受邀请，这是为什么呢？

（二）了解常见动物的避暑方法

1. 小羚羊约了哪些朋友？（PPT出示马、狗、鸡、松鼠、兔子五种小动物）

2. 它们有什么避暑妙招？

3. 请个别幼儿借助调查表来介绍。

4. 播放教学课件，验证动物避暑的方法。

（三）分享交流，引导幼儿对动物避暑方法进行分类

1. 幼儿介绍，了解各种动物的避暑方法。

除了故事里的动物，你们知道大自然中的其他动物是怎么避暑的吗？

2. 请个别幼儿来介绍自己了解到的动物降温避暑的方法。

3. 幼儿将搜集到的资料进行分类，教师简单梳理。

（四）播放视频，激发幼儿爱护动物的情感

1. 了解动物园里动物的避暑方法。

刚才小朋友们介绍的都是生活在大自然中的动物的避暑方法,那生活在动物园里的动物又是怎么避暑的呢?

2. 教师播放视频《动物园里的动物》,激发幼儿关心、爱护动物的情感。

四、自主活动(9∶45—10∶45)

自主点心

引导幼儿吃点心之前用洗手液洗手,自主有序拿茶杯、吃点心,喝完豆浆主动洗茶杯,并放回原处,之后做好记录。

区域活动

区域	活动名称	活动目标	材料投放	指导要点
表演区	夏日时装秀	1. 能跟随音乐大胆地进行表演 2. 能结合打击乐进一步表现已学的歌曲	1. 各式自制服装 2. 各式太阳镜、小阳伞、大草帽、面具等 3. 各式头饰 4. 音乐:迪斯科音乐、圆舞曲等 5. 各种打击乐器	引导幼儿根据角色、音乐进行表演
	百变大咖			
美工区	美食铺(制作冰激凌、西瓜)	1. 大胆畅想冰激凌的形状,尝试用多种材料进行制作 2. 学习用轻黏土制作西瓜	1. 彩色卡纸 2. 棉花 3. 餐巾纸 4. 水粉颜料 5. 轻黏土	1. 教师操作示范 2. 利用图示进行讲解
	凉鞋铺	1. 能根据喜好选择不同颜色、不同粗细的纸条制作不同款式的凉鞋鞋面 2. 尝试用各种线条、图形或图案装饰鞋底凉鞋	1. 各色彩纸 2. 各色卡纸 3. 粗细不一的勾线笔	1. 张贴幼儿创作的作品进行展示 2. 巡回指导,根据幼儿的表现及时进行指导
阅读区	看点书吧	1. 了解关于夏天的一些知识 2. 尝试和同伴合作表演故事	1. 各种关于夏天知识的书籍 2. "小蝌蚪找妈妈"活动的系列材料 3. "你说我猜"活动的系列材料	根据幼儿的表现及时进行指导
	你说我猜			

续表

区域	活动名称	活动目标	材料投放	指导要点
科学区	清凉一夏	通过动手尝试,自制西瓜汁等夏季果蔬饮料	1. 手动榨汁机 2. 西瓜、黄瓜等季节性果蔬。(同时准备好冰的和不冰的) 3. 试管架、试管、滴管等 4. 各种能运水和不能运水的物体(小碗、海绵、小竹篮等) 5. "光影魔术"活动的系列材料	提醒幼儿把自己观察到的结果记录在记录表上
	给水娃娃搬家	探究用不同物体运水的方法		
	光影世界	在活动中探索、发现影子的特点、光与影子的关系		
建构区	快乐家园	1. 能用泡沫积木搭建"快乐家园" 2. 能用各种废旧材料搭建身边的景物	1. 泡沫积木 2. 奶粉罐 3. 各种纸盒子 4. 木板 5. 纸杯	鼓励幼儿用不同的积木搭建不同造型的房子及物体
	修理铺	尝试拼搭、修理一些小电风扇	1. 各种小电风扇 2. 螺丝刀、小螺丝等	适时指导幼儿正确使用螺丝刀

◇指导要点

1. 在活动前就选择好喜爱的游戏区域,自主、愉快地进行游戏。

2. 乐意用语言、美术创作、音乐等形式表达自己对夏天的发现和感受。

3. 活动后主动整理,并能大胆展示自己的作品。

五、进餐(10:45—11:30)

1. 餐前游戏:"悄悄话""四季歌"。

2. 菜肴介绍。

3. 值日生有序地分发餐具,感受为同伴服务的快乐。

4. 自主进餐:自己盛饭盛菜,独立用餐(不偏食,不剩饭),尽量保持桌面、地面及衣服的整洁。

5. 餐后整理自己的餐具,并用毛巾擦干净脸和手。

果蔬嘉年华（中班）

宁波市镇海区海润幼儿园 / 宓丹颖

 半日活动总目标

1. 在自由探索体育游戏和搭建果蔬农场的活动中，体验与同伴合作参与挑战的乐趣。

2. 巩固孩子在半日活动中养成的各项生活习惯与生活能力，鼓励孩子们在集体中自主参与劳动。

3. 围绕丝瓜与黄瓜的话题开展学习活动，学习运用多种方法来感知丝瓜和黄瓜的不同特征，并用自己喜欢的方式进行记录与表达。

 半日活动流程

一、晨间活动（7:40—8:30）

晨间接待

◇活动内容

问好、盥洗、天气预报、给植物浇水、观察与记录。

◇指导要点

1. 亲切地接待幼儿来园，指导幼儿有礼貌地向教师问早并和家长说再见。

2. 观察照料自然角,自主记录植物的生长变化。

晨间户外活动

◇ **活动内容及活动准备**

1. 趣味迷宫:大型木质玩具、垫子若干、网格架、竹梯、树桩等。

2. 勇攀高峰:攀爬网兜、竹梯、爬行垫、彩虹攀爬架等。

3. 快乐蹦跳:羊角球、布袋、跨栏架、小呼啦圈、平衡板等。

4. 投掷高手:粘粑球、小皮球、健身球、各式篮筐、沙包、垒球等。

◇ **指导要点**

1. 按照孩子的意愿引导他们选择自己喜欢的活动项目,允许孩子选择不同的活动方式,并根据需要提供更多材料让孩子选择。活动时,要求孩子积极参加锻炼,并鼓励孩子友好地与同伴合作,注意爱护器具。

2. 注意观察每个孩子的活动情况,随机进行引导,根据需要增减游戏的难度。

3. 注意孩子的活动量,出汗时及时休息、及时喝水、脱衣服,并提供擦汗巾。

二、早操(8:30—8:50)

◇ **活动内容**

律动操、徒手操、器械操。

◇ **活动准备**

音乐、小红旗。

◇ **活动指导**

1. 精神饱满,随音乐有节奏地做操。

2. 鼓励孩子与同伴合作做操。

三、生活活动(8:50—9:10)

◇ **活动内容**

盥洗、吃点心、喝水。

◇ **指导要点**

1. 值日生帮助保育员分发点心。

2. 主动洗手,有序如厕。

3. 卷起衣袖,用正确的洗手方法洗手。

4. 七步洗手法墙饰、地面脚印及"节约用水"墙饰的隐性指导。

5. 自主选择点心、豆浆,吃完后整理桌面。

6. 吃完点心后结伴自主游戏和看书。

四、晨间谈话(9:10—9:20)

◇ 活动内容

回忆亲子买蔬果的经历。

◇ 活动准备

音乐、图片。

◇ 指导要点

1. 学会观察,愿意倾听。

2. 在谈话中大胆发表自己的意见和想法。

五、教学活动(9:20—9:50)

科学活动:黄瓜丝瓜大不同

◇ 活动目标

1. 学习运用看、摸、闻、捏、尝等多种方法来感知丝瓜和黄瓜的不同特征。

2. 小组合作,尝试用简单的记录方法比较并记录两种蔬菜的不同之处。

3. 能愉快大胆地和同伴交流探索的结果。

◇ 活动准备

1. 黄瓜和丝瓜实物,小刀每个幼儿各一把,水彩笔每个幼儿各一盒。

2. 记录纸人手一张,黄瓜、丝瓜图片和科学观察图各一张,视频《葫芦科植物大搜索》。

3. 丝瓜络一个。

◇ **活动过程**

（一）出示黄瓜和丝瓜半遮挡图片，引发幼儿的兴趣

1. 教师出示被遮挡的黄瓜和丝瓜的图片。

老师带来了两株绿色植物，我们一起来猜猜，它们分别是什么植物。（教师出示图片，只露出茎和叶，幼儿观察、比较、猜测）我们再来看看它们的花。（教师拿掉部分遮挡物，露出花朵，幼儿再次猜测）最后我们来看看它们的果实。（呈现完整图片）它们就是我们生活中常见的绿色植物——黄瓜和丝瓜。

2. 观察黄瓜和丝瓜的成长过程。

我们一起来看看它们是如何长大的。（幼儿观看黄瓜和丝瓜生长的视频）

3. 讨论黄瓜和丝瓜的相同点。

今天，老师把它们请到了我们班，谁能说一说它们有什么一样的地方。（幼儿回答）说得真好，大家发现没有？丝瓜和黄瓜的形状很接近，都是细细长长的，颜色也很相似，都是绿色的。但是，只要仔细地观察，就会发现其实它们身上有许多的不同。

（二）幼儿运用多种感官感知丝瓜、黄瓜的不同

1. 教师出示科学观察图。

看，老师这里有一张表格，上面给出了多种方法可以帮助我们找到黄瓜和丝瓜的不同。（请幼儿用眼睛看一看，用小手摸一摸，用鼻子闻一闻，用嘴巴尝一尝）

2. 幼儿运动多种感官自主探索并记录。

小朋友们可以运用上面的方法观察黄瓜和丝瓜之间的不同，然后把这些不同画在记录卡上。把你的发现分享给大家。（重点指导幼儿运用各种方法进行比较）

（三）集体交流，教师帮助归纳总结

1. 幼儿分享发现。

谁想来说说？你是怎么发现黄瓜上有刺而丝瓜上没有刺的？还有哪些小朋友也用了"看一看"的方法？你还看到了什么不同呢？还有谁找到了和他不一样的地方，且运用了不同的方法？来给我们大家介绍介绍好吗？你是怎么知道的呢？（依次用手、鼻子、嘴巴）

2. 猜测黄瓜和丝瓜里面的不同。

刚才大家发现了黄瓜和丝瓜外表的不同，那它们的里面是什么样子的呢？（幼儿猜测）用小刀把它们横向切开，运用刚才的多种方法比较一下它们的横截面有什么不同。

（四）运用方法，再次探索丝瓜和黄瓜横切面并合作记录

1. 出示记录纸，交代要求。

小组合作记录，和大家分享自己的发现。

2. 幼儿再次探索。

（五）幼儿交流记录结果

1. 幼儿自由交流。

2. 个别幼儿介绍。

（1）谁愿意上来向大家介绍你的记录？

（2）最后，老师再考考大家，谁知道黄瓜和丝瓜除了吃，在我们的生活中还有什么用处呢？（幼儿回答做面膜等，教师出示丝瓜络）看！这个是丝瓜爷爷，丝瓜老了就变成这个样子，叫丝瓜络。这个东西除了可以用来洗碗搓澡，还可以入药。

（六）提出下次探索的内容，结束活动

今天，我们把黄瓜和丝瓜的不同都找出来了。在葫芦科的绿色植物中，还有很多和它们长得很像的植物，我们一起来看看。（观看视频《葫芦科植物大搜索》）

六．户外游戏（9：50—10：20）

◇**活动内容**

果蔬绿荫交流会。

◇**活动准备**

木质积木、奶粉罐、易拉罐、纸箱、城墙砖、箩、水果仿真品、蔬菜仿真品、塑料藤蔓和盆栽若干个。

◇**指导要点**

1. 按照孩子的意愿引导他们选择自己喜欢的活动项目，运用多种材料搭建果蔬绿荫展示架，允许孩子选择不同的活动方式，并根据需要提供更多材料。活动时要求孩子积极参加，并鼓励孩子友好地与同伴合作。注意爱护器具。

2. 教师注意观察每个孩子的活动情况，随机进行引导，根据需要来增减游戏的难度。

3. 注意孩子的活动量，出汗时及时休息、及时喝水、脱衣服，并提供擦汗巾。

七、区域活动（10：20—11：00）

◇ **活动内容**

1. 茶马云南工艺坊（美工区）。

材料投放：各类蔬菜水果、蔬果印画、蔬果拼盘、蔬果造型、纸、笔、剪刀、颜料、纸盘、塑料刀。

2. 竹林笙笙探秘阁（科学区）。

材料投放：各类果蔬切片，放大镜、显微镜、天平，植物的叶子、果实、根、茎，丝瓜络，滴管，试管，记录本。

3. 香格里拉建构堡（建构区）。

材料投放：雪花片、插片、软管、草地垫、登高乐、木质积木、万能工匠和大型积木。

4. 动次打次表演吧（表演区）。

材料投放：丝瓜，黄瓜，胡萝卜，小公主、食品仙子的头饰，剧本，背景，音乐，草地，各类演出服饰。

5. 一米阳光果蔬城（生活区）。

材料投放：各类果蔬、手动榨汁机、塑料刀、盘子、杯子、碟子、垫板和图书。

◇ **指导要点**

1. 鼓励幼儿根据自己和伙伴的意见，变换游戏的目的、规则，布置环境进行活动。

2. 观察幼儿活动，关注幼儿的情绪、行为以及环境与幼儿间的互动。观察幼儿的兴趣，如选择什么区域、什么材料、参与了什么活动。用相机记录幼儿参与的情况。

3. 能够及时发现幼儿在游戏中的进步，遇到困难或问题时，给予适时、适度的有效指导，协助幼儿实现自己的构想，引导幼儿在原有水平上有所提高，以最小的干预换取孩子最多的活动。

4. 挖掘活动中潜在的教育因素，充分发挥区域活动的教育价值。

5. 活动后的交流讨论以幼儿讨论为主，利用分享环节，帮助孩子提升生活经验。

八、快乐午餐（11：00—11：30）

◇ **活动内容**

餐前盥洗、自主盛菜、愉快进餐。

◇ **活动准备**

音乐、幼儿午餐。

◇ **指导要点**

1. 健康进餐 —— 不厌食,不挑食,能愉快进餐,细嚼慢咽地吃完自己的那份饭菜。

2. 卫生进餐 —— 注意桌面整洁,饭后漱口。

3. 礼貌进餐 —— 不大声喧哗。

4. 鼓励幼儿根据自己的需要增添饭菜,并做到细嚼慢咽。

5. 鼓励幼儿吃完饭后用餐巾纸擦拭嘴角并主动整理餐盘。

马路上的汽车(中班)

宁波市鄞州区江东实验幼儿园 / 李娜

 半日活动总目标

1. 对马路上的各种车辆产生好奇心和探索的欲望,了解车辆和人们生活的关系,感受车辆给生活带来的方便。

2. 尝试用语言、绘画、制作等多种方式表达自己对汽车的认识及喜爱之情。

3. 能够积极参与半日活动,与同伴合作进行游戏,遇到困难能主动寻求老师的帮助。

 半日活动流程

一、晨间接待(7:50—8:15)

1. 以饱满的热情迎接孩子们陆续到来。

2. 与几个健康状况不佳的孩子的家长交流孩子的身体状况。

3. 请来园的孩子自由进区活动,教师巡回观察指导。

二、户外运动（8：15—8：50）

集体游戏：灵活的小汽车

◇ **活动目标**

1. 练习听信号交替走、跑。

2. 学习倒着走。

◇ **活动准备**

人手一个小塑料圈当方向盘,红、绿纸板当红绿灯。

◇ **活动过程**

1. 幼儿手持方向盘开汽车进场。

2. 教师手持红绿灯纸板,引导幼儿根据信号变换动作。

3. 练习倒车进入停车场。

自主运动

◇ **活动目标**

练习钻、爬、平衡等动作。

◇ **活动准备**

长凳、垫子、钻爬架、汽车轮胎、PVC 管组合玩具。

◇ **活动过程**

1. 引导幼儿从体育器械室搬运垫子、长凳、钻爬架等器械,并按照自己的意愿组合成游戏路线。

2. 创设相应的游戏情境自由运动。

3. 鼓励幼儿自由地参与其他班级创设的游戏活动。

4. 游戏结束,一位教师先带领一部分孩子到班级里盥洗、吃点心,另外一部分幼儿整理体育器械,休息喝水。

三、早点（8：55—9：10）

1. 幼儿分批到教室如厕、盥洗,教师也一起洗手。

2. 幼儿拿杯子来到桌前,值日生配合保育老师拿放饼干的盘子,并给组内的幼儿倒牛奶,全体幼儿吃早点,吃完后擦嘴、放杯子。

3. 吃完点心的幼儿自由地欣赏班级里同学制作的小汽车。

四、早操（9：15—9：30）

1. 教师带领幼儿排队来到操场，按照安排好的顺序请两位幼儿负责升国旗。
2. 全体幼儿排成四列纵队跟着教师做早操，要求保持队伍整齐，精神饱满地跟随教师做早操（其中第三套早操为游戏）。

五、点名、晨谈（9：35—9：45）

1. 请每组值日生汇报自己组内幼儿来园的情况。
2. 结合本周主题说说特殊的汽车。

六、集体活动（9：45—10：10）

音乐活动：洒水车

◇ **活动目标**

1. 了解洒水车的功能，初步理解歌词。
2. 能听懂前奏并整齐演唱。
3. 能自由地用身体动作表现洒水车的形象，体验模仿洒水车行驶时的样子。

◇ **活动准备**

洒水车的图片、洒水车发出的声音、图谱、钢琴、音乐。

◇ **活动过程**

（一）欣赏音乐，激发兴趣

1. 完整欣赏音乐一遍。
2. 通过提问，帮助幼儿理解乐曲的主要内容。

小朋友们从音乐中听到了什么？你们猜音乐中唱的是什么车？洒水车是干什么的？

（二）出示图片，介绍洒水车的功能

1. 你们看看，它是什么样子的？

2. 它和其他汽车有什么不一样的地方？

3. 你们知道为什么它要背着这么一个大铁桶吗？

4. 洒水车除了给大地洗脸，还有什么作用？

（三）完整欣赏歌曲，理解歌词，出示图谱

1. 我们再来完整听一遍，你听到歌曲里面唱了什么吗？你觉得哪一句最好听？

2. 洒水车是怎么叫的？

3. 它的后面还拖了什么？（边说边出示图谱）

4. 刚开始的时候，有什么声音？那是一首歌曲的什么啊？（前奏）奏响前奏音乐时，你们可以做什么？（检查车况、加油等）

（四）学习歌曲，仔细听前奏部分

1. 我们现在要一起来学一学这段音乐，先仔细看图谱听一遍。

2. 我们来比一比，看谁能够好听地唱出老师手指的地方。（教师指图谱，让个别幼儿唱一唱）

3. 现在请你们完整地一起唱一遍，一起给开洒水车的叔叔唱这首歌，好不好？

4. 我们也来帮帮忙去洒洒水，但是要一边唱一边做洒水的动作，这样才能更好地帮助大地洗脸。（幼儿边唱边自由地做动作，进行巩固）

七、自主活动（10：10—10：55）

生活活动

1. 能安静、有序地完成如厕和盥洗。

2. 自觉用流水洗手，掌握正确的洗手方法，用自己的毛巾把手擦干净。

3. 学习用水壶倒适量开水，口渴时能主动喝水。

4. 自主选择自己喜爱的水果，鼓励幼儿不偏食。

区域活动

区域	活动名称	材料投放	指导要点
科学区	汽车分类	自制的停车场四个,粘贴上不同大小、不同颜色的玩具汽车若干个	感知8以内的数量,能根据汽车的不同特征进行分类,并进行简单的统计
	斜坡上的汽车	积木、纸板、小汽车玩具若干	能自主搭建不同斜坡,比较汽车下滑速度的大小
阅读区	我喜欢的汽车	收集的汽车图书、卡片	喜欢阅读与汽车相关的图书,并能够大胆介绍自己喜欢的汽车
表演区	碰碰车	歌曲《碰碰车》磁带、录音机、图谱	欣赏乐曲《碰碰车》,能有节奏地唱歌,并尝试创编碰碰车的动作
美工区	绘画小汽车	各种小汽车的图片、白纸、水彩笔、油画棒等绘画工具	画各种小汽车,表现出各种小汽车的主要特征
	制作小汽车	纸盒、彩纸、剪刀、胶水、水彩笔等	尝试用纸箱制作小汽车,并能用各种图案和标识进行装饰、美化
建构区	赛车	各种插塑积木、自制的纸板跑道	尝试用各种插塑积木搭汽车,并用纸板、积木等材料搭建汽车跑道

◇ **操作说明**

1. 由幼儿自主选择活动的先后顺序,教师不干预。
2. 班级中三位老师合理分工,做好观察与支持的工作。

八、中餐(11:00—11:30)

1. 请值日生配合保育老师分发餐具、餐巾等。
2. 待《钟表店》音乐响起,全体幼儿整理区域材料,陆续如厕、洗手。
3. 幼儿陆续来到座位上,按照自己的意愿自己盛饭、进餐。
4. 教师介绍今日菜肴的营养,鼓励孩子们尽量吃完,不浪费。
5. 餐后主动收拾餐具并漱口、洗脸,吃完的孩子自主阅读或游戏。

春天里(大班)

奉化市上林华庭幼儿园／何婷

半日活动总目标

1. 进一步了解春天的特征,感受春天的美。

2. 乐意用自己喜欢的方式参与各种活动,在活动中获得与主题相关的经验,提高协作、讲述、绘画、表演、观察等能力。

3. 进一步养成良好的生活习惯。

半日活动流程

一、晨间早锻炼(7:40—9:00)

入园活动

◇活动内容

入园n件事:问候、签到、洗手、互动、整理等。

◇活动目标

1. 有良好的生活规律,保持愉快的情绪,喜欢幼儿园有规律的集体生活,不高兴时能较快调整。

2. 能与他人谈论个人的经验,描述自己经历或熟悉的事件。

◇ 指导要点

1. 开窗通风,引导幼儿有序完成入园 n 件事。

2. 引导值日生分工合作,协助保育员整理物品、摆放杯子、挂好毛巾等。

3. 引导值日生自主完成气象记录。

4. 有针对性地与幼儿进行简短对话,注意倾听幼儿的表达,给幼儿提供分享与交流的机会。

户外体能活动

◇ 活动内容

一掷千里、力争上游、钻爬地带、体能加油站。(任选)

◇ 活动目标

能背着书包灵活地、连续地侧身钻过 50 厘米高的障碍物,进一步巩固侧身钻的动作要领。

◇ 活动准备

布艺钻筒、塑料钻筒、体操垫、小椅子、小红旗、毛绒玩具、滑溜布、彩虹伞、障碍瓶、塑料垫、奶粉罐、布袋等。

◇ 观察重点

钻爬地带。

◇ 指导要点

1. 热身运动时组织幼儿选择适当重量的书包,做各种动作,如走、跑、跳等。

2. 请个别幼儿示范,引导幼儿交流并相互学习各自的不同钻法。

3. 教师介绍背着书包侧面钻的动作要领:侧对拱形门 — 侧蹲(蹲的时候要尽可能低一些)— 单腿先过拱形门 — 低头 — 深深地弯腰(不要让书包碰到拱形门)— 屈膝(等重心完全移动再站起来,身体不碰到拱形门)。

4. 幼儿自主取放材料,快乐运动。

5. 对能力弱的幼儿,教师重点指导:幼儿钻的时候要避免出现手扶拱形门的现象,这样会导致背弓得太高。也不要将身体上半部分过早地抬起,顾头不顾身、弯腰不弯腿这些都是身体不协调的表现。

6. 引导幼儿对自己今天任务的完成情况做自我评价。

7. 幼儿自主整理运动材料，摆放到指定的位置。

8. 引导幼儿做放松游戏。

互动早操

1. 幼儿情绪饱满、精神愉快地做操。

2. 鼓励幼儿做早操时动作协调有力，培养幼儿参加户外活动的兴趣。

3. 在圈操中创新出新的玩法，并愿意尝试、模仿同伴的新玩法。

二、生活小达人（9∶00—9∶25）

自助点心、水果餐

◇ 活动目标

1. 有特殊饮食需要的孩子（换牙、身体不舒服）会主动与老师沟通。

2. 自主取盘子、点心、水果，能文明（用小夹子、有序）取点心。

3. 幼儿在老师的指导下，自己清洗盘子。

◇ 指导要点

1. 提示幼儿整理衣服、穿衣服。

2. 监督幼儿用正确的方法洗手。

3. 引导幼儿有序完成自主生活及自主吃点心等活动。

4. 吃完点心后引导幼儿自主看书、游戏、交流等。

晨间大家谈

◇ 谈话主题

蝴蝶的变化。

◇ 谈话准备

请幼儿事先在家长的协助下了解蝴蝶的相关知识，教师准备好相关的图片和视频。

◇ 主要提问设计

1. 毛毛虫是怎么样变成蝴蝶的？（卵 — 毛毛虫 — 蛹 — 蝴蝶）

2. 你看到过怎样的蝴蝶？（图片或视频欣赏）

3. 你们还知道有哪些动物长大后会变得不一样？

三、学习活动（9：25—9：55）

音乐活动：鞋子也会嗒嗒响

◇ **活动目标**

1. 感受歌曲活泼、欢快的特点。
2. 尝试用填词演唱的方法学唱第一段歌曲，培养倾听和演唱能力。
3. 初步获得有关附点、休止符的感性经验。

◇ **活动准备**

1. 图谱、歌曲音频。
2. 有过春游的生活经验。

◇ **活动过程**

（一）感知音乐，熟悉音乐旋律

1. 教师弹奏乐曲，请幼儿欣赏。

听了这个曲子，你有什么感受？

2. 教师带领幼儿跟随旋律哼唱，帮助幼儿初步感受音乐活泼、欢快的特点。

（二）基本部分

1. 欣赏音频，出示图谱。

（1）歌里的小朋友是怎么走的？他们做了哪些事？

（2）在去野外的路上，小朋友们遇见了谁？做了什么事？

（3）你还在歌里听到了什么？

（教师根据幼儿的讲述及时梳理歌词）

2. 师幼完整学习第一段歌词。

3. 填词学唱。

（1）幼儿跟随图谱和教师的指挥棒，跟着音乐在心里唱一唱。

（2）幼儿尝试跟随音乐演唱。

（3）教师范唱，幼儿比较异同。过程中，通过比较的方式，引导幼儿发现自己唱错的句子，学会正确的唱法。

（三）幼儿完整演唱

出去玩时,我们的心情怎样?用什么样的声音能唱出快乐的心情?

四、自主游戏（9:55—10:50）

生活活动

◇ 活动内容

盥洗、喝水。

◇ 活动要求

1. 自觉用流水洗手,掌握正确的洗手方法,用自己的毛巾擦干净。

2. 养成主动饮水的习惯,并能根据自己的需求、小便的颜色判断喝水的量,并做好记录。

区域活动

区域	活动名称	材料投放	指导要点
科学区	揭秘蚯蚓	蚯蚓、昆虫观察器、泥土、塑料筐、放大镜、小棒、记录纸、铅笔等	引导幼儿在欣赏视频的过程中,初步了解蚯蚓的生活习性,激发探索的欲望,为接下来的实验做准备
	蝴蝶标本	蝴蝶标本、放大镜、记录纸和笔	引导幼儿正确使用放大镜观察蝴蝶标本,尝试发现其纹样的多样性及对称美,并通过绘画来呈现
阅读区	好书推荐	图书《999只青蛙兄弟》《春天里》《小青虫的梦》及各类卡片	引导幼儿认真翻阅绘本,理解故事内容,尝试制作关于春天的小图书
表演区	小青虫的梦	录音机、CD、头饰、服装、小舞台、化妆台、台词本等	引导幼儿分清角色,扮演时重点指导对话
美工区	纸浆蝴蝶	蝴蝶轮廓、餐巾纸、操作示意图、颜料、糨糊、倒勺、牙签、夹子、蝴蝶图片等辅助材料	引导幼儿观察制作方法图示,自主学习制作纸浆蝴蝶

续表

区域	活动名称	材料投放	指导要点
美工区	花草饰品	花草实物,胶水、松针、回形针、针线等辅助材料,成品若干	引导幼儿学习用缠绕、针线穿等方法制作各类挂饰,发展动手操作能力和创造美的能力
建构区	仁湖公园	积木,公园近景图,树枝、瓶罐、花草实物等辅助材料	引导幼儿结合之前美工区的作品,完善主题

◇操作说明

1. 幼儿自选区域,有秩序地进入区域活动。

2. 主、配教师分工做好观察记录工作。

五、餐前活动(10:50—11:05)

◇活动内容

手指游戏:春天花儿开。

◇活动要求

1. 根据手语猜花名,激发幼儿参与的兴趣。

2. 教师表演,幼儿跟学。

春天花儿开

春天花儿开,(双手握拳慢慢打开)

朵朵真可爱,(对点小拇指两下、大拇指两下、中指一下)

只能用眼看,(两手手背相对,中指、大拇指向前伸,做兰花指)

不能用手摘。(同上)

3. 幼儿学习并创编分享。

六、进餐(11:05—11:40)

◇活动准备

餐具、舒缓的音乐。

◇活动要求

1. 幼儿自主完成生活活动,能正确地洗手,用擦手巾擦手。

2. 知道今日的菜谱,能有序完成进餐环节(搬小椅子到进餐区 — 用七步洗手法洗手—进餐—漱口—自主游戏）。

  3. 能轻松、愉快地使用筷子进餐，养成良好的进餐习惯（安静、细嚼慢咽、不挑食、不剩饭）。

  4. 有特殊饮食需要的孩子（换牙、身体不舒服）会主动与老师沟通。

  5. 在成人的提醒下，会对帮助过自己的人表示感谢。

  6. 能自己收拾餐具，值日生会擦桌子，协助搞卫生等。

春天的秘密(大班)

宁波市鄞州区江东中心幼儿园 / 李莹

半日活动总目标

1. 运用多种方法,感知各种动植物在春天的生长变化,感受春天是万物复苏与生长的季节。

2. 乐于参与各种自主性活动,学习用多种形式表达自己对于春天的喜爱与赞美,提高讲述、绘画、表演等能力。

3. 能尝试小组合作,运用符号记录、绘画表征、语言交流等不同的方式表达自己对春天的认识。

半日活动流程

一、来园活动(7:45—8:00)

1. 通过与个别幼儿进行简短的谈话,对幼儿到园的心情、身体情况进行了解。

2. 礼仪管理员做好晨间接待工作,帮助同伴合理摆放物品。

3. 幼儿认真记录心情及气象,注意坐姿和书写姿势。

二、户外活动(8:00—9:00)

自主性户外活动1:椅子乐

◇ **活动准备**

高低不一的椅子、长凳、梯子、软垫等。

◇ **观察重点**

1. 幼儿能否自主运用不同的椅子合理布局,搭建游戏路线?
2. 游戏过程中,面对挑战幼儿能否大胆尝试,齐心协力克服困难?

自主性户外活动2:打老狼

◇ **活动准备**

老狼的头像、软垫、沙包、攀爬墙等。

◇ **观察重点**

1. 定点投掷的能力,关注幼儿手臂大肌肉的发展。
2. 能否勇于挑战更高的难度?
3. 能否尝试自己设置内容,相互挑战?

自主性户外活动3:欢乐球球

◇ **活动准备**

纸球、皮球、海洋球、篮球等各种球。

◇ **观察重点**

1. 幼儿能否利用不同的球设计不同的玩法?
2. 幼儿能否尝试不同的球的玩法,并相互模仿?

自主性户外活动4:我是小花匠

◇ **活动准备**

小推车、水桶、花瓶、花等。

◇ **观察重点**

1. 能否正确使用小推车并保持平衡,将水安全送到指定的位置?
2. 幼儿是否能遵守游戏规则进行游戏?

集体游戏

◇ **活动目标**

1. 提升快跑能力和动作的灵敏性。

2. 学会专注地倾听指令,快速协调地接力护树。

◇ **活动准备**

小细竹竿(两人一根)、音乐。

◇ **活动过程**

1. 准备运动。

模仿操。(播放《劳动最光荣》音乐)

踏步走 — 摘东西(上肢)— 扛东西(下蹲走)— 拍腿休息(腹背)— 跳过河(跳跃)— 放松运动。

2. 从个别到集体开展游戏。

(1)游戏"接竹竿"

教师出示竹竿,两人一组,一人扶,一人接。当教师喊"放"时,扶的幼儿赶快放掉,接的幼儿马上冲上来扶住(距离1米左右),然后交换。

(2)游戏"护小树"

幼儿围成一个大圈,教师请一位幼儿站在圈中心护"小树"。大家一起说"点兵点将点到谁?"教师说:"×××小朋友。"圈中心的幼儿马上放手回到圈上,圈上被点到名字的幼儿快速跑上去接住"小树",不能让"小树"倒下。倒下则算失败。

(2)示范游戏一次。

(3)幼儿分成3至4组,各自围成圆圈游戏。教师根据幼儿出现的问题进行指导及调整。

3. 听音乐做放松动作。

早操

◇ **观察重点**

1. 能否认真地随着音乐做早操?是否熟悉早操时队形的变化?

2. 进出场地能否跟随进行曲踏步走?精神风貌是否积极向上?

◇ 保育观察指导

1. 与外出管理员共同检查幼儿的服饰安全、场地安全问题,及时排除隐患。

2. 幼儿在运动过程中是否会主动饮水?是否能根据天气以及自己的身体状况及时脱、穿衣服?

3. 幼儿在游戏中能否正确保护自己的身体,并且与他人保持安全距离?

4. 幼儿能否根据音乐变化,自主整理活动场地和活动器械?值日生能否在保育老师的带领下正确收纳器械。

三、生活活动(9:00—9:15)

◇ 环境创设

创设"自助点心吧":提供闹钟、指示牌、花卉植物等,营造温馨、自主的氛围。"自助点心吧"由进餐管理员管理,提醒幼儿根据自己的需要取点心,不浪费食物。

◇ 盥洗观察指导

1. 做到文明盥洗,不将水随处乱洒,学会耐心等待与谦让。

2. 如厕后能自己整理衣裤,注意仪表。

◇ 点心观察指导

1. 自己拿一份点心,愉悦而安静地吃完。

2. 吃完点心后能主动整理桌面,有一定的自我服务意识。

四、学习活动(9:15—10:15)

活动1:春天的秘密

◇ 活动目标

1. 理解诗歌内容,感受诗歌循环往复的句式美和语言美。

2. 了解诗歌的结构,尝试仿编诗句,学习使用形容词来描述春天的事物和景象。

◇ 活动准备

1. 挂图、磁带及录音机。

2.诗歌结构示意图一幅。

◇ **活动过程**

(一)用提问引起幼儿的兴趣

1.(出示"秘密"二字)认识这两个字吗?我们一起来念一念。什么叫秘密?你有秘密吗?

2.(轻声说)春天来了,你们知道春天的秘密吗?你们是怎么知道的呢,谁能告诉大家?

(二)出示挂图,欣赏并理解散文诗的内容

1.刚才你们告诉了我一些关于春天的秘密,其实春天还有许多的秘密呢!现在就让我们来听一听诗歌。(富有感情地朗诵诗歌)

2.散文诗中提到了谁?它们分别发生了什么变化?

3.欣赏配乐散文诗。引导幼儿学习诗歌中的优美词语(如融化、淅沥淅沥、蔚蓝、唧哩唧哩、绿油油等)。

4.感受散文诗句式的特点,引导幼儿分析每段诗歌中哪些诗句是一样的。(幼儿回答后,教师出示诗歌结构示意图帮助幼儿形象地理解诗的结构)

(三)仿编诗句

1.还有许多春天的变化没有在诗歌中体现,请大家按照这首诗歌的结构把它们编进去。

2.幼儿分组仿编诗句。

3.每组选一至几名幼儿朗诵仿编的诗句。

4.放伴奏带,幼儿朗诵自己仿编的诗歌,教师鼓励幼儿继续仿编。

◇ **拓展延伸**

到户外观察,把看到的变化画下来或拍下来,不断丰富主题墙。

活动 2:找春天

◇ **活动目标**

1.能与同伴分工合作开展找春天活动,能互相照顾,遇到困难能一起克服。

2. 能运用符号记录、绘画表征、语言交流等不同的方式表达自己对春天的认识。

◇ **活动准备**

1. 教师利用散步等时间引导幼儿观察幼儿园及周围社区中春天的特征。

2. 提醒家长在来园和户外活动时帮助幼儿发现春天。

◇ **活动过程**

(一) 找朋友

鼓励幼儿找好朋友坐在一起，两个小朋友合作找春天。

(二) 讨论两个人合作的方法

1. 两个人找春天要做哪些准备？

2. 讨论两个人如何分工。

3. 学习用简单符号记录的方法。

引导幼儿将自己观察到的春天的变化记录下来。记录内容包括哪里发现的、有什么变化。

(三) 幼儿找春天

1. 安全教育：慢走，互相照顾。

2. 教师关注两个幼儿协商、合作的情况，遇到困难能否想办法克服。

(四) 组织幼儿交流自己记录的内容

教师将幼儿记录的春天的特征分类统计在纸上，可分为：天气的变化、动物的变化、植物的变化、人们服饰与活动的变化，引导幼儿从整体上感知春天的特征。

五、区域活动（10∶15—11∶00）

◇ **预设主题**

花店。

插花

◇ **活动目标**

1. 根据花瓶的不同，尝试插高低、大小、色彩存在对比的美丽的作品。

2. 能创意插花，发展审美能力。

◇**活动准备**

各种大小、形状的花瓶和花,插花成品的图片等。

◇**玩法提示**

请幼儿根据自己的意愿,选择花瓶进行创意插花组合,尝试插高低、大小、色彩存在对比的作品。

做花

◇**活动目标**

运用折、画等制作方式来做花。

◇**活动准备**

花的折纸步骤图、彩色纸、光盘、吸管、水彩笔等。

◇**玩法提示**

请幼儿根据自己的意愿,模仿或创造性地制作花,并进行合理装饰。

卖花

◇**活动目标**

1. 能热情待客,礼貌交往。

2. 尝试 20 以内钱币的运算。

◇**活动准备**

钱币、各种制作好的花、价目单等。

◇**玩法提示**

可以开展叫卖、预定、送花等活动。

◇**观察重点**

1. 观察幼儿使用材料库中材料的情况,能否尝试以物换物。

2. 观察幼儿在新开设的主题区域开展游戏的兴趣,为后期区域材料的调整做准备。

3. 主题区域内,观察幼儿能否合作进行游戏,并与其他区域联动,丰富游戏内容。

六、生活活动(11:00—11:30)

盥洗

1. 按照正确的洗手步骤洗手,合理使用洗手液。
2. 正确使用毛巾洗脸、漱口和搽面油,注意自身仪表。

午餐

1. 根据自己的需求,自主取放餐具、食物,安静用餐。
2. 愉快地进餐。进餐过程中不随意聊天,提醒个别进餐慢的幼儿。

春雨之谜（大班）

宁波市鄞州区紫郡幼儿园 / 陈菁菁

半日活动总目标

1. 运用多种方法，感知春天里各种动植物的生长变化，感受春天是万物复苏与生长的季节。
2. 了解春雨的秘密，感受春天的快乐和美。
3. 乐于参与各种艺术活动，学习用多种形式表达自己对于春天的喜爱与赞美，提高讲述、绘画、表演等能力。

半日活动流程

一、来园接待 —— 开心来园（7：45—8：10）

◇活动内容

种子发芽。

◇活动准备

开窗通风，提供小水壶。

◇指导要点

1. 与幼儿及家长礼貌问候，询问并了解幼儿的身体情况。
2. 观察种子的变化并进行简单记录，完成自然角的照料任务。

二、生活活动 —— 能量补充（8：10—8：30）

◇活动内容

喝豆浆、吃饼干。

◇活动准备

豆浆、饼干。

◇活动要求

1. 吃点心前主动洗手，有序如厕。

2. 按需取用饼干和豆浆。

三、户外自主活动 —— 梯子畅想（8：30—9：30）

◇活动目标

1. 探索梯子的各种玩法，练习平衡、跳、攀爬等动作。

2. 喜欢与同伴合作，体验运动带来的挑战与快乐。

3. 懂得遵守游戏规则，有保护自己身体的意识。

◇活动准备

竹梯、椅子、轮胎、人字梯若干。

◇活动过程

1. 幼儿自主探索走、跑、跳等动作，可以合作将椅子、梯子拼成跨栏、平衡木等。教师注意观察幼儿，对于玩法上有创新的幼儿加以表扬，注意加强安全保护。

2. 个别幼儿展示自己玩椅子、梯子的方法，教师和其他幼儿给予肯定和表扬，其余幼儿可以效仿、创新，自由游戏。

四、早操 —— 动感一刻（9：30—9：45）

◇活动内容

跟随《Happy Go》《战斗》《感恩有你》等音乐做操。

◇活动目标

1. 发展幼儿大肌肉动作，培养动作的协调性。

2. 发展与同伴的合作能力。

五、集体教学——探索发现(9:45—10:15)

科学活动：春雨之谜

◇ **活动目标**

1. 通过"春之日记"活动，感受春天植物、动物、人们以及天气等的变化，知道春天是万物复苏的季节。

2. 尝试了解春天里雨形成的过程，并能亲历感受制作一场"春雨"。

3. 萌发对自然科学现象的探索欲望。

◇ **活动准备**

1. 植物、动物在春天发生变化的PPT，放风筝的录像，踏春的照片，春雨的声音，"春雨的形成"实验工具，幼儿分组操作实验用具。

2. 春之日记（如下图）。

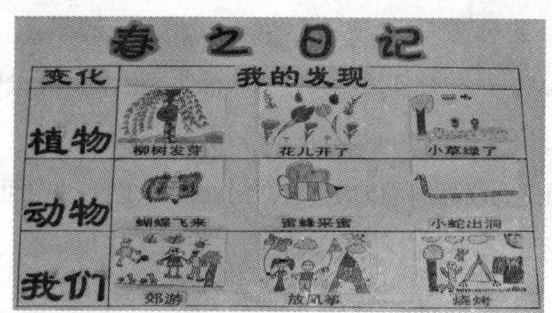

3. 统计表。

◇ **活动过程**

（一）畅想篇：春之日记

1. 小朋友们，本月我们的主题活动是"春天到"，最近我们和爸爸妈妈一起在写"春之日记"。老师将你们记录的日记展示在大家面前，我们请一些小朋友来说说，你的日记里记录了什么。

2. 幼儿分别介绍自己记录的春天，从植物、动物、人们以及天气的变化等方面进行讲述，充分感受春天万物的变化。教师根据幼儿的描述，分别提供照片、视频、幼儿作品等辅助材料。

3. 重点讲解其中一篇春之日记——《春天的雨》。

（二）感受篇：春雨之谜

春天里，万物生机勃勃，树儿绿了，花儿红了，冬眠的动物醒来了，小朋友们换上了漂亮的春装，世界变得那么美好。很多小朋友在讲述的时候都提到了春雨，是的，唤醒大地的春雨来了。

1. 播放春雨的声音。

滴答滴答，一场场春雨袭来，种子破土而出，伴着雨水，正在悄悄地发芽。

2. "春雨的形成"实验。

（1）你知道春雨是怎么形成的吗？（幼儿自由讲述）

（2）这些都是大家的猜测，我们一起来做一个实验：春雨的形成。

（3）教师利用烧杯、酒精灯、冰块等幼儿熟悉的科学工具来制作一场春雨。

（4）幼儿分组尝试制作，了解雨的形成过程。

（5）小结：春天里，空气中的水蒸气不断受热升到高空，聚集成云朵，越积越多，最后，变成水滴，落到地面，也就成为我们看到的春雨了。

（三）创造篇：雨之力量

1. 雨之优势。

（1）春雨的力量何其大，你知道春雨给大自然带来了什么好处吗？

（2）幼儿利用已有生活经验阐述春雨的作用。

（3）小结：春雨落到小河和湖泊中，动物们就能喝上水；春雨可以使种子发芽、促进植物生长；春雨还可以净化空气，给人们带来舒适的环境……地球上所有的生命都离不开它。

2. 雨之劣势。

（1）春雨的好处大家都说了许多，你能想到春雨其实还有缺点吗？

（2）幼儿自由讲述。

（3）小结：过量的春雨会让人们出行不便，很多不爱多喝水的植物也会失去生命的活力；伴随着春雨的到来，电闪雷鸣多了，出时行非常危险，在打雷闪电的时候我们不能躲到大树底下避雨，在户外也不能使用手机。我们应该到室内避雨。

六、区域活动——玩有所悟（10：15—11：00）

1. 动感吧。

（1）大家来跳跳舞毯

活动目标：随着音乐有节奏地根据相应的规律跳舞。

材料投放：教师提供图形匹配、数物匹配、颜色匹配的卡片和幼儿熟悉的春天的图片、春天的歌曲。

（2）蝴蝶飞飞

活动目标：听辨不同的音乐，大胆地用动作模仿蝴蝶的形态。

材料投放：音乐，纱巾，一次性台布，扭扭棒，头箍，幼儿自制蝴蝶翅膀、头饰。

2. 生活馆。

（1）剥笋

活动目标：激发幼儿参与劳动的兴趣，并通过自己剥笋积累关于笋的相关经验。

材料投放：笋若干根。

（2）今天你看到了吗

活动目标：观察饲养在班级自然角里的各种动植物，记录下它们的变化。

材料投放：各种动植物。

3. 益智屋。

（1）我找到春天了

活动目标：遵守游戏规则，用语言表达找到的春天。

材料投放：将平时幼儿找的有关春天的图片制成棋盘。

（2）种花

活动目标：根据教师提供的卡片，有规律地排序。

材料投放：不同数量、不同形状、不同顺序的各种花的卡片。

（3）小蝴蝶的家

活动目标：用各种蝴蝶（颜色、形状不同）排序。

材料投放：各种蝴蝶、蝴蝶的家。

（4）美丽的花园

活动目标：通过在花园里种花，初步了解5、6、7、8四个数。

材料投放：两本不同层次的操作本，每本的花上都缺了花瓣。

4. 创意坊。

（1）花蝴蝶

活动目标:在对称剪蝴蝶的基础上用颜料来对应染色,进一步感受蝴蝶翅膀上对称图形的美丽。

材料投放:白纸、颜料、蝴蝶模板、棉签。

(2)春天的树叶

活动目标:学习对称剪树叶的方法,并尝试剪出叶脉。

材料投放:对称剪树叶的示意图,绿色手工纸。

(3)美丽的桃花

活动目标:学习制作桃花的方法。

材料投放:粉色皱纸、扭扭棒。

5. 建构角。

春天的花园

活动目标:用各种建构材料构建春天花园里的各种物体。

材料投放:各种积木、废旧材料。

6. 休闲吧。

(1)春天来了

活动目标:在熟悉故事《春天来了》的基础上用自己找到的春天来创编故事。

材料投放:将故事中的场景图和幼儿找到的春天的照片制作成《春天来了》的图书。

(2)春天的书

活动目标:进一步了解春天的变化,感受春天的美。

材料投放:各种有关春天的图书。

七、午餐——美味时分(11:00—12:00)

餐前活动

◇活动内容

看书,小不点、大发现(春天的秘密),餐前盥洗。

◇活动准备

小不点、大发现活动的游戏箱。

◇**活动要求**

1. 自主选择喜欢的事情,安静地做餐前游戏。

2. 有序地排队如厕、清洗小手,随洗随吃。

进餐

◇**活动目标**

知道不同的食物有着不同的营养价值,能愉快地进餐。

◇**活动要求**

1. 卫生进餐——饭后漱口,注意桌面清洁。

2. 健康进餐——不厌食,能情绪愉快地进餐。不挑食,细嚼慢咽地吃完自己的那份饭菜。

3. 礼貌进餐——不大声喧哗。不碰撞餐具,发出过大的响声,不用筷子敲碗。正确使用餐具,用餐后将餐具放归原处。

快乐中秋（大班）

宁海县实验幼儿园 / 何时平

半日活动总目标

1. 初步了解中秋节的来历和我国人民过中秋节的一些风俗习惯，感受中华民族文化的丰富。
2. 积极参与中秋节活动，感知传统文化的丰富内涵，体验亲情、友情以及与家人团圆的幸福感。
3. 引发幼儿观察月亮的兴趣，培养细心、持久的观察态度。
4. 细致地阅读画面，大胆讲述自己的想法，乐于了解宁海传统的过中秋节的习俗。

半日活动流程

一、亲亲阳光（7：20—8：45）

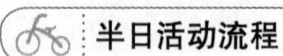
晨间接待

◇活动内容

1. 热情接待幼儿，并与家长亲切交谈。
2. 帮助值日生明确任务、分工合作，完成自然角的照料、茶杯餐具的摆放等任务。
3. 亲切地接待幼儿来园，提醒幼儿放好自己的水杯、书本等物品。

4. 观察个别情绪特殊的幼儿,适时进行引导。

◇ **活动准备**

水壶、自然角植物、晨间区域材料。

◇ **活动目标**

1. 幼儿入园后能将水杯放在指定区域内,选择喜欢的区域自由活动。

2. 照料植物时能做到细心观察,注意不同植物的浇水量。

3. 能图文结合开展自然角的记录。

4. 能遵守不同区域的游戏规则,并及时整理自己的游戏材料。

晨间锻炼

◇ **活动目标**

1. 尝试用多种方法玩月饼盒,锻炼身体的协调能力。

2. 能用多种辅助器械,积极参与游戏活动。

◇ **活动准备**

月饼盒若干、轮胎六个、梯子两把、小推车五辆、啤酒箱十二个、障碍八个、垃圾桶六个、席子若干张。

◇ **活动过程**

1. 幼儿热身准备。

2. 自主选取游戏材料。

3. 教师关注幼儿游戏,动静结合,提醒幼儿喝水、擦汗、休息。

4. 与幼儿共同整理材料。

早操

1. 积极参与早操,注意力集中,队伍整齐。

2. 踏步有力,做操精神,动作优美。

二、自主游戏(8:45—9:10)

自助点心

1. 掌握正确的洗手方法,自觉排队,节约用水,及时关好水龙头,有序地洗手。

2. 自主选择点心和豆浆,安静地吃点心,及时记录用餐状况并主动邀请同伴愉快地吃点心,教师指导幼儿使用毛巾方式正确地擦嘴巴。

3. 提醒未吃点心的幼儿抓紧时间吃点心,帮助幼儿建立时间观念。

4. 结束时,教师指导幼儿主动及时地把活动材料放回原处。

自主游戏

1. 探索区。

(1)魔法陀螺炫:提供各种各样的辅助材料,幼儿利用这些材料制作、装饰陀螺,探索制作陀螺和陀螺旋转的秘密。

(2)筷子夹夹乐:用一次性筷子、木筷子等不同材质的筷子练习夹弹珠和毛绒球,发展幼儿手部的精细动作。

2. 美工区。

(1)魔力拼版组:提供纽扣、吸管等物品供幼儿在黏黏板上创作各种各样的作品。

(2)别样的车:用各种各样的纸盒制作不同的交通工具。

3. 数学区。

(1)记忆大比拼:看图 30 秒后记住图形,并根据规律拼出记忆中的图形。

(2)数字找家:根据数字提供的信息迅速找出这个数字所在的位置,并在游戏的过程中找出数字的排列规律。

(3)排序:根据不同的提示卡给小茶杯排排队。

4. 建构区。

提供积木、纸芯等材料,引导幼儿运用这些材料建造宁海的房子及马路。

5. 种植区。

(1)仔细观察自己认领的植物,及时记录植物的生长变化。

(2)与同伴合作测量植物的生长趋势,在悉心照料植物的过程中体验成功的喜悦。

三、主题活动（9:10—9:40）

综合活动：暖暖的中秋

◇ **活动目标**

1. 大胆讲述，了解各地过中秋节的不同习俗，感受中秋节家人团圆的氛围。

2. 在制作、分享麦果的过程中，体验暖暖的中秋情。

◇ **活动准备**

1. 绘本人手一本、麦果制作材料、PPT。

2. 将"小莉一家人"角色渗透在各个区域中；事先采访家里老人，调查宁海过中秋节的各种习俗。

◇ **活动过程**

（一）猜测引入，激发兴趣

1. 今天小莉一家人要去做什么呢？（播放PPT）

2. 他们是什么时候出门的？（观察画面，猜测）

（二）自主阅读，体验辛苦

1. 这么多人出门，他们去干什么呢？我们拿出小书来看一看吧。

2. 自主阅读，幼儿交流。

3. 根据幼儿讲述，教师及时提升。

（1）为什么会堵车？你们以前碰到过堵车吗？

（2）堵了那么久，这些人都在干什么呀？（幼儿观察插图并讲述）

4. 小结：这天小莉一家很早很早就起床了，在拥挤的汽车站排了很长很长时间的队，一路上很堵很堵，他们等了很久很久，最后终于来到了乡下。

5. 猜测结尾：原来小莉一家带上了礼品、穿上了漂亮的礼服，是为了来到乡下与亲人过中秋。

（三）习俗对比，情感提升

1. 小莉一家是怎么过中秋的呢？（集体阅读、出示图示）

2. 你们打算怎么过中秋节呢？

3. 根据幼儿讲述,操作教具。

4. 小结:原来每个地方过中秋节的习俗都是不一样的,但是那份暖暖的爱都是一样的,大家都会在中秋节这天带着美好的祝福与家人团聚,享受温暖的爱。

(四)学做麦果,分享温暖

1. 你们知道中秋节是什么时候吗？我们宁海人是什么时候过中秋节的?

2. 小结:别人是农历八月十五过中秋节,咱们是农历八月十六过中秋节,这是我们宁海特有的习俗。

3. 在农历八月十六这天,我们宁海人还要做一种非常好吃的东西(出示麦果),你们想吃吗?

4. 介绍材料、制作方法。

5. 幼儿制作、品尝。(分享给其他班级的幼儿、教师)

四、主题区域:快乐中秋(9:50—10:40)

水精灵时间

提醒幼儿有序地盥洗、喝水。

区域游戏

区域	活动名称	活动目标	材料投放	指导要点
角色扮演区	创作室: 美味月饼屋	了解制作月饼所需的材料和工具,知道月饼制作的程序	面粉、红豆馅、月饼模子、一次性包装袋	用搓、捏、裹、压等方法制作月饼
	包装室: DIY月饼盒	乐意与同伴合作包装月饼,并合理分配工作内容	双面胶、包装纸、即时贴、各种盒子以及各种填充物等	根据月饼的大小迅速找到大小合适的盒子,并塞入填充物来保护商品
	派送室: 爱心分享室	能热情迎接顾客,迅速找到派送的地点,并将包裹派送到顾客手中	点单卡、快递篮、回执单、记号笔	检查幼儿的回执单,根据回执单的反馈评价幼儿的派送过程

续表

区域	活动名称	活动目标	材料投放	指导要点
生活模拟区	中秋行：我的行程我做主	能按照自己的出行计划合理设计计划单	各种图片、数字卡、操作卡底板等	检查幼儿能否根据自己的出行天数合理搭配物品
生活模拟区	中秋行：我会整理	能按照计划单的物品提示整理行李箱	衣物、护肤品、生活用品、行李箱等	探索各种衣物的多种收纳方法，学会有序摆放、整理
探索益智区	月亮的变化	尝试运用动态操作图卡，探索月亮变化的规律	大的操作示意图、大小圆片、操作盘	引导幼儿主动探索月亮的各种形态
探索益智区	美丽的月光	探索光透过空洞而产生影子的现象	操作卡、手电筒、黑纸、剪刀、背景墙	在玩的过程中掌握原理，并能动手制作操作卡
探索益智区	观光赏月台	能自主组合图形，然后根据图形找出相应的月饼盒进行拼搭	各种图形的平面图、各种各样的月饼盒、小亮片	引导幼儿根据图形提示迅速找到盒子，然后进行拼搭
美工区	精美月饼盒	能运用各种方法装饰月饼盒	盒子、剪刀、绳子、印花机等各种装饰材料	根据材料的特征进行合理搭配和装饰
美工区	相框手工坊	能用各种材料装饰相框，并能合理安装支撑架	不同材质的相框、照片、各种支架	用较小的装饰材料耐心、细心地完成一个相框
阅读区	圆圆阅读屋	能较为专注地阅读，小声和同伴交流自己的发现	有关中秋节和月亮的书籍	有序翻阅绘本，对感兴趣的页面保持较长时间的关注
阅读区	故事创编屋	能根据图片创编并讲述故事的内容	各种各样的卡片、不同场景的操作盒	引导幼儿合理地创编故事情节

五、餐前准备（10：40—11：00）

精彩回顾

围绕刚才开展的主题区域活动展开讨论，说说自己的作品以及要注意和改进的地方。

大嘴博士讲健康

围绕今天的午餐展开谈话，拓展幼儿的营养知识经验，激发幼儿的食欲，改掉不良的饮食习惯。

六、盥洗与进餐（11:00—11:30）

1. 有序地选放好椅子,轻松地盥洗。

2. 盥洗完后及时把手擦干,注意自己的指缝。

3. 双手有序地拿好餐盘后及时坐到喜欢的位置上就餐。

4. 正确使用筷子吃饭,会用左手扶住碗,不玩小餐巾。

5. 会用筷子将饭桌上的饭粒、残渣整理进碗里,并将餐具放回指定的位置。

秋天在哪里（大班）

宁波市北仑区新蕾幼儿园 / 郑洁

半日活动总目标

1. 在大户外、区域活动等各环节中，鼓励幼儿自主选择活动内容，主动探索与思考。

2. 通过环境暗示、教师提示等途径，培养幼儿自我服务的意识，提高自我服务的能力。

3. 在观察、发现秋季树叶的特征及变化的过程中引发幼儿对自然环境的关注，激发幼儿亲近大自然的情感。

半日活动流程

一、晨间来园（7:45—8:00）

◇活动内容

1. 幼儿自主完成签到、换鞋、洗手、喝水、劳动等入园活动。

2. 自选照料自然角或操作个别化学习区内的材料，气象员记录当日气象，填入"气象预报栏"内。

◇活动准备

签到表、气象预报栏。

◇ **指导要点**

1. 指导幼儿有序完成签到等入园活动,初步养成自我服务的意识和能力。

2. 引导今日气象员完成气象播报任务。

3. 指导幼儿通过观察、绘画等记录方式,了解几种常见叶子形状、颜色上的不同。

二、晨间锻炼(8:00—9:00)

自主大户外活动

◇ **活动内容**

运动闯关。

◇ **活动准备**

1. 场地准备。

(1)投掷区:投篮、套圈、沙包。

(2)攀爬区:梯子和轮胎的自由组合。

(3)跑跳区:设置适当高度的栏杆,供助跑跨跳。

(4)平衡区:易拉罐梅花桩、独木桥。

(5)技能区:跳绳、小球。

2. 护理准备。

幼儿水壶、擦汗毛巾、箩筐。

◇ **指导要点**

1. 鼓励幼儿自主选择闯关内容,体验各项运动,发展相关动作技能。

2. 引导幼儿根据游戏规则进行闯关、玩耍,结束后整理器械并与同伴分享快乐。

3. 关注幼儿的活动情况,注意动静结合,提醒幼儿及时脱衣、喝水、擦汗、休息。

欢乐早操

◇ **活动准备**

早操音乐。

◇ **活动指导**

1. 鼓励幼儿积极主动地参与,精神饱满,动作合拍。

2. 引导幼儿在早操中与同伴友好合作,体验合作律动的快乐。

三、生活活动（9：00—9：20）

自助点心

◇ **活动内容**

盥洗 + 点心。

◇ **活动准备**

豆浆小壶、饼干、小碟子、夹子、清洁毛巾（每组一条）、轻音乐。

◇ **指导要点**

1. 盥洗。

（1）引导幼儿在洗手前卷起袖子，基本掌握正确的洗手方法，主动排队。

（2）指导幼儿在如厕后简单整理自己的衣物。

2. 点心。

（1）鼓励幼儿自主选择点心和豆浆，倒豆浆时尽量不溢到桌面，如溢出用清洁毛巾及时擦干。

（2）引导幼儿将餐具进行清洗后放到指定地点，并正确使用毛巾擦嘴巴。

晨间谈话

◇ **活动内容**

常规谈话 + 主题谈话。

◇ **活动准备**

1. 气象员事先了解本日的天气情况。

2. 幼儿事先寻找并收集各种各样的树叶。

◇ **活动过程**

1. 常规谈话：请气象播报员播报今日气象。

2. 主题谈话：我收集的树叶。

（1）引题激趣：你们去哪里寻找树叶了？找到了什么树叶？是什么样子的？

（2）分享交流：谁愿意带上你最喜欢的树叶来介绍一下？

（3）小结：每一片树叶颜色、形状都不一样，是独一无二的。秋天到了，树叶也发生着变化。只要我们用心观察，就会发现树叶的秘密。

四、学习活动（9：20—9：45）

科学活动：常绿树和落叶树

◇ **活动目标**

1. 了解常绿树和落叶树的基本特征，初步知道两种树的不同特点。
2. 能够运用观察、比较的方法辨认几种常见的常绿树和落叶树。
3. 体验探究活动的乐趣，愿意在集体面前大胆表达自己的想法。

◇ **活动准备**

1. 常绿树和落叶树的记录表格。
2. 每组一份常绿树和落叶树的操作插片表。
3. PPT《常绿树和落叶树》。

◇ **活动过程**

（一）创设问题，激趣引题

1. 秋天到了，叶子发生了各种变化，关于秋天的树叶你有什么问题要问吗？（幼儿提出自己的问题，教师将问题记录在问题板上）
2. 你们真会思考，想到了关于叶子颜色、叶子形状的这么多问题。今天我们就来研究一下，为什么有的树到了秋天就会落叶，而有的树却不会？

（二）探索比较，感知常绿树和落叶树的基本特征

1. 我这里有两片不同树的叶子，一片是梧桐树叶，一片是茶花树叶，请你们看一看，摸一摸，对着光照一照，仔细地研究一下，它们有什么不同。（幼儿观察比较，从大小、颜色、厚薄等方面区分）
2. 幼儿讨论交流，教师根据幼儿的回答用简笔画的形式记录在表格里。
3. 小结：像梧桐树一样到了秋天就要落叶的树叫落叶树，落叶树的叶子薄、软、枯黄、腊质薄，没有光泽；像茶花树一样四季常青的树叫常绿树，常绿树的叶子厚、硬，是深绿色的，腊质厚，有光泽，能够保持水分，不容易变黄脱落。

（三）互动操作，巩固对两类树叶基本特征的认识

PPT 出示叶子的特征，请幼儿辨别是落叶树还是常绿树的。

（四）分组操作，辨别几种常见的常绿树和落叶树

1. 老师这里也有很多树叶，想请小科学家们用刚才学到的本领分一分，制作成落叶树挂件、常绿树挂件。（幼儿分组操作）

2. 交流讲评、及时验证：请你们来检查一下，有没有插错的？

3. 拓展经验：你还知道哪些树是常绿树，哪些树是落叶树？

（五）观看录像，了解秋冬季落叶树要落叶、常绿树不落叶的原因

你们知道为什么到了秋天落叶树就要落叶，而常绿树却不会落叶呢？（幼儿观看录像，了解原因）

（六）活动延伸

我们的环境因为有了这些落叶树和常绿树而变得更加美丽。老师这里还有一个问题：常绿树的树叶是不是永远都不会落呢？我们一起到生活中再去寻找答案吧！

五、自主游戏（9：45—10：45）

水果餐厅

◇ 活动内容

盥洗 + 自助水果。

◇ 活动准备

两种水果、温度合适的开水、碟子、叮叮铃。

◇ 活动要求

1. 水果餐厅服务生在保育员的协助下对水果进行清洗、去皮、分配，并用叮叮铃提醒同伴及时用餐，对用完餐的同伴以夹照片的形式进行记录。

2. 能有序地如厕和盥洗，并在吃完水果后适量喝水。

区域游戏

区域	活动名称	材料投放	指导要点
表演区	秋天在哪里	录音机、音乐、头饰、舞台等	引导幼儿跟着音乐演唱歌曲，创编动作，大胆表演
科学区	树叶找家	常见的几种树叶，如银杏叶、梧桐叶等以及对应的树的卡片	引导幼儿在观察树和树叶的基础上建立树和树叶的对应关系

续表

区域	活动名称	材料投放	指导要点
科学区	树叶的秘密	各种树叶、放大镜、分类盒	引导幼儿较为细致地观察树叶,发现树叶的颜色、气味、形状上的各种特点
建构区	秋天的农庄	农庄图片(立体、平面),辅助材料:小动物、树等	指导幼儿借助辅助材料丰富秋天的农庄
美工区	树叶书签	各种树叶、白纸、油画棒、绳、线等	引导幼儿掌握用油画棒拓印树叶的方法
美工区	美丽的菊花	彩纸、卡纸、一次性纸杯等	引导幼儿在欣赏菊花照片的基础上用不同的材料制作菊花
阅读区	风中的树叶	有关树叶的绘本	指导幼儿较为有序地翻阅绘本,仔细观察画面
阅读区	自制图书《树叶变变变》	将幼儿用树叶做的作品装订成册	引导幼儿较为完整地讲述画面

◇操作说明

1. 幼儿提前根据自己的游戏计划自主选择游戏内容、材料,分配角色,自主开展游戏。

2. 教师有序指导幼儿游戏,注意观察游戏中存在的教育价值,拓展游戏主题,支持幼儿自己解决问题,必要时做好游戏记录。

六、进餐(10:45—12:00)

餐前活动

◇活动内容

1. 集体阅读《一片叶子的旅行》。

2. 菜谱播报"今天吃什么"。

3. 餐前盥洗。

◇活动准备

1. PPT《一片叶子的旅行》。

2. 今日菜谱播报员事先准备好材料。

◇ **活动过程**

1. 集体阅读。

（1）出示一片树叶，引题激趣：今天这片树叶要去旅行了，猜猜它会去哪里。

（2）边看PPT，边欣赏故事。

（3）幼儿自由交谈：树叶还会去哪里旅行？会发生什么有趣的事情？

2. 菜谱播报"今天吃什么"。

（1）今日菜谱播报员介绍今日菜谱。

（2）拓展幼儿的营养知识经验，激发幼儿的食欲。

3. 餐前盥洗。

（1）引导幼儿有序地选就餐座位，主动如厕盥洗，养成饭前洗手的好习惯。

（2）指导幼儿盥洗时在红线的提示下注意水流的大小，节约用水。

进餐

◇ **活动准备**

餐具（筷子、勺子），轻音乐。

◇ **活动要求**

1. 值日生做好值日工作，有秩序地分发餐具和食物，感受为同伴服务的快乐。

2. 能根据自身需求有序地取饭菜，轻声交流，细嚼慢咽。

3. 会将食物的残渣放进骨碟，并整理自己的餐盘，将餐具放回指定的位置，及时漱口。

过 冬（大班）

宁波市鄞州区云龙镇中心幼儿园 / 王春艳

半日活动总目标

1. 尝试发现冬季的特征，了解冬季周围环境的变化，感受发现的乐趣。

2. 感受冬季的美丽，能大胆地表达自己对冬季的认识和感受。

3. 积极参加冬季锻炼，不怕冷，体验冬季锻炼的乐趣，增强自我保护的意识。

半日活动流程

一、亲亲阳光（7∶50—8∶50）

自主体育活动

◇活动内容

1. 投掷：小动物玩偶、雌雄打靶器。

2. 跳跃：跨栏小子。

3. 平衡与力量：梯子乐、蜘蛛侠。

4. 技巧与协调：穿过封锁线、球球乐园。

◇活动准备

1. 材料与器械：玩偶、自制雌雄打靶器、竹梯、攀爬架、封锁线架子、轮胎、各种球等。

2. 护理物品:箩筐、擦汗毛巾(每人一条)。

◇ **指导要点**

1. 引导幼儿自主选择运动区,并提醒幼儿到各运动区域内进行活动。

2. 及时引导幼儿注意动作的准确性与协调性。

3. 关注幼儿运动的量与密度,提醒幼儿及时休息、擦汗,特别关注个别体质特殊的幼儿。

集体体育游戏:冰化了

◇ **活动目标**

1. 听信号做相应的动作,发展幼儿灵活的反应能力。

2. 能勇敢地参加体育锻炼,不怕冷。

◇ **活动准备**

宽阔的场地。

◇ **活动规则**

1. 当听到老师说"结冰块"时,摆出一个造型,不能动;当听到"冰块融化了",就可以自由活动了。

2. 提醒幼儿摆好造型后就不能动,要保持十秒。

3. 太阳出来了,冰块融化了,变成了水蒸气。(幼儿做放松运动)

◇ **活动过程**

1. 幼儿回忆游戏规则。

2. 教师发令,幼儿游戏。

3. 幼儿分组自主游戏。

4. 根据幼儿活动兴趣、合作能力以及运动量合理调控游戏次数。

早操:韵律操+集体带动操

◇ **活动准备**

早操音乐。

◇ **活动要求**

1. 积极主动地参加早操锻炼,集中注意力,动作基本正确。

2. 跟着音乐精神饱满地做操,对新早操产生兴趣,愿意跟着老师的动作模仿学习。

二、生活活动之快乐十五分（8：50—9：05）

"我是班级小主人"系列活动

◇ 环境支持与要求

1. 器械整理区：整理晨间活动器械。

2. 自助早点区：自主选择早点的种类。

3. 自然角护理区：学习照料自然角的植物。

4. 气象预报站：了解当日的天气情况，在集体面前大胆播报。

5. 标识操作区：自主选择区域活动内容。

◇ 指导要点

1. 指导幼儿有序地完成各区域的系列活动，初步做到合理规划自己的活动内容和时间。

2. 鼓励幼儿学习同伴互助与合作，初步养成自我管理的意识和能力。

晨间谈话：主题性谈话 —— 天冷我不怕

◇ 活动准备

请幼儿事先在家长的协助下了解天冷时让自己变暖的办法。

◇ 活动过程

1. 常规谈话：幼儿自主点名，预报气象。

2. 引出话题：天气这么冷，你们怕吗？为什么？

3. 幼儿分享：谁愿意为大家来介绍一些天冷也不怕的好办法？

4. 教师小结：原来有这么多方法可以让自己变暖，多锻炼真的很重要。天冷我们也不怕。

三、学习活动（9：05—9：35）

语言活动：不怕冷的大衣

◇ 活动目标

1. 倾听故事，理解故事内容。

2. 知道不怕冷的秘密就是多运动。

3. 乐意用不怕寒冷、坚持锻炼的精神鼓励自己。

◇活动准备

PPT《不怕冷的大衣》。

◇活动过程

（一）提问导入，设置悬念

1. 现在是什么季节呢？（冬天）冬天的天气怎么样？

2. 冬天是一年中最冷的季节，北风呼呼地吹着，河水都结冰了，还会下大雪呢！小朋友们有什么办法让自己不冷呢？（引导幼儿说出各种取暖的办法）

3. 小朋友们有这么多的好办法，真是不错呢！有一只小白兔特别怕冷，我听说它姥姥家有一件不怕冷的大衣，穿在身上可暖和了，还会热得冒汗呢！小朋友们，你们猜猜看，这件不怕冷的大衣是什么样的大衣呢？（幼儿根据想象回答）你们回答得都很棒，我们一起来听听这个故事，到底这件不怕冷的大衣是什么样的。

（二）分段讲述，理解故事

1. 讲述故事第一段。

小白兔为什么不肯起床？

2. 讲述故事第二段。

兔妈妈对小白兔说了什么？小白兔去姥姥家时穿戴了什么？

3. 讲述故事第三段。

小白兔是怎么去姥姥家的？小白兔为什么会把围巾和帽子都脱掉呢？

4. 讲述故事第四段。

小白兔到姥姥家的时候，头上是怎么样的？它拿到不怕冷的大衣了吗？不怕冷的大衣是什么？

5. 小结：原来不怕冷的大衣就是运动呀！在冬天的时候我们只要多做运动就不会怕冷了！

6. 再次完整欣赏故事。

（三）穿一穿"不怕冷的大衣"

小朋友们，听完了故事《不怕冷的大衣》，我们也来一起跳一跳，跑一跑，穿一穿"不怕冷的大衣"吧！

四、自主游戏（9：35—10：35）

盥洗、自助式水果

◇ **活动准备**

杯子、水壶、各色水果、盘子、夹子。

◇ **活动要求**

1. 能安静、有序地完成如厕和盥洗。
2. 自觉用流水洗手，掌握正确的洗手方法，用自己的毛巾把手擦洗干净。
3. 学习用水壶倒适量开水，口渴时能主动喝水。
4. 幼儿自主选择喜爱的水果，鼓励幼儿不偏食。

区域活动

区域	活动名称	材料投放	指导要点
科学区	发现雪花	不同的雪花图片、记录表、笔	发现雪花之间的不同，并进行记录
	雪花回家	迷宫纸、笔	引导幼儿帮助雪花找到一条快速回家的路线
阅读区	《第一朵雪花》	各种图书、录音机、CD、故事相关的操作卡	引导幼儿认真倾听故事，根据故事内容来操作图卡，从而达到理解故事内容的目的
表演区	雪绒花	录音机、CD、头饰、翅膀、自制舞台等	引导幼儿跟着CD尝试学唱，记住歌词、唱准节奏，愿意大胆地表演
美工区	美丽的雪花	雪花轮廓图、雪景背景图	引导幼儿自画或者装饰雪花图案，然后剪下来，贴到背景图上
	漂亮的帽子	吸管、毛根条、剪刀、纸、记号笔、双面胶等	提供制作图示卡，指导幼儿运用各种辅助材料来制作帽子
	雪松	橡皮泥、制作图示	引导幼儿观察制作图示，自主制作
建构区	雪山	插塑积木、玩具树木、花草、示意图	引导幼儿观察示意图，自主学习搭建美丽的雪山

◇ **操作说明**

1. 幼儿自主选择活动先后顺序，教师不干预。
2. 班级三位老师合理分工，做好观察与支持。

五、生活活动之餐前活动（10：35—11：00）

◇ 活动内容

阅读活动《不怕冷的小兔》和"今日菜谱"播报。

◇ 活动准备

幼儿人手一本图书，事先安排好菜谱播报员。

◇ 活动过程

1. 阅读活动。

（1）出示图书，引发幼儿的阅读兴趣。

（2）教师引领阅读至一半，然后提问：小兔子做了一件什么事？接下来会发生什么事？

（3）幼儿分享交流故事后半部分的内容。

2. 菜谱播报。

（1）邀请今天的菜谱播报员介绍菜谱。

（2）鼓励菜谱播报员大胆自信地介绍菜谱。

（3）介绍菜谱的营养，激发幼儿用餐的兴趣。

六、生活活动之进餐（11：00—12：00）

◇ 活动准备

餐具、舒缓的音乐。

◇ 活动要求

1. 值日生帮助保育老师一起分发餐具。

2. 养成良好的饮食习惯，尽量保持桌面、地面的整洁。

3. 吃饭时细嚼慢咽，一口饭、一口菜、一口汤搭配着吃。

4. 吃完饭将餐具放到指定位置，然后漱口、擦脸。

光影星播（大班）

宁波市鄞州区潘火街道茶苑幼儿园 / 任雪阳

 半日活动总目标

1. 乐于与同伴相互合作，体验户外运动的快乐。
2. 能初步做到合理规划自己的生活活动内容，养成自我管理的意识和能力。
3. 了解光和影子的关系，大胆想象，感受由于手指或其他物体等的摆放位置不同及光源的高低、远近、方向不同所产生的造型变化，激发幼儿对身边事物的认识兴趣和探索欲望。
4. 体验做影子游戏的快乐，乐意参与各种形式的影子创作活动，训练幼儿的联想能力和表达的流畅性，发展想象力和创造力。

 半日活动流程

一、户外运动（7：45—8：45）

晨间户外活动

◇活动内容

晨间户外体育游戏：踩高跷、做木头人。

◇ **活动目标**

运用身体动作表现出各种造型,能在一定时间内使身体保持静止,提高自控能力。

◇ **活动准备**

人手一副高跷。

◇ **活动过程**

1. 教师介绍游戏规则和方法。

2. 幼儿围成一个圆圈。游戏开始,幼儿边踩高跷边念儿歌,念到最后一个字时,做出一个造型,静止不动,谁动了谁就失败。

3. 幼儿可以有创造性地玩游戏,每一次都摆出全新的动作。可与同伴合作。

早操和律动

◇ **活动内容**

早操和律动:世界真美好、中国牛、中国鼓(舞龙)。

◇ **活动目标**

教师带领幼儿跟随音乐节奏精神饱满地做动作。

◇ **活动准备**

律动音乐、自制装饰"龙"(小鼓)。

二、生活活动(8:45—9:15)

◇ **活动内容**

1. 盥洗。

2. 自助点心。

3. 晨谈:生活中的影子。

◇ **活动目标**

回顾或寻找生活中的影子,并能用绘画、语言等方式大胆表达与表现。

◇ **活动准备**

1. 活动前寻找生活中的影子,并用照片或绘画的方式表现出来。

2. 记录展板一块。

◇活动过程

1. 引出谈话主题。

（1）你见过影子吗？影子是什么样子的？

（2）小结：生活中我们经常可以看到影子，影子就像我们的朋友一样，你到哪它就跟到哪。

2. 聊一聊自己收集的关于影子的资料。

生活中哪里有影子？影子是什么样的？

3. 分类汇总小结。

（1）出示展板，请幼儿将自己找到的影子进行分类展示。

（2）小结：小朋友们找到的影子各种各样，我们可以将它们分成在自然光下形成的影子和在人造光下形成的影子两种。

三、学习活动（9：15—9：40）

科学活动：影子的秘密

◇活动目标

1. 初步感知影子与光的关系，发现有光的地方才有影子，获得有关影子的具体经验。

2. 尝试用多种方法感知影子的特征，体验与同伴合作探索的乐趣。

◇活动准备

活动材料人手一份，包含手电筒、积木、记录卡、笔；绘本《影子是我的好朋友》。

◇活动过程

（一）通过绘本《影子是我的好朋友》导入主题，激发孩子探索影子奥秘的兴趣

小朋友们，你们和影子做过游戏吗？做过什么游戏？

今天我们一起来欣赏绘本故事《影子是我的好朋友》，看看故事里的小朋友和影子做了哪些游戏。

（二）通过活动"找影子"，引导幼儿发现影子、物体和光三者的关系

1. 引导幼儿讨论：影子是怎么来的？

2.通过操作,发现影子、物体和光三者的关系。

(1)老师为每个小朋友都准备了一个手电筒,要和你们玩"找影子"的游戏,你能找到积木的影子吗?是怎么找到的?(幼儿描述操作结果)

(2)小结:光线照射在物体上,物体挡住了光线,于是产生了影子。有光线没物体不会有影子,有物体没光线也不会有影子。

(三)通过操作活动"影子变变",再次探索,感知影子的变化

1.观察比较,感知不同角度的光照射下产生的影子也是不同的。

刚才我们已经玩过影子游戏,知道物体挡住光线就能产生影子,现在我们再来玩一玩,用手电筒从不同角度来照一照物体,看看影子有什么变化。

2.结合操作材料,记录操作结果。

(1)出示操作卡,介绍操作方法

老师这里有一张记录卡,我们一起来看一看,卡上有什么内容。手电筒分别从积木的左边、右边、上面三个不同的角度去照,先来猜测一下,影子会在物体的什么方位。

(2)幼儿交流、判断,验证操作结果

①交流:你是怎么做的?你发现了影子的什么秘密?(师幼共同验证操作结果)

②讨论:在有光源的条件下有什么办法可以让物体的影子不见呢?

③小结:光源与影子的方位是相反的,光从左边照,影子就在右边,光从右边照,影子就在左边。

3.再次观察比较,感知同一角度的光源,照不同远近的同一物体,所成的影子也不一样。结合操作材料,再次用绘画的方式记录结果。

4.小结:原来物体在不同的位置,影子长短也会有变化。

(四)拓展延伸,感知影子的更多秘密

今天我们学到的影子的秘密都是从这本《影子是我的好朋友》绘本里来的,我们一起来分享书上有关影子的更多的秘密。

四、区域活动（9：45—10：45）

区域	活动名称	材料投放	操作层次	指导要点
科学区（重点指导区域）	手影游戏	投影机、不同手势的动物手影图示	第一层次：根据图示，幼儿自主学习不同手影游戏的手势，体验手影游戏的趣味 第二层次：根据图示，幼儿自主学习两种不同手影游戏的手势，尝试创编故事情节和对话 第三层次：与同伴合作表演，尝试根据不同的角色，即兴创编故事情节和对话	1. 幼儿自主学习、探索的能力 2. 幼儿的合作意识及语言表达的能力
	彩色的影子	相同大小的装有不同颜色和水的矿泉水瓶3—5个；自制投影屏（剪去大纸盒的上面部分，底面铺上白布，制成投影屏幕）；手电筒	第一层次：幼儿自主操作实验，探索发现影子的变化 第二层次：探索发现影子的色彩、影子圈色深浅不一的特点	引导幼儿发现影子形状会随物体和光源位置的变化而发生大小和形状上的变化，探索发现影子的色彩、影子圈色深浅不一的特点
	光的实验	金银纸和卡纸做的镜子；动物手偶若干个；手电筒；自制投影屏（剪去大纸盒的上面部分，底面铺上白布，制成投影屏幕）	第一层次：将手电筒的光照在金银纸和卡纸做的镜子上，观察镜子的变化 第二层次：手电筒照射于投影屏上的小动物手偶上，并移动，观察小动物影子的变化	引导幼儿发现影子形状会随物体和光源位置的变化而发生大小和形状的变化，感知光的反射
表演区	皮影剧场	手电筒、自制皮影戏台、各种人物和动物的皮影	第一层次：在教师指导下学习皮影戏的表演方法，自选动物或人物皮影，在灯光下自由表演，体验游戏的乐趣 第二层次：熟练地操作皮影，能较生动地表演各种动作，初步开展故事表演 第三层次：熟练地操作皮影，在创编皮影戏的过程中能注意动物或人物、对话、情节安排	1. 幼儿皮影操作时的方法指导 2. 引导幼儿在表演过程中注意对话、情节等，重点指导幼儿自编皮影剧

续表

区域	活动名称	材料投放	操作层次	指导要点
阅读区	主题绘本	绘本故事书《影子是我的好朋友》《和影子做游戏》	第一层次:会正确地翻阅图书,能从头到尾完整地阅读完一本图书,理解绘本的基本内容 第二层次:观察讲述,知道影子的特点,感知影子造型变化的美与趣	观察幼儿的阅读习惯及阅读表现
美工坊	皮影加工	油画棒、各种类型的纸、一次性筷子	第一层次:能根据图示制作相应的动物或人物皮影 第二层次:自主创作各种动物或人物皮影	引导幼儿按照步骤图示制作皮影,重点观察指导幼儿在各活动关节连接处打孔、穿孔
	有趣的倒影画	水彩笔、油画棒、作画纸	第一层次:练习画对称的直线、斜线 第二层次:完成对称的圆形和弧线的组合练习	1. 各种线条的变化 2. 对影像进行改造或重塑

五、生活活动（盥洗、午餐）（10:50—11:30）

1. 自觉洗手,有序盛饭菜,能安静地吃完,吃完后漱口、擦嘴。
2. 值日生协助保育员做准备工作。

蝴 蝶（大班）

慈溪市实验幼儿园 / 龚益聪

半日活动总目标

1. 通过看蝴蝶、说蝴蝶、做蝴蝶等活动,深入地了解蝴蝶的外形特征和生活习性,产生关注身边动植物的积极情感。
2. 积极参与各项活动,尝试运用已有的经验拓展游戏,发展多方面能力。
3. 乐意与同伴合作,愿意主动遵守活动规则,体验集体生活的快乐。

半日活动流程

一、来园活动（7：30—8：00）

自然角护理

◇**准备材料**

水壶、铲子、抹布等。

区域活动：有趣的昆虫

区域	活动名称	活动目标	材料投放	指导要点
科学区	蚂蚁工房	1. 观察蚂蚁的细部特征，了解蚂蚁完成城堡的过程 2. 探索适当地抓蚂蚁的方法，养成爱护蚂蚁的积极情感	1. 蚂蚁工房器具一套 2. 小玻璃瓶、塑料圆棒、小刷子、小纸片、树叶等 3. 放大镜、记录纸	1. 鼓励幼儿用多种材料抓蚂蚁，注意保护蚂蚁 2. 鼓励幼儿耐心地观察蚂蚁，积极地与同伴分享
科学区	昆虫探秘	1. 喜欢观察昆虫标本，探索各种昆虫的外形特征 2. 能正确使用标本，学习科学的观察方法	1. 昆虫标本若干 2. 放大镜、观察盒若干 3. 记录纸	1. 鼓励幼儿用多种方法观察标本，尝试观察标本的细部特征 2. 会主动记录对昆虫的发现，能积极与同伴交流
语言区	昆虫的故事	1. 尝试用手偶表演已学的故事，发展语言表达能力 2. 乐意与同伴合作，体验合作表演的快乐	1. 手偶若干 2. 动物卡若干 3. 表演背景一个	1. 鼓励幼儿积极与同伴合作表演 2. 参与幼儿的表演，鼓励幼儿大胆地表现
计算区	数字分合	1. 巩固对7的分合的掌握，理解7的实际含义 2. 会有序地操作材料，有良好的整理习惯	1. 数字操作盒2份 2. 1—7的数卡2套、1—7的实物卡2套、数量为1—7的实物2套	1. 观察幼儿的操作，引导他们规范操作 2. 根据孩子能力，鼓励他们选择实物或数卡进行操作
美工区	昆虫做做乐	1. 尝试用多种材料制作昆虫，发展想象能力、创造能力 2. 主动与同伴交流合作，体验制作活动的快乐	1. 各类废旧材料若干 2. 双面胶等工具若干 3. 展示架	1. 鼓励幼儿大胆想象，用自己喜欢的方式来表现昆虫 2. 能运用多种材料进行制作
美工区	创意摆摆	1. 结合已有经验，运用各种形状的木棒摆出昆虫造型 2. 体验创意制作的快乐	1. 创意积木一套 2. 昆虫图谱若干	1. 根据幼儿的不同发展水平，鼓励他们用图谱和自由创作的形式进行摆放 2. 能主动与同伴交流创作过程中的想法和思考
阅读区	昆虫大家园	根据需要自由选择书籍，解决对昆虫的疑惑，提升对昆虫的了解	关于昆虫的书籍若干	自主选择需要的书籍，安静地阅读，轻声与同伴交流

◇ 指导要点

1. 面带微笑,热情接待每一个幼儿,亲切地与他们交谈,营造温暖、轻松的心理环境。

2. 提供丰富的活动材料,引导幼儿做好"来园五部曲":问好礼仪、插晨检牌、洗手、喝水、自主游戏。

3. 观察幼儿区域活动情况,鼓励幼儿积极与同伴共同游戏,根据需要及时给予适当的帮助。

4. 鼓励幼儿做好自然角护理工作,及时将发现与同伴分享。

5. 活动结束,引导幼儿做好物品的整理工作。

二、户外活动(8:00—8:30)

◇ 活动内容

大家一起来运动。

◇ 活动目标

1. 乐意参与"打地鼠"游戏,感受户外活动的快乐。

2. 在游戏中发展躲闪跑、手臂控制等基本动作。

◇ 活动准备

1. 检查活动场地、器械是否安全。

2. 检查幼儿的衣服、鞋子是否适合运动,并做适当的调整。

3. 引导幼儿做好活动前准备——如厕、垫擦汗巾。

4. 准备好软棒、花式自行车等材料。

◇ 指导要点

1. 以小游戏"飞机飞行"为活动前热身,鼓励每一个幼儿积极参与锻炼,运动中注意安全。

2. 引导幼儿模仿运动员的动作展开锻炼,注意观察幼儿在运动中的表现,积极引导,并给予适当的帮助,支持幼儿游戏。

3. 注意观察幼儿在活动中的身体反应,关注个别体弱幼儿,做好相应的保育工作,控制好孩子的活动量。

4. 指导配班老师在场地另一侧做好指导和护理工作,保育员做好保育护理工作。

5. 提醒幼儿根据自己身体的需要适量喝水、擦汗、稍作休息。

三、早操（8:30—8:45）

◇活动准备

组织幼儿有序集合,清点人数,检查衣着和鞋带,随机进行安全提示,为容易出汗的幼儿垫上擦汗巾。

◇指导要点

1. 带操精神饱满,动作准确、到位,指导幼儿按要求完成基本动作练习和操节变换。

2. 及时肯定、鼓励幼儿,注重激发幼儿愉悦的情绪,引导他们快乐地做操。

3. 指导配班老师和保育员做好个别幼儿的指导和生活护理工作。（关注特别容易出汗及体弱的幼儿）

4. 提醒幼儿回活动室后及时如厕、盥洗、喝水。

四、点心、点名和晨谈（8:50—9:10）

◇活动内容

1. 晨间谈话:昆虫知识大讨论。

2. 分组点名。

3. 自助点心。

◇指导要点

1. 引导幼儿如厕、盥洗、喝水,给予必要的帮助。

2. 分组完成点名工作。

3. 开展"昆虫知识大讨论"活动,鼓励幼儿积极与同伴分享对昆虫的感性经验,及时肯定孩子的新发现,对他们提出的问题进行集体讨论,并提出解决的方法。

4. 播放轻音乐,引导幼儿自主选择点心,愉快地享用点心。

5. 引导幼儿主动做好吃完点心后的整理工作。

五、学习活动（9：15—9：45）

科学活动：蝴蝶

◇ **活动目标**

1. 乐意与蝴蝶亲近,欣赏蝴蝶翅膀上的奇异图案,构建对蝴蝶外形的感性认识。

2. 细致地观察蝴蝶,了解蝴蝶飞起来和停下来的姿态,体验人与动物和谐共处的美好情感。

◇ **活动准备**

蝴蝶若干、帐篷四顶、蝴蝶实物卡一份、蝴蝶示意图一份、PPT。

◇ **活动过程**

（一）欣赏蝴蝶的翅膀,了解翅膀的不同作用

1. 欣赏局部纹饰,想象与猜测。

你看到了什么？它像什么？

2. 揭晓答案：原来四张图片上都是美丽的蝴蝶啊！

（二）初次观察,了解蝴蝶的外形特征

1. 回忆对蝴蝶的感性经验。

你见过真的蝴蝶吗？它是什么样的？

2. 幼儿观察。

今天,老师把蝴蝶请来了。等一下请你仔细地观察蝴蝶,它长得什么样,喜欢做什么,你一定会有新的发现。但是要注意,蝴蝶是我们的朋友,它喜欢安静的环境,我们要静静地观察,轻轻地和好朋友交流,不要打扰它们,好吗？

3. 分享交流。

鼓励幼儿大胆表述自己的发现,教师用实物卡进行记录。

4. 结合图卡小结。

（三）再次观察,了解蝴蝶翅膀飞和停时的不同姿态

1. 观察蝴蝶飞行和停下时翅膀的不同姿态。

你们还想去看看蝴蝶吗？这次让我们看看它飞起来和停下来时翅膀是什么样

的,好吗?

2. 幼儿观察蝴蝶,教师巡回指导。

蝴蝶飞起来是什么样子的？停下来是什么样子的?

3. 交流与梳理。

幼儿表述自己的观察情况,教师及时用示意图进行记录。

4. 结合示意图小结。

(四)梳理、提升经验

1. 观察图片,认识不同的蝴蝶,感知蝴蝶的不同特征。

这是什么蝶？它什么地方最特别？它是一只什么样的蝴蝶?

2. 教师小结。

蝴蝶真有趣。它们有的美丽动人,有的能保护自己,有的还特别聪明,就像在座的每一个小朋友,都是独一无二的。

3. 观看短片,提升对蝴蝶的感性认识。

4. 对蝴蝶表白,增进关爱蝴蝶的情感。

现在还有几分钟的时间,可以和蝴蝶这么近地在一起,你想对它说些什么?

(五)放飞蝴蝶,回归自然

孩子们,让我们一起轻轻地搬起小帐篷,把蝴蝶送到它喜欢的大自然中去吧!

六、课间游戏(9:50—10:10)

◇**活动内容**

游戏"放飞蝴蝶"。

◇**活动准备**

帐篷、蝴蝶。

◇**指导要点**

1. 鼓励幼儿自由结伴、自主选择场地放飞蝴蝶。

2. 在放飞蝴蝶的过程中,鼓励幼儿积极与蝴蝶进行情感互动。

3. 关注幼儿活动时的行为、情绪表现,及时给予幼儿相应的支持与帮助。

七、游戏活动（10：15——10：50）

艺术创作游戏：蝴蝶大咖秀

◇ **活动目标**

1. 运用多种材料和工具，用自己喜欢的方式大胆表达对蝴蝶的感受与想象。
2. 尝试与同伴分工合作，体验艺术创造的快乐。

◇ **活动准备**

1. 布、纸、袋、绳、干花、吸管、纽扣、瓶盖、丝瓜络、发箍、发夹、扭扭棒、即时贴等。
2. 剪刀、双面胶、绳子、夹子、橡皮筋、箩筐等。

◇ **活动过程**

（一）谈话引出活动

1. 蝴蝶真美，你想变成蝴蝶吗？怎么做可以变成蝴蝶？
2. 幼儿讨论，教师及时记录。
3. 根据记录进行小结。

（二）介绍材料

1. 介绍材料。

介绍材料的摆放位置，介绍3—4种新的大件材料。

2. 分组。

可以自己一个人创作，也可以和同伴合作完成，鼓励幼儿积极与同伴商量、讨论如何变成蝴蝶。

（三）幼儿操作

1. 自由组合，选择所需的材料。
2. 幼儿合作完成创作。
3. 整理与回收材料。

（四）交流与展示

1. 分享交流。

请幼儿介绍自己和同伴合作完成的蝴蝶造型，说清楚用什么材料做了蝴蝶的什么部位,并介绍这是一只怎样的蝴蝶,它哪里最特别。

2. 集体展示。

鼓励幼儿听着音乐快乐地飞舞。

八、进餐活动(10:50—11:30)

◇ 活动内容

1. 经验记录与分享。

2. 如厕、盥洗。

3. 餐前准备。

4. 幼儿进餐。

◇ 指导要点

1. 鼓励幼儿及时记录上午活动中最感兴趣的内容,积极与同伴互动分享,提供适当的支持与帮助。

2. 引导幼儿用正确的方法洗手,做到谦让与等待。

3. 指导值日生帮助擦桌子、分发饭菜。

4. 播放轻柔的音乐,营造温馨的氛围,让幼儿在舒适的环境中愉悦地进餐,鼓励他们吃完自己的一份饭菜。

5. 鼓励幼儿主动收拾自己的餐具,饭后用凉开水漱口。

6. 引导幼儿在餐后安静地开展自主活动,如经验分享、自由进区等。

昆虫秘语（大班）

宁波市第二幼儿园 / 李玲飞

半日活动总目标

1. 对昆虫产生探究兴趣，初步了解常见昆虫的种类、身体结构、外形特征、生活习性等。

2. 学习观察、表达对昆虫的认知，大胆地参与有关昆虫的探秘活动，体现一定的自主性。

3. 愿意与同伴分享有关昆虫的秘密，体验分享交流的快乐。

半日活动流程

一、亲亲阳光（7∶50—8∶50）

自主体育活动

◇活动内容

1. 投掷：软飞盘、沙包。

2. 跳跃：轮胎越障。

3. 平衡与力量：梅花桩、少林小子。

4. 技巧与协调：绕障小车、滚轮胎。

◇ **活动准备**

1. 材料与器械：虫虫飞盘、自制梅花桩、自行车、油桶、矿泉水瓶、轮胎、隔断带等。

2. 护理物品：箩筐、擦汗毛巾（每人一条）。

◇ **指导要点**

1. 引导幼儿自主选择运动区，并提醒幼儿到各运动区域内进行活动。

2. 及时引导幼儿注意动作的准确性与协调性。

3. 关注幼儿的运动量，提醒幼儿及时休息、擦汗，顾及个别体质特殊的幼儿。

集体体育游戏：小青虫赛跑

◇ **活动目标**

1. 学习蹲着走，发展腿部肌肉的力量。

2. 尝试同伴间相互合作，体验团队合作成功带来的喜悦。

◇ **活动准备**

小青虫头饰。

◇ **活动规则**

1. 五个小朋友为一组，搭成一条小青虫的队形。

2. 幼儿做下蹲动作时，后面的小朋友需要拉住前面小朋友的衣服，不能松手。

3. 带头幼儿最早到达终点的一组为胜。

◇ **活动过程**

1. 幼儿回忆游戏规则。

2. 幼儿分组练习动作要领，教师鼓励幼儿同伴之间相互合作。

3. 教师发出口令，幼儿在指定区域开展竞赛游戏。

4. 视幼儿活动兴趣、合作能力以及运动量合理调控竞赛次数。

早操：韵律操 + 集体带动操

◇ **活动准备**

早操音乐。

◇ **活动目标**

1. 积极主动地做早操，注意力集中，动作基本正确。

2. 跟着音乐精神饱满地做操，对新早操产生兴趣，愿意跟着老师的动作模仿学习。

二、生活活动之快乐十五分（8：50—9：05）

"我是班级小主人"系列活动

◇ 环境支持与要求

1. 器械整理区：整理晨间活动用过的器械。

2. 自助早点区：自主选择早点的种类。

3. 自然角护理区：学习照料自然角内的植物。

4. 气象预报站：气象预报员了解当日的天气情况，在集体面前大胆播报。

5. 标识操作区：自主选择区域活动的内容。

◇ 活动指导

1. 指导幼儿有序地完成各区域的系列活动，初步做到合理规划自己的活动内容和时间。

2. 鼓励幼儿互助与合作，初步养成自我管理的意识和能力。

晨间谈话：主题性谈话——我和小虫子的亲密接触

◇ 活动准备

请幼儿事先在家长的协助下了解昆虫的相关知识。

◇ 活动过程

1. 常规谈话：幼儿自主点名，预报气象。

2. 引出话题：双休日，你和爸爸妈妈一起去哪里找虫子了？找到了什么虫子？是怎么找到的？

3. 谁愿意给大家来介绍一些你的发现？（幼儿分享）

4. 小结：原来在我们的身边生活着各种各样的虫子，需要我们仔细去观察，想捉到这些虫子需要动脑筋，有时候还需要借助一些工具。

三、学习活动(9:05—9:35)

科学活动:快来找我吧

◇ **活动目标**

1. 初步了解一些昆虫的名称,运用观察、记录、讨论等方法发现昆虫共同的外形特征。

2. 根据昆虫共同的外形特征,学会辨别一种动物是否为昆虫,初步形成昆虫的概念。

3. 体验发现昆虫秘密的乐趣,萌发进一步探究昆虫奥秘的兴趣和欲望。

◇ **活动准备**

1. 花园背景图:上面粘贴各种鸟类、哺乳类以及常见昆虫(蜜蜂、蝴蝶、蜻蜓)的图片。

2. 幼儿记录表格、PPT。

3. 草丛、树林、池塘、地下、晚上的场景图,上面粘贴各种昆虫及其他动物;记录卡每组一份。

◇ **活动过程**

(一)运用已有经验,寻找昆虫

1. 森林里要开一场虫虫舞会,要邀请一些昆虫朋友参加,来,我们一起去找一找。

2. 幼儿来到"花园"寻找常见的昆虫(蝴蝶、蜜蜂、蜻蜓)。

(二)了解共同特征,发现秘密

1. 你找到了什么昆虫?

2. PPT 验证:你们发现的秘密对不对呢?我们来听听博士先生是怎么说。(教师点击 PPT)

3. 根据幼儿找到的昆虫朋友,教师依次在表格中粘贴,并就"蝴蝶"的外形特征,与幼儿一起在大表格中进行记录。表格如下图所示:

昆虫	头上	身上	脚	?	?
🦋	ʏ	∞	6		

4. 幼儿观察自己找到的昆虫,在表格中进行记录。

5. 将幼儿记录的关于蜻蜓和蜜蜂的外形特征在大表格中呈现,并提问:你们发现了它们的什么共同的秘密 / 你们发现了它们身上有什么相同的地方?

6. 小结:它们的头上都有一对触角,身上有翅膀,还有六只脚,所以它们有一个共同的名字叫"昆虫"。

（三）迁移知识经验,辨别昆虫

1. 其实,在我们的身边还有很多的昆虫朋友,它们藏在草丛里、树林里、池塘里、地底下,晚上的时候也会出来(依次在PPT上呈现这些场景)。让我们一起把它们找出来吧!

2. 幼儿分组寻找昆虫,将寻找到的昆虫的图片粘贴到操作纸上。

3. 分享交流:你在树林里(草丛里、池塘里、地底下)找到了哪些朋友?为什么觉得它就是昆虫?(引导幼儿运用刚才获得的关于昆虫外形特征的新经验做出判断,并根据幼儿得出的结果运用PPT来验证)重点解决蜘蛛是不是昆虫的问题,并预设提问:蜘蛛为什么不愿意和昆虫朋友在一起呢?它到底是不是昆虫?幼儿发表意见,最后由博士先生解释原因)

（四）引发问题争议,质疑拓展

1. 小青虫(小蚂蚁)说它们也是昆虫,你们觉得它们是不是呢?

2. 幼儿共同探讨。

3. 我们来听听小蚂蚁是怎么说的。

4. 听清小蚂蚁说的话了吗?它是怎么说的?老师把这个问题留给你们,请你们去找找答案。

四、自主游戏（9:35—10:35）

生活活动之盥洗、自助水果

◇ **活动准备**

杯子、水壶、各色水果、盘子、夹子。

◇ **活动目标**

1. 能安静、有序地完成如厕和盥洗。

2. 自觉用流水洗手,掌握正确的洗手方法,并用自己的毛巾把手擦洗干净。

3. 学习用水壶倒适量开水,口渴时能主动喝水。

4. 幼儿自主选择自己喜爱的水果,鼓励幼儿不偏食。

自主游戏之班级区域

区域	活动名称	材料投放	指导要点
科学区	昆虫大探秘	昆虫标本、昆虫挂图、自制昆虫百科全书、昆虫活体、放大镜	提供昆虫与非昆虫的图片让幼儿学习辨别,并运用已有的昆虫的相关知识来验证昆虫的特征
科学区	昆虫宝宝成长记	昆虫生长排序操作盒,内放各种排序用的操作图卡	引导幼儿按照昆虫的生长过程分步骤排序
阅读区	昆虫的故事	各种图书、录音机、CD、故事相关的操作卡	引导幼儿认真倾听故事,根据故事内容操作图卡,从而达到理解故事内容的目的
表演区	昆虫之歌	录音机、CD、头饰、翅膀、自制舞台等	引导幼儿跟着CD尝试学唱,记住歌词、唱准节奏,鼓励幼儿大胆表演歌曲
美工区	美丽的蝴蝶	蝴蝶轮廓图、沙画作画工具、橡皮泥、制作图示卡	引导幼儿观察制作方法图示卡,自主学习制作各种蝴蝶的方法
美工区	蜻蜓飞来了	吸管、毛根条、剪刀、纸、记号笔、双面胶等	提供制作图示卡,指导幼儿运用各种辅助材料来制作蜻蜓
美工区	七星瓢虫	橡皮泥、制作图示步骤图	引导幼儿观察制作图示卡自主学习制作,注意色彩搭配
建构区	各种各样的昆虫	雪花片、蝴蝶、蜻蜓的建构示意图	引导幼儿观察示意图,自主学习搭建各种昆虫

◇ **操作说明**

1. 幼儿自主选择活动先后顺序,教师不干预。

2. 班级三位老师合理分工,做好观察与支持。

五、生活活动之餐前活动(10:35—11:00)

◇ **活动内容**

阅读活动《小青虫的梦》+"今日菜谱"播报。

◇ **活动准备**

幼儿人手一本图书,事先安排好菜谱播报员。

◇ **活动过程**

1. 阅读活动。

(1)出示图书,激发幼儿的阅读兴趣。

(2)教师引领阅读至图书的一半处,然后提问:"小青虫做了一个什么样的梦?""接下来会发生什么事?"激发幼儿继续阅读的欲望。

(3)幼儿分享交流故事后半部分的内容。

2. 菜谱播报。

(1)邀请今天的菜谱播报员介绍菜谱。

(2)鼓励菜谱播报员大胆自信地介绍菜谱。

(3)介绍菜谱上菜的营养,激发幼儿用餐的欲望。

六、生活活动之进餐(11:00—11:30)

◇ **活动准备**

餐具、舒缓音乐。

◇ **活动要求**

1. 值日生帮助保育老师一起分发餐具。

2. 养成良好的饮食习惯,尽量保持桌面、地面的整洁。

3. 吃饭时细嚼慢咽,一口饭、一口菜、一口汤搭配着吃。

4. 吃完饭将餐具放到指定位置,然后漱口、擦脸。

美丽世界(大班)

慈溪市实验幼儿园教育集团/桑莹莹

 半日活动总目标

1. 关注周围环境,体验保护环境的快乐。
2. 学习和同伴协商、合作,体验与同伴一起活动的乐趣。
3. 养成大方、友爱的品质,提升自信心。

半日活动流程

一、我爱运动(7:50—8:50)

自主体育活动

◇活动内容

1. 攀爬:亿通、轮胎。
2. 跳跃:竹竿、球类。
3. 平衡和踢:足球等。
4. 沙水游戏:沙水材料、矿泉水瓶等。

◇活动准备

1. 材料与器械:亿通建构材料一套,轮胎、竹梯若干,竹竿,障碍栏,跳跳夹球,足球,球门,球衣,玩沙工具,PVC 管,水壶,饮水机空桶等等。

2. 护理物品:箩筐、擦汗毛巾(每人一条)。

◇ **指导要点**

1. 引导幼儿自主运用不同的运动器械铺设合理、安全的前行路线。

2. 引导幼儿自主选择器械,与同伴合作游戏。

3. 提醒幼儿及时休息、擦汗,顾及个别特殊体质幼儿。

集体体育游戏:我是快跑高手

◇ **活动目标**

1. 能和同伴合作游戏。

2. 有快跑的能力,训练思维的敏捷性。

◇ **活动准备**

星星贴纸。

◇ **活动规则**

1. 幼儿围成两个圈。

2. 老师跑到内圈幼儿前面,最后面的幼儿跑去寻找新位置。

3. 找到新位置且没有被抓住的幼儿获胜。

◇ **活动流程**

1. 幼儿回忆游戏规则。

2. 教师发出口令,在指定区域竞赛游戏。

3. 根据幼儿对游戏的熟悉程度,可以改成三个圆圈或两个人同时跑着找位置等方式增加难度。

早操:韵律操 + 集体带动操

◇ **活动准备**

早操音乐。

◇ **活动目标**

1. 能随音乐完成基本动作的练习和操节变换,锻炼大肌肉动作并有一定的力度。

2. 情绪愉悦,精神饱满,乐意做早操。

二、生活活动之快乐十五分（8：50—9：05）

"我是新闻播报员"系列活动

◇ **环境支持与要求**

1. 器械整理区：对晨间活动器械进行整理。

2. 自助早点区：自主选择早点的种类。

3. 自然角护理区：学习照料自然角的植物。

4. 新闻播报站：关注新闻热点，为同伴讲图片新闻。

5. 区域操作区：自主选择区域活动的内容。

◇ **活动指导**

1. 指导幼儿主动学习，愿意尝试新的游戏方法。

2. 在游戏中学会等待，学会和同伴合作交流。

晨间谈话：主题性谈话 —— 我认识的花

◇ **活动准备**

请幼儿事先在家长的协助下了解花的相关知识。

◇ **活动过程**

1. 常规谈话：幼儿自主点名，新闻播报。

2. 引出话题：我们的自然角有那么多好看的花，你还知道哪些花呢？

3. 幼儿分享：谁愿意给大家来介绍一下？

4. 小结：大自然里有很多美丽的花，这些花让我们的环境更加美丽，让我们的心情更加愉快，我们要爱护它们。

三、学习活动（9：05—9：35）

社会活动：美丽世界

◇ **活动目标**

1. 通过对绘本的理解，体会"做一件让世界变得美丽的事情"的美好。

2. 尝试用多种方式表达自己想做的"一件让世界变得美丽的事情"。

◇ 活动准备

1. PPT《花婆婆》。

2. 4月22日数字卡。

3. 背景音乐。

◇ 活动过程

(一)谈话引出,畅想意义

(出示数字牌4月22日,引出活动)认识这些数字吗?知道这是什么日子吗?每年的4月22日是世界地球日。为什么会有这个节日呢?

(二)解读绘本,理解故事

1. 今天老师带来一个故事《花婆婆》(出示PPT),花婆婆做了什么呢?(音乐起,讲述故事至第三件事后)

提问:小女孩答应爷爷要做哪三件事?

2. (继续讲故事)花婆婆想,如果海边开满了鲜花,世界一定能变得更美丽。如果海边一年四季都开满鲜花,世界一定能变得更美丽。

那么,你知道什么花儿会在什么季节开放吗?

3. 小结:啊,如果那么多花能盛开在海边,这真是件美丽的事情!

(三)大胆畅想,自由表达

1. 花婆婆知道了那么多在四季开放的花,写信买了许多花籽……可是,孩子们也不知道将来会怎么样!

2. 花婆婆做了一件什么美好的事情?来,让我们闭上眼睛,想象一下,一年四季都开满鲜花的地球,是多么美丽。花除了长得美丽还有很多用处呢,你知道吗?(花能净化空气,花让人心情愉快,花能治病,花是一种健康的食品)

(四)绘画:我来做一件让世界更美丽的事情

1. 你也想做一件让世界、让地球更美的事情吗?聪明的你觉得还可以做什么事,让世界变得更美好呢?(深化"保护环境""美好的事情"的概念)

2. 幼儿通过绘画画出自己想做的一件能让世界变得更加美好的事情。

3. "让世界变得更美好"棋谱。

4. 小结:孩子们,你们已经知道了怎样做一件让世界变得更美好的事情。请你记住这件事情,并努力去做这件事情,好吗?世界因为有你们,变得更加美好了!

四、自主游戏(9:35—10:35)

生活活动之盥洗、自助水果

◇ **活动准备**

杯子、水壶、各色水果、盘子、夹子。

◇ **活动要求**

1. 有序洗手、如厕,节约用水。

2. 引导幼儿及时喝水,补充水分。

3. 幼儿自主选择自己喜爱的水果,鼓励幼儿不偏食。

自主游戏之欢乐城堡 —— 美丽任务单

◇ **活动目标**

1. 在运用主题经验完成工作室任务的过程中,感受不同工作的美丽,了解美好事物带给人的愉悦,尝试用多种方式表现美丽的事物。

2. 尝试与同伴相互合作、协商,初步发展解决问题的能力。

◇ **活动准备**

1. 工作卡及本次活动的工资。创意工坊:插花相关材料;剧院:话筒、音响等表演设备、音乐;家政公司:各班需要护理的自然角的植物。

2. 创意工坊:美丽的插花;欢乐剧院:"秀自己"演出所需设备;家政公司:装扮美丽的自然角。

◇ **活动过程**

1. 谈话导入。

今天,我们接到了三张跟美丽有关的任务卡,要去欢乐城堡里工作啦!

2. 明确角色与任务。

(1)经理上岗:昨天,我们已经进行了经理的竞聘,是谁成功当上了经理呢?请你戴上工作牌。

(2)接受任务卡:这是你们工作室的任务卡,我们一起来看看这次工作要完成的任务是什么。

（3）职员上岗：每个工作室需要九名职员，大家可以选择自己喜欢的工作室，到经理处应聘。

（4）观察员上岗：每个工作室都有一个观察员，她有一双亮眼睛，会观察和记录大家工作的情况，并在需要的时候提供帮助。

3. 体验工作，完成任务。

（1）各组由经理负责，交流、讨论、制订计划。

（2）操作材料，完成任务。

（3）互相评价，分发工资。

4. 观察员点评。

根据活动情况，观察员补充点评。

◇ 操作说明

1. 幼儿自主选择工作室，教师作为观察员观察记录。

2. 根据幼儿的需要，教师调整角色，及时为幼儿提供操作材料。

五、生活活动之餐前活动（10∶35—11∶00）

◇ 活动内容

自主阅读活动+"菜谱"介绍。

◇ 活动准备

幼儿人手一本图书，事先安排好菜谱播报员。

◇ 活动过程

1. 阅读图书《阿莲的花园》。

出示图书，引发幼儿的阅读兴趣，并自主阅读。

2. 菜谱播报。

邀请今天的菜谱播报员介绍菜谱。

六、生活活动之进餐（11∶00—12∶00）

◇ 活动准备

餐具、舒缓的音乐。

◇**指导要点**

1. 轻音乐营造进餐氛围,介绍餐点,增进幼儿的食欲。
2. 关注挑食、偏食幼儿的情况,照顾个体需求。
3. 引导幼儿用餐后将餐具放归原处,及时漱口擦脸。

纸的力量（大班）

慈溪市博爱幼儿园 / 兰小红

 半日活动总目标

1. 能根据冷暖及时添减衣物、按需求饮水，较好地安排自己的半日活动。

2. 餐前主动洗手，方法正确；进餐时按自己的需要取食，保持个人和周边的卫生；餐后主动漱口。

3. 喜欢与同伴交往，愿意大胆表达自己的想法。

4. 在观察、操作中了解纸的各种特性和不同用途。尝试按纸张的纹理方向制作有力量的纸绳，大胆表述自己的发现，萌发探索纸绳承重力的兴趣。

 半日活动流程

一、晨间活动（7∶35—8∶45）

晨间接待

◇活动内容

互相问候、自然角观察记录、劳动、预约区域。

◇活动准备

播放轻音乐；提供劳动用具，如小水壶、记录纸等。

◇ **指导要点**

1. 热情接待幼儿,面带微笑向家长问好,蹲下来和孩子打招呼。

2. 主动询问家长,了解幼儿的情况,引导幼儿向家长道别。

3. 帮助值日生明确任务、分工合作,自主选择劳动任务,协助保育老师打扫卫生,完成对自然角的照料,重点指导气象记录观察。

晨间活动

◇ **活动内容**

户外自主体育锻炼:纸球游戏、报纸游戏、滚轮胎、纸棍滚小球等。

◇ **活动准备**

低结构的各类自制材料等。

◇ **指导要点**

1. 鼓励孩子按照自己的意愿,选择不同的材料创造性地开展游戏,发展运动能力。

2. 关注孩子运动的密度和强度,根据需要引导孩子适当调整运动量,增减游戏难度,并关注孩子的运动卫生与运动习惯。

早操活动

◇ **活动内容**

大班幼儿广播操三套(韵律操、徒手操、器械操)。

◇ **活动准备**

队列队形整理。

◇ **活动目标**

能听着音乐的节拍做操,动作协调、到位,精神饱满,情绪愉悦。

二、生活活动(8:45—9:00)

自主盥洗、喝豆浆、吃饼干

◇ **活动目标**

1. 吃点心前有序如厕,主动洗手。

2. 按照自己的意愿,结合大班幼儿对热量的需求,在区间数2—5之间选择饼干、豆浆享用,用完的碟子、杯子放在指定的桶内。

◇ **活动指导**

提醒幼儿如厕后整理好自己的衣裤,洗手时将袖子卷起,注意六步洗手法。指导幼儿按需自主取食物。

新闻小站

说说自己看到、听到的新闻,能大胆自信地在集体面前讲述。

三、教学活动(9:00—9:30)

科学活动:纸绳力量大

◇ **活动目标**

1. 尝试按纸张的纹理方向制作有力量的纸绳,大胆表述自己的发现,萌发探索纸绳承重力的兴趣。

2. 积极合作,体验团结起来力量大。

◇ **活动准备**

卫生纸、皱纹纸、装满水的桶若干,箩筐每组两个。

◇ **活动过程**

(一)实验尝试:拎一拎

1. 拧纸绳:这是什么?有什么用?谁能把卫生纸做成一条纸绳?(请一名幼儿试着拧纸绳,讲解拧的方法:将卫生纸卷起来,两手握住纸的两端向相反的方向绕圈)

2. 纸绳有力量吗?能拎起东西吗?我们来试一试。要求:每人拿一张卫生纸,把它做成纸绳,尝试用纸绳拎起水桶(示范拎的样子)。看看能不能拎起来。

3. 幼儿自主尝试拧纸绳及拎水桶。

4. 组内交流:为什么有的小朋友可以拎起来有的小朋友却不行?

(二)图示讲解:拧一拧

1. 一样的纸绳,为什么有的能拎起一桶水,有的却断了?其实纸巾里藏着秘密,你们想解开纸巾的秘密吗?

2. 用图表记录、分析。

(把拧在一起的纸巾打开)我们来做一个玩纸游戏:沿着纸巾的边撕一撕,看看能发现什么。(请两名幼儿分别撕一撕)

3. 根据板示组织交流:有什么不一样?

4. 用同一张餐巾纸演示,揭示纸纤维的走向特性:以左右方向撕,不容易撕开,以这个方向拧成的纸绳很结实,不容易断;以上下方向撕,很容易撕成长条,以这个方向拧成的纸绳很容易断。顺着纹理走向把纸拧成绳,纸就会紧紧地结合在一起,很难扯断,这样的纸绳就能拎起水桶。

(三)再次尝试:拎一拎

1. 我们已经找到了纸巾的秘密,想不想再试一试呢?这次我们要先找一找纸的纹理走向,撕的时候撕一个角就可以了,然后再拧成一根有力量的纸绳,记得要拧紧点哦,这样会更牢固。

2. 幼儿再次尝试,体验成功的乐趣。

3. 试试拎起更重的水桶:(出示水桶)这一桶水更重一些,你敢来试试吗?你有什么好办法能拎起更多更重的水桶?

(四)合作操作:团结力量大

1. 出示皱纹纸:怎样把这张纸变成纸绳?(示范两个人一起拧的动作)

2. 幼儿操作,教师指导:请两个小朋友合作,一起拧一根长绳。

3. 长绳实验:你们做的长绳有没有力量呢?能不能拎起重物呢?(两名幼儿试着用长绳拎多个水桶)

4. 讨论猜测:你们还想拎什么?现在我想用长绳拎起小朋友,该怎么办?(把长绳拧在一起,这样纸绳能承受的力更大)

5. 教师和一名幼儿合作,把纸绳拧在一起,变成一根粗粗的绳:请你们猜一猜,能不能成功?

6. 尝试拎起小朋友:拧在一起的纸绳力量大不大?

(五)活动延伸

在我们的生活中还有很多纸,它们能不能变成很有力量的纸绳呢?用剩的纸绳还能用来做什么?

四、户外活动（9:30—10:05）

盥洗、喝水

有序盥洗、喝水等，重点关注个别幼儿洗手的情况。

户外游戏

◇ 活动内容

好玩的报纸游戏。

◇ 活动准备

1. 喝水、如厕等生活准备。

2. 身体准备：身体各关节热身动作四个八拍。

3. 材料准备：旧报纸若干。

◇ 活动过程

1. 幼儿自由探索报纸的玩法并交流。

鼓励幼儿相互示范并练习各种玩报纸的方法。（跳、跨、滚、钻等等）

2. 游戏"过障碍"。

幼儿自由组成两路纵队，教师用报纸设置障碍，大报纸间隔放，幼儿要路过报纸，钻过山洞（把大报纸连起来高举过头，形成一座山洞），到了用连着排放的报纸组成的"草地"上，必须横躺在"草地"上，手脚伸直，连续做滚动的动作，直到滚到最后，然后起身跑回原地拍第二名幼儿的手，自己站在队伍的最后，第二名幼儿按同样的方法过障碍，速度快、方法对者获胜。

3. 幼儿自由结伴游戏。

引导幼儿和好朋友一起自主玩游戏。

4. 整理活动。

（1）幼儿跟随教师将报纸揉成纸球，轻轻地击打身体和关节，做放松运动。

（2）将纸球投入指定位置，供下次游戏使用。

五、自助水果（10:05—10:15）

清洗小手后按需自主享用水果。

六、区角活动（10：15—11：00）

区域	活动名称	材料投放	操作建议
绘本馆	《小巴金图书馆》《纸的故事》	各种书籍、胶带、剪刀等	1. 指导幼儿以正确的方式翻阅图书，取放有序，学会修补图书、爱护图书 2. 引导幼儿和同伴一起分享、讲述图书的内容
创意坊	撕纸添画	各种材质、各种颜色的纸，胶水，抹布，记号笔等	1. 指导幼儿根据自己的生活经验撕纸创作，通过添画丰富作品 2. 游戏结束后引导幼儿将材料收拾、整理、放回原处
科学屋	站起来的纸	各种材质的纸若干	1. 引导幼儿尝试探究让纸站立起来的方法，并能与同伴分享经验 2. 引导幼儿体验和同伴竞赛游戏的乐趣
建筑馆	搭纸楼	正方形和长方形的纸若干	1. 指导幼儿尝试将纸折成长方体、三棱柱或是圆柱体，使纸站立起来 2. 引导幼儿与同伴合作搭纸高楼
生活馆	五彩包裹	各种彩纸、画笔	1. 指导幼儿用绘画的形式记录送给家人或是好朋友的礼物 2. 引导幼儿完成五彩包裹

◇ **重点关注区域**

科学屋和创意坊。

◇ **指导要点**

1. 将目标物化在游戏材料中，以图配文的方式引导幼儿自主探索区域游戏的玩法，变显性指导为隐性指导。

2. 提供不同水平的操作材料，鼓励幼儿进行适度的挑战，变同一目标为分层目标。

3. 鼓励幼儿坚持自主发现，并记录所见、所思，变结果导向为过程导向。

七、午餐活动（11：00—12：00）

进餐时间

1. 自取饭菜，选择和自己喜欢的朋友一起进餐。提醒孩子按照自己的需要取适量的食物,鼓励幼儿尝试不喜欢的食物,同时,控制喜爱食物的取用数量,考虑同伴的需要,同时保证营养均衡。

2. 保持桌面、地面干净,吃完后学会自己收拾餐盘、自主擦嘴巴、漱口,注意保持口腔的清洁。

3. 值日生帮助保育老师擦桌子、扫地,养成良好的整理习惯。

餐后活动我做主

自主选择餐后游戏的内容,如观察自然角、折纸、玩魔尺、阅读等。

纸的故事（大班）

余姚市实验幼儿园教育集团 / 黄利行

半日活动总目标

1. 能较好地安排自己的半日活动，并根据冷暖添减衣物、按需饮水。
2. 餐前自主洗手，洗手方法正确，餐后知道漱口，并能保持个人和周边的卫生。
3. 喜欢与同伴交往，愿意大胆表达自己的想法。
4. 在观察、操作中了解纸的各种特性和不同用途，探索纸张的变化与承重量之间的关系。

半日活动流程

一、晨间接待（7:30—7:45）

1. 关注幼儿入园的情绪，个别交流。
2. 配班老师准备晨间活动器械。

二、晨间锻炼（7:45—8:45）

◇活动准备

1. 器械：木块、跨栏、大梅花桩、保龄球、报纸。
2. 生活用品：纸巾、擦汗巾、箩筐、水杯。

◇ 活动目标

1. 探索各种器械的新玩法,并能大胆地进行多种器械的整合。

2. 扮演各种动物角色进行投、跑、跳、平衡等动作技能练习,体验晨间活动的乐趣。

3. 会根据活动量及时喝水、擦汗。

◇ 活动过程

1. 取自己喜欢的材料,进行自主活动,探索一种器材的多样玩法。

重点引导幼儿探索报纸的多种玩法。(例:纸球投掷、纸条当尾巴追逐跑等)

2. 能有序参与到各个场地、各种器械的探索中,遵守活动的秩序。

3. 探索多种物品的情境性组合游戏。

三、生活活动(8:45—9:00)

◇ 活动内容

1. 如厕、洗手。

2. 点名、交流晨间活动(重点:报纸的多种玩法)。

◇ 活动目标

1. 自主如厕、洗手,有良好的卫生习惯。

2. 愿意大胆地在集体面前讲话,与同伴分享活动的乐趣。

四、集体教学(9:00—9:30)

科学活动:会站立的纸

◇ 活动目标

1. 积极探索纸的不同变化与承重玩具重量之间的关系,尝试合作、操作和记录。

2. 主动参与讨论,表达自己在操作中的发现。

◇ 活动过程

(一)设置问题情境,引出"让纸站起来"的话题

1. 出示纸,了解幼儿已有生活经验。

这是什么？纸有什么用？你们能不能让纸站起来呢？

2. 幼儿每人一张纸，尝试折、卷等方法，自由探索让纸站起来的不同方法。

3. 交流、小结让纸站起来的不同方法。

刚才小朋友们用不同的方法让纸站起来了，看看谁的纸站得最稳。

（二）再次设置问题情境，引导幼儿探索

1. 引导幼儿猜测纸折叠后能否摆放积木。

站起来的纸上能摆放积木吗？

2. 幼儿猜测后，教师拿一块积木尝试，全体幼儿发现纸上是可以放积木的。

3. 进一步引导幼儿猜测纸折叠后可摆放积木的数量。

4. 鼓励幼儿尝试。

确实，纸上是能放积木的，怎样才能让纸上放的积木又稳又多呢？我们每个人可以用纸试试，看看用你的方法，可以放几块积木。

5. 教师出示记录表，提出规则和要求。

两人一组试一试，每一组一张表格，让我们把纸的样子画在这个表格中，猜的数量都记在标有"？"的格子中。

6. 幼儿将自己的猜测记在表格里。

7. 分组尝试将纸折叠后可放多少块积木。

（三）讨论，再次进行实验

1. 出示不同幼儿折的纸，引导幼儿观察比较。

（1）怎样才能放更多的积木？

（2）通过交流，我们发现纸折的次数不能太少，也不能太多；要把纸对齐再折；先让纸站稳，再小心地轻放积木，不能碰桌子。

2. 设置挑战，再次尝试。

刚才，我们在纸上最多放了14块积木，现在大家换张纸重新折，再试一次，比一比哪组小朋友放得最多。

4. 教师出示记录表，提出第二次记录的要求。

两人一组一张表格，选择一种方法进行实验。

（四）交流

1. 细心地用自己的方法对结果进行记录。

把纸的折法记下来,把放积木的结果也记下来。

2. 表达自己的实验结果与发现。

你和好朋友在实验的时候用了什么方法?放了几块积木?说给我们听听。

五、早操、点心(9:30—9:50)

1. 有序地取放篮球,进出场快速、有序。

2. 根据律动音乐有节奏地做操,与同伴配合默契。

3. 根据需要自主取用豆浆和点心,不多倒,不浪费。

六、区域活动(9:50—10:50)

◇ 环境支持与要求

1. 主墙布置立体连环画蔡伦造纸过程示意图。

2. 蔡伦造纸过程内容的拼音讲解及配对数字。

3. 在走廊中举办各种纸制品博览会:布置各种纸制品的名称标记(文字及拼音)。

4. 各个活动室投放各种纸制品:幼儿制作的纸环、纸盘子、撕纸作品、纸制作的蜻蜓、剪纸作品、折纸作品、纸的编织作品、纸的拓印作品、悬垂的纸的吊饰(柳树的枝条等)。

语言区

◇ 活动准备

1. 讲述蔡伦造纸过程的小书。

2. 汉字"纸"描写纸。

3. 利用废旧图书制作的故事板3块;图片100余张,种类包括植物、动物、鸟类、人物、环境背景等。

4. 用纸制作的各种卡片:反义词卡、动词卡、环境卡、谜语卡等。

◇ 活动过程

1. 两人合作制作关于蔡伦造纸的小书。

2. 三人一起进行故事板活动,每个人选择一个或者几个动物、人物、鸟类的角色,分别出场,展开角色对话,用录音机记录故事内容。

益智区

◇ 活动内容

1. 纸的种类三段卡活动。

2. 纸的吸水性实验。

3. 纸的承重实验。

4. 纸的神秘袋。

5. 纸制商标分类。

6. 纸制七巧板。

◇ 指导要点

1. 两人合作进行纸的承重实验,一个人进行实验,一个人记录结果。

2. 两人进行纸的种类三段卡的活动,一个人出示图文卡,另一个人出示图卡,出示字卡的时候一个人读字,一个人找位置。

3. 两个人进行纸的吸水性实验,教师指导,一个人放纸,一个人记录时间。

美术区

◇ 活动内容

1. 贴纸模型(纸制花瓶)。

2. 粘贴:纸花卉。

3. 纸的编织。

4. 搓纸球做鸡蛋。

5. 折纸、看图示折纸。

6. 制作纸花。

7. 粘贴:纸环。

8. 宣纸染色。

9. 各种纸的拓印。

10. 绳子画(在不同纸上进行)。

11. 玻璃球画(在不同纸上进行)。

12. 粘贴活动:飘动的纸带。

◇ 指导要点

1. 制作各种纸制品。

2. 感受纸的不同特性。

音乐区

◇ 活动内容

1. 制作纸盒琴。

2. 敲击纸盒打节奏。

3. 用纸制品探究各种音色。

4. 用纸棒击打节奏。

5. 各种乐器三段卡活动。

6. 感知水瓶琴、沙槌琴。

7. 制作沙槌琴。

◇ 指导要点

1. 两人合作做纸盒琴。

2. 两人一起用纸棒为音乐伴奏。

建构区

◇ 活动内容

1. 各种鞋盒。

2. 各种大小、材质的包装盒。

3. 各种建筑的图片。

4. 记号笔。

◇ 指导要点

通过活动建构房屋让孩子学习如何合作、分工,如何合理进行房屋的承重、支撑等设计。

七、户外活动（10：50—11：00）

◇ 活动内容

体育游戏:好玩的纸棍。

◇**活动准备**

1. 纸棍若干。

2. 辅助材料:报纸球、易拉罐、皮筋、啤酒桶积木、网球、鞋盒等。

3. 平整的空场地。

◇**指导要点**

1. 尝试用多种方法玩纸棍,在一物多玩的活动中发展走、跑、跳等动作。

2. 引导幼儿在小组长的带领下,遵守游戏规则,锻炼小组合作能力。

3. 引导幼儿在一物多玩的活动中,体验乐趣。

八、午餐(11:00—11:40)

菜谱播报

1. 邀请今天的菜谱播报员介绍菜谱。

2. 教师介绍菜谱上菜的营养,激发幼儿的用餐欲望。

欢乐进餐

1. 吃饭时细嚼慢咽,保持桌面、地面整洁。

2. 吃完后主动清理桌子,并及时漱口。

身体的秘密（大班）

宁海县中心幼儿园 / 吴珊珊

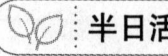 半日活动总目标

1. 在半日活动中调动身体的各种感官体验各种活动。
2. 在活动中发现皮肤的小秘密。
3. 能根据需要自主、有序地盥洗和用餐。

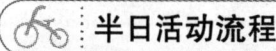 半日活动流程

一、晨间活动（7：30—8：40）

晨间接待

热情接待幼儿，并与家长亲切交谈。

幼儿自主区角活动

◇活动内容

1. 魔尺。
2. 五子棋。
3. 雪花片。
4. 快乐陀螺。

◇ **指导要点**

引导幼儿自由结伴选择自己喜欢的区角有序活动,结束时主动及时地把活动材料放回原处。

晨间户外活动

◇ **活动名称**

愤怒的小鸟。

◇ **材料准备**

纸箱房子、封锁线、箩筐、囧囧猪、纸球。

◇ **指导要点**

1. 初步掌握肩上挥臂投准的基本方法。

2. 尝试投掷不同的物体以提高目测力和动作的协调性、准确性。

3. 勇于尝试,失败不气馁,体验成功的快乐。

早操

1. 积极参与早操,注意力集中,队伍整齐。

2. 踏步有力,做操时精神饱满,动作优美。

二、区域活动(8:40—9:45)

盥洗

1. 掌握正确的洗手方式。

2. 会节约用水,及时关好水龙头。

点心

1. 自主有序地选择点心和豆浆。

2. 能在餐后进行简单的整理。

区域活动

◇ **活动内容**

1. 区域一:探吧。

（1）魔方

活动材料：纸箱、记录表、棋子、笔等。

指导要点：根据纸箱五个面的内容，进行相邻数、分成、配对等数学游戏。

（2）夹夹乐

活动材料：纸箱、夹子、卡片。

指导要点：通过算一算、夹一夹，感知10以内数的加减法。

（3）小学生的一天

活动材料：硬纸板、光盘、书包、图片、文具、课程表等

指导要点：在拨一拨、摆一摆、记一记、整一整等操作活动中，感知小学生的一天及整理的乐趣。

（4）俄罗斯方块

活动材料：纸板、卡片。

指导要点：将卡片上的图形摆放在纸板上，从下到上依次摆好。

（5）我的数朋友

活动材料：纸板、数字卡、卡片。

指导要点：通过摆一摆、认一认，感知10以内的相邻数。

（6）贴五官

活动材料：纸板娃娃、五官。

指导要点：知道五官的名称、位置并且了解五官的作用，体验与同伴一起贴五官的乐趣。

（7）有趣的指纹

活动材料：各种指纹的图片、颜料、记号笔。

指导要点：初步了解指纹的几种基本类型并记录，同时在手指印上进行添画。

2. 区域二：美吧。

（1）剪纸图书

活动材料：彩色纸、黑色卡纸、胶水、剪刀、铅笔等。

指导要点：在剪一剪、说一说的操作活动中，体验创编故事的乐趣。

（2）纸袋娃娃

活动材料：废旧纸袋、彩色纸、胶水、剪刀、铅笔等。

指导要点:在做一做、玩一玩的操作活动中,感知利用废弃材料进行制作的乐趣,在装饰中体验快乐。

(3)手掌树

活动材料:卡纸、废旧纸张、彩色纸、胶水、剪刀、铅笔等。

指导要点:①在摆一摆、做一做的操作活动中,感知创造美的乐趣。

②感知并填写记录表,表达自己的想法。

3.区域三:说吧。

(1)找找我的朋友

活动材料:贴有幼儿姓名的麻将牌、本班幼儿的名单。

指导要点:根据名单找一找、认一认同伴的名字。

(2)身体的秘密

活动材料:自制的人体解剖模型、汉字卡。

指导要点:摆一摆、读一读人体的器官。

(3)成语拼图

活动材料:自制拼图、底板。

指导要点:根据图片拼一拼,并讲述故事。

(4)图书乐

活动材料:关于人体的图书、百科全书等。

指导要点:自主选择喜欢的图书,并能认真地翻阅和整理。

4.区域四:乐吧。

活动材料:《身体音阶歌》节奏图谱、各种帽子等装饰物、各种打击乐器、录音机、音乐等。

指导要点:自主看图谱击打节奏,并根据音乐选择相应的打击乐器。

5.区域五:玩吧。

活动材料:自制宁海景点棋、人体趣味棋、数字棋等。

指导要点:自主选择喜欢的棋类,能遵守规则并会自主整理。

三、亲亲阳光做运动（9：45—10：10）

◇ 活动名称

民间体育游戏。

◇ 材料准备

空竹、毽子、皮筋（大绳）、铁环。

◇ 指导要点

1. 激发幼儿对民间体育游戏的兴趣，体验合作游戏的快乐。

2. 幼儿能有序地选择不同颜色的进区手环进行分组活动。

3. 勇于尝试，失败不气馁，并体验成功的快乐。

四、教学活动（10：10—10：40）

科学活动：有趣的皮肤

◇ 活动目标

1. 对探索人体的皮肤感兴趣。

2. 在观察和操作中，初步了解皮肤的构造及功能，并能大胆地表达自己的发现。

3. 懂得保护皮肤：保持皮肤的清洁，避免皮肤受到损伤。

◇ 活动准备

1. 操作材料：放大镜人手一个、课件、记录表。

2. 知识经验：认识人体的某些器官。

3. 事先将幼儿分成五组，每组分别提供冷水和热水、夹子和羽毛、石子和玻璃、绒毛玩具以及木块和记号笔。

◇ 活动过程

（一）找一找皮肤在哪里

1. 玩"小手爬爬"的游戏，幼儿随教师指令触摸全身皮肤，引导幼儿感知人体不同位置的皮肤。

2. 找一找，身上哪些地方有皮肤？

3. 小结:原来我们身体的每个地方都有皮肤。

(二) 看一看皮肤的颜色和样子

1. 我们的皮肤上有什么呢？（汗毛、毛孔、皮屑等）

2. 幼儿用放大镜观察自己手上的皮肤。

3. 你发现了什么？记录在大记录表上。

4. 小结:我们的皮肤摸上去滑滑的,用放大镜可发现皮肤上有细细小小的毛孔、绒绒的汗毛,皮肤上还有纹路。手上的皮肤还有指纹和手纹。在显微镜下,我们可以看得更清楚。

(三) 说一说不一样的皮肤

1. 我们每个人皮肤都一样吗？（请个别幼儿说说）

2. 看看我们的小伙伴的皮肤,比一比。

3. 不同地区的人肤色也不一样,依据这个可将世界上的人大致分成四种。

4. 这些指纹一样吗？原来每一个人的指纹和手纹是不一样的。

5. 这是谁的手？你怎么知道的？原来年龄大了,皮肤也会有变化。

6. 小结:世界上的人皮肤的颜色是不一样的,每个人的指纹和手纹是不一样的,人长大了皮肤也会不一样。

(四) 玩一玩皮肤的功能

1. 原来皮肤有这么多的秘密！皮肤的本领还很大呢！请你们去玩一玩桌上的材料,发现了什么？感觉到了什么？

2. 刚才玩了什么？你是怎么玩的？你发现了什么？

3. 小朋友们,老师在摸摸你、抱抱你时,你有什么感觉呀？对,有时皮肤的接触能让人感受到温暖的情谊,这是一种爱的表达方式。

4. 小结:皮肤上有细细的毛孔和绒绒的汗毛,热了,毛孔能帮助身体排汗、散热;冷了,毛孔就缩小,不让冷空气进入体内。皮肤能感觉出冷、热、痛、痒,感觉出物体的软硬、光滑和粗糙,皮肤还具有弹性呢！

(五) 议一议如何保护自己的皮肤

1. 皮肤对我们的身体有这么大的作用,那我们怎样来保护自己的皮肤呢？

2. 观看课件说一说。

3. 小结:要勤洗澡、洗脸、洗头、换衣,防止尖利的器具损伤皮肤,受伤了要及时消毒、擦药,要加强锻炼,使皮肤更健康。

五、餐前准备(10:40—11:00)

◇活动内容

餐前游戏:传话。

◇指导要点

1. 引导幼儿遵守游戏规则,当一名幼儿在传话时,其他幼儿能安静地倾听。

2. 引导幼儿分小组有序地参与活动。

六、盥洗与进餐(11:00—11:30)

1. 用正确的方法洗手并能节约用水。

2. 不拥挤、不打闹、不玩水,会有序清洗。

3. 进餐时不挑食、不喧哗,细嚼慢咽地吃完饭菜。

4. 正确使用餐具,用餐后餐具放归原处。

我是小当家（大班）

宁波市第一幼儿园 / 徐晓青

半日活动总目标

1. 创造宽松自由的活动氛围，在自助早点、加油站等环节中引导幼儿充分发挥自主性，让幼儿做班级的小主人。

2. 通过贴考察表等形式，让幼儿参与到班级的环境布置中，调动幼儿在园参与环创的主动性。

3. 通过游戏、集体教学、考察和班级工作室等活动，让幼儿了解小小老师的工作要求和方法，体验完成任务后成功的乐趣。

半日活动流程

晨间活动 ⟹ 自助早点 ⟹ 晨间谈话 ⟹ 集体教学 ⟹ 加油站 ⇓
自助午餐 ⟸ 班级工作室 ⟸ 小当家在行动

围绕"我是小当家"的主题，开展了三个主要的活动，帮助幼儿获得自我服务、为他人服务的方法，萌发成为幼儿园小当家的自豪感，且这三个环节步步紧扣、层层递进，如下图：

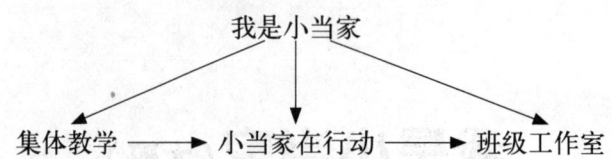

一、亲亲阳光（7:50—8:50）

种植活动

为小农人试验田浇水、除草，做好试验田护理记录等工作。

器械游戏

◇ 活动准备

1. 毽子、铁环等游戏器械。

2. 班级自制体育器械及箩筐等。

◇ 指导要点

1. 引导幼儿自主选择器械材料，并提醒幼儿到各运动区域进行活动。

2. 及时引导幼儿注意动作的准确性与协调性。

3. 关注幼儿的运动量与密度，提醒幼儿及时休息、擦汗，顾及个别体质特殊的幼儿。

早操

◇ 活动准备

早操音乐。

◇ 活动要求

1. 积极主动地参加早操锻炼，注意力集中，动作基本正确。

2. 跟着音乐精神饱满地做操，对新早操产生兴趣，愿意跟着老师的动作模仿学习。

二、生活活动（8:50—9:05）

班级环境创设

◇ 活动过程

1. 创设"小主人桌"，幼儿收集相关物品并自主布置。

2. 在主题进行时添加和"小当家活动"相关的图片。

自助早点

幼儿根据自己的需要决定早点的量、品种和吃的时间。

晨间谈话:清明

结合本园的园本课程,让幼儿在交流中了解清明节气,感受周围环境的变化,鼓励幼儿多参加户外踏青活动。

三、学习活动(9:05—9:35)

社会活动:小小老师我来当

◇ **活动目标**

1. 进一步了解小小老师活动的内容及要求,尝试用合作的方式探索战胜困难的方法。

2. 能大胆表达自己的想法,体会成功的乐趣。

◇ **活动准备**

1. 两段视频(视频1:幼儿当小老师活动的情景;视频2:幼儿园各区域),PPT。

2. 幼儿操作卡纸、记号笔、记录板。

3. 教师操作图示(困难图示、方法图示、各区域图示)。

4. 表格(表格1:困难列举;表格2:小锦囊)。

5. 幼儿第二次小当家活动记录表四张。

◇ **活动过程**

(一)谈话引出,经验回顾

1. 你参加过"小小老师"的活动吗?哪一次的小小老师活动给你留下的印象最深?

(二)媒体辅助,感受方法

1. 观看PPT并思考:影片中的小朋友在完成什么任务? 他是怎么完成的? 你觉得他是个小小老师吗? 为什么?

2. 教师根据幼儿的回答将PPT中幼儿的问题用图示(如下页右上图)加以罗列

并小结。

3. 你在小小老师活动过程中遇到过什么困难？

（不认识路、碰到其他班级老师不知道该怎么办、看不懂老师布置的任务等）

（三）小组合作，锦囊呈现

1. 根据图表中的问题和困难，幼儿分组讨论并记录成为小老师的好方法，将好方法贴在"锦囊"上。

2. 分享好方法。

随机选取锦囊上的小贴士，请幼儿将好方法分享给大家：例如走路轻轻地、要懂得有礼貌、对自己说："我最棒！""一定能完成任务！"等等。

3. 教师随着音乐伴奏分享小诗《小小老师就是我》。

小小老师就是我

小小老师就是我，爱动脑来乐奉献。

约上同伴一起走，哪有困难哪有我。

走路轻轻微微笑，进入教室先敲门。

牢记任务在心头，谢谢再见挂嘴边。

小小老师就是我，如有困难请找我。

（四）经验提升，活动延伸

教师出示小当家活动记录表并讲解要求：

1. 今天你的角色是？

2. 你接收到了什么任务？

3. 你用到了哪些好方法？

4. 你完成任务了吗？

四、自主游戏（9：35—10：45）

生活活动之盥洗、自助水果

◇ **活动准备**

杯子、水壶、各色水果、盘子、夹子。

◇ **活动要求**

1. 能安静、有序地完成如厕和盥洗。

2. 自觉用流水洗手,掌握正确的洗手方法,用自己的毛巾擦洗干净。

3. 学习用水壶倒适量开水,口渴时能主动喝水。

4. 幼儿自主选择自己喜爱的水果,鼓励幼儿不偏食。

小当家活动

◇ **活动目标**

1. 乐于积极参加小当家活动,自主选择角色。

2. 进一步了解小当家活动中该注意的问题,能够用好方法来解决实际困难和问题。

3. 尝试在活动结束后做好记录工作。

◇ **活动形式**

幼儿自主选择工作并结伴到幼儿园的各个地方完成小当家任务,完成后回到教室里做好记录,记录表如下图:

注:记录表前四栏意为今天你的角色、你的任务、用到的好方法、任务完成得如何。

自主游戏之班级工作室

工作室	工作内容	材料投放	指导要点
巧手乐园	1. 绘画：幼儿园路线图 2. 绘画：我最喜欢的小当家活动内容	完整幼儿园路线图一张、纸盒等各类废旧材料	引导幼儿根据幼儿园简易图制作全园路线指示图并装饰，将制作好的图片展示在工作室内
开心书吧	1. 自由阅读 2. 制作图书 3. 看图说话	绘本《我能我可以》《我有好方法》等、自制图书材料	营造温馨的氛围让幼儿自由选择图书并阅读，鼓励幼儿运用材料自制图书并将相关图书与同伴分享
蛤蟆剧团	1. 打击乐表演 2. 自由表演	玻璃瓶、勺子等废旧材料制作的乐器	根据教师提供的材料尝试制作创意打击乐，教师也可重点引导幼儿通过反复尝试感受音色的变化
小小建筑师	1. 我设计的幼儿园 2. 自由建构	幼儿园外墙照、纸砖、木板以及其他各类建构材料	根据教师提供的幼儿园外墙照临摹并画出自己心中的幼儿园，与同伴一起按照自己画的图纸合作建构
生活我做主	1. 生活小游戏 2. 角色扮演游戏	幼儿园保安、保健医生等服装或者小道具	引导幼儿选择自己喜欢的幼儿园中的角色进行扮演，体会角色
智力大冲浪	1. 棋类等益智游戏 2. 自制游戏棋	骰子、KT板、记号笔、自制游戏棋材料	鼓励幼儿根据原有经验制作各类游戏棋，可以自己完成，鼓励幼儿和同伴合作完成

◇ 操作说明

1. 幼儿自主选择活动先后顺序，教师不干预。
2. 班级三位老师合理分工，做好观察与支持。

五、生活活动之餐前活动（10：45—11：00）

◇ **活动内容**

工作室活动反馈+"今日菜谱"播报。

◇ **活动准备**

小当家事先了解今日菜谱。

◇ **活动过程**

1. 工作室活动反馈。

（1）幼儿交流今日工作室活动情况：今天你在哪几个工作室？玩了什么？你是怎么玩的？

（2）教师根据幼儿交流情况将活动照片投放在电视屏幕上。

2. 菜谱播报。

（1）邀请今天的菜谱播报员介绍菜谱。

（2）鼓励菜谱播报员大胆自信地介绍菜谱。

（3）介绍菜谱的营养，激发幼儿用餐的欲望。

六、生活活动之进餐（11：00—12：00）

◇ **活动准备**

餐具、舒缓的音乐。

◇ **活动目标**

1. 小当家帮助保育老师一起分发餐具。

2. 幼儿选择自己喜欢的座位和同伴用餐。

3. 养成良好的饮食习惯，尽量保持桌面、地面的整洁。

4. 吃饭时细嚼慢咽，一口饭、一口菜、一口汤搭配着吃。

5. 吃完饭将餐具放到指定位置，然后漱口、擦脸。

我的时间我做主（大班）

宁波市江北区阳光艺术幼儿园 / 胡珍艳

半日活动总目标

1. 愉快自主地参与半日活动中的相关内容，感受时间的有用，体验分配时间的乐趣。

2. 能自主选择个别化学习、户外运动、生活环节中的活动内容，提高自我管理的能力，并能与同伴合作开展有关时间的学习。

3. 通过观察、操作，感知合理分配时间的重要性，学习尝试合理安排自己的作息时间，形成初步的时间观念。

4. 在阅读、科学操作、美工制作中感知生活与时间的关系，懂得要珍惜时间。

半日活动流程

一、微笑一刻——晨间接待（7：30—7：45）

1. 热情接待幼儿，及时和家长做好沟通工作。

2. 幼儿自主选择劳动任务，协助保育老师打扫卫生，照顾自然角，养成爱劳动的好习惯。

二、晨运时分——晨间活动（7∶45—8∶45）

内　容	准　备	要　求
1分钟热身：跳绳	绳子若干、沙漏	用沙漏计时，一分钟练习跳绳60下
力量练习：快乐搬运工	滑轮、轮胎	喜欢拖拉轮胎上的物品，避免与他人发生碰撞
平衡练习：运西瓜	小推车、皮球	使用小推车时，注意方向，防止西瓜滚落
综合练习：消防抢险队	长凳、梯子轮胎	自由组合各种器械，并进行攀爬、平衡练习
合作练习：齐心协力	滑雪板	能和同伴两两合作进行游戏，提高肢体协调能力

◇ 组织要点

1. 自主选择，循环开展。

2. 难易适度，指导调整。

3. 保育跟进，自主饮水。

◇ 场地分布图

操场周边木制步道　力量练习：快乐搬运工

大型区域空地

合作练习：齐心协力

东边跑道（1—3道）　综合练习：消防抢险队

东边跑道（4—5道）　平衡练习：运西瓜

门厅

1分钟热身：跳绳

三、休闲时光——生活活动1（8∶45—8∶55）

自助点心

◇ 活动要求

1. 能用六步洗手法正确洗手。

2. 有序倒豆浆、拿饼干,不浪费食物。

3. 自主开展阅读活动。

◇ 指导要点

1. 早操后分两队进班,避免在盥洗室等待拥挤。

2. 提供自助暖饮和花色点心,引导幼儿按需取用。

晨间谈话:有用的一分钟

◇ 活动要求

根据收集的资料说说一分钟可以做哪些事。

◇ 指导要点

引导幼儿根据前一天收集的资料大胆表述。

四、日积月累——教学活动(8:55—9:25)

社会活动:我是时间小主人

◇ 活动目标

1. 通过观察、操作,感知合理分配时间的重要性,进一步增强探索时间的兴趣。

2. 尝试合理安排自己的作息时间,形成初步的时间观念。

◇ 活动准备

1. 撕纸操作板人手一块、"时间瓶"人手一个、小石头、沙子、水、视频。

2. 调查表(知道一天有24个小时,每天做的事情所花费的大概时间)。

◇ 活动过程

(一)玩撕纸游戏,感知时间的重要和宝贵

1. 集体谈话:关于时间的调查结果。

2. 引出游戏:游戏的名字叫"撕纸条",一张纸条上画有24个小格子,1个格子代表1小时,每天要做什么事,用几个小时,就撕几个格子。

3. 设疑:除了这些事,你还想做些什么事?分别要用多少时间?

4. 小结:时间是很重要和宝贵的,那我们怎样才能有更多的时间做自己喜欢的事情,做自己时间的主人呢?

(二)填时间瓶子,体验时间的分配和利用

1. 介绍游戏:填满"时间的瓶子"。

2. 幼儿操作:练习用石头、沙、水填瓶子。

3. 幼儿交流:谁装得最多?是怎么装的?为什么要这么装?

4. 教师操作,师幼共同小结:一天里面我们要先做大的重要的事情(放石头),再做一些小事(放沙),零散的时间(放水)也要充分利用。

(三)欣赏视频,体验合理安排时间的乐趣

1. 欣赏两段视频,提问:你觉得谁的安排更好?为什么?

2. 幼儿自由表达:课间 10 分钟你们是怎样来安排的?

3. 小结:课间 10 分钟是休息的时间,虽然它很短,但我们也要合理地安排,把重要的事情先做好,这样才不会影响接下来的活动。

(四)活动延伸,迁移经验尝试设计作息表

1. 提出任务:为嘉嘉小朋友设计一张合理的作息表。

2. 提出要求:运用学过的知识,到活动区中操作。

◇ **指导要点**

1. 在活动过程中注重幼儿的情感体验,从抽象到具象,注重幼儿的操作,有效支持不同幼儿个别化、创造性的学习,增强幼儿管理时间的意识。

2. 多给幼儿提供表达的机会,理解幼儿的想法和感受,充分赏识肯定幼儿的自主活动。

五、休闲时光 —— 生活活动 2(9:25—9:30)

◇ **活动内容**

喝水、如厕、做好户外活动的准备。

◇ **活动要求**

1. 自主如厕,养成如厕后洗手的好习惯。

2. 户外活动前拿好自己的水壶。

3. 自主喝水,并运用"小水滴"记录。

六、悦动时刻 —— 户外游戏（9：30—10：00）

◇ **活动内容**

体育游戏《我和时间赛跑》。

◇ **活动准备**

软棒、背景音乐。

◇ **活动过程**

1. 自由探索玩软棒，比比谁的想法多。

2. 组织游戏"我和时间赛跑"。

（1）介绍玩法：手拉手围成大圈作为钟面，老师站在圆心手拿长长的软棒作为指针，"指针"随着音乐的节奏按顺时针方向转动，当指针转向自己的时候幼儿要跳起躲过指针，如果被指针碰到暂停游戏一次。

（2）集体游戏：幼儿分成男女两组，玩游戏数次。

（3）丰富游戏：所有幼儿围成一个钟面，两位老师分别扮演时针和分针，按顺时针方向转动，请幼儿根据情况灵敏躲过。

3. 休息整理。

◇ **指导要点**

1. 引导幼儿运用多种方法自由探索玩软棒，及时表扬玩得好的幼儿，拓展幼儿的游戏经验。

2. 体现集体游戏中听指令、按规则、懂合作的学习特点。

七、加油时间 —— 自助水果（10：00—10：10）

◇ **活动要求**

自主选择水果，把果皮放在指定的盘子里，保持自身和果盘周边的清洁卫生。

◇ **指导要点**

关注并避免幼儿取用水果时的二次污染。

八、悦游时分 —— 区角游戏（10：10—10：55）

核心经验	一、情感与态度	二、认知与能力	三、行为与习惯
	感知关系（生活与时间的关系）	1. 认识时钟（识别钟面、整点与半点，拨钟、正确地报时） 2. 时间观念（珍惜时间、合理安排）	1. 生活习惯（自我计划） 2. 学习习惯（按时完成）
材料投放	美工区：纸盘、泡沫盒、彩纸、吸管 建构区：各种大小雪花片、旺仔牛奶罐、树枝、仿真人物玩具等 益智区：计时器、铅笔、弹珠、绳子 图书区：绘本《托马斯和朋友 —— 时间管理》、视频《大耳朵图图 —— 我的时间我做主》 音乐区：老狼的服饰、小老鼠头饰、小姑娘服饰、伴奏带等		

活动过程：
一、引题激趣
现在是区域活动时间，今天我们的区域材料有一些特别，都和时间有关。
二、介绍内容
1. 美工区（创意钟表店）。
（1）自制手表（用纸盘做表面，用硬卡纸做表带，设计一款独一无二的手表）。
（2）各种各样的钟表（用蛋糕底盘、吸管等材料制作钟表）。
2. 建构区（时间城堡）。
主题：时间城堡（在规定的时间内看谁的城堡垒得最高）。
3. 益智区（有用的时间）。
（1）有用的一分钟（用计时器计时，让孩子们在一分钟内比赛捆铅笔、夹弹珠等）。
（2）我一天的作息计划（让幼儿安排幼儿园的一天生活）。
（3）时间钟表对对碰（提供模拟时钟让幼儿认识时间，并提供5、10、15、20等数字供幼儿在钟面上摆放，理解1小时由60分钟组成）。
4. 图书区（时间的秘密）。
绘本欣赏：《托马斯和朋友 —— 时间管理》。
自制图书：《幼儿园的一天》。
视频欣赏：《大耳朵图图 —— 我的时间我做主》。
5. 表演区（舞动的时间）。
歌曲串烧：《时间像小马车》《调皮的小闹钟》《这是什么》。
打击乐：《在钟表店里》。
儿童剧：《老狼老狼几点》。
三、幼儿自主选择区域开展游戏
1. 自主选择区域手环。
2. 有序选取操作材料。
3. 教师观察并记录指导。

续表

四、合作整理区域材料 (附:各区指导要点) 1. 美工区:指导幼儿学会看图示制作钟表,利用已有的材料设计出各种各样的钟表。 2. 建构区: (1)指导幼儿在建构的过程中合理分配时间(如自由活动45分钟,可以分配成5分钟商量如何搭建+35分钟操作+5分钟整理等)。 (2)学习合作、分工,引导幼儿探索设计各种建筑物、景物,鼓励他们用多种材料。 3. 益智区: (1)指导幼儿两人合作玩"有用的一分钟"游戏,提高幼儿的时间意识和竞争意识。 (2)指导幼儿根据自身情况设计"我的一天"作息计划,注意计划的实用性。 (3)指导幼儿根据幼儿园的生活,玩"拨钟表"的游戏,继续巩固对整点和半点的认知,理解1小时由60分钟组成。 4. 图书区: (1)指导幼儿两人合作进行小书《我的一天》的制作,并能讲述图书的内容。 (2)三人一起进行"故事盒"的活动,每个人选择一个或者几个动物、人物、鸟类的角色,分别出场,展开角色对话,用录音机记录。 (3)认真阅读绘本,愿意和别人分享绘本的内容。 5. 音乐区: (1)指导幼儿学会和同伴合作,相互协商节目演出的顺序和各自要扮演的角色。 (2)表演结束以后可以互换角色再次进行表演。

◇ **指导要点**

1. 尊重幼儿,积极引导幼儿根据自己的需要自主选择区域进行个别化的学习活动。

2. 观察幼儿在各区域中的活动情况,根据幼儿的不同需要,做出分层的、个别的指导,运用照片、录像等手段进行记录,为教师的研究工作积累经验。

九、美食每刻——餐前、进餐和餐后活动(11:00—12:00)

进餐时间

◇ **活动要求**

1. 自主排队,拿饭勺盛饭,进餐时根据需要添饭和汤。

2. 保持桌面、地面干净,餐后学习自主收拾餐盘、清理桌面。

3. 值日班长协助保育员进行餐后洗漱的管理。

◇ **指导要点**

1. 关注幼儿的进餐情况，满足幼儿不同的进餐需要，注意照顾体弱生病的幼儿，控制肥胖幼儿的食量，掌握进餐的时间（约30分钟），不过分催促，及时处理问题。

2. 引导幼儿做好餐后整理工作，做到饭后漱口、擦嘴，值日生帮助保育老师收拾餐具、清洁桌面。

绿色行动

◇ **活动要求**

1. 带领幼儿到户外场地，寻找幼儿园的变化。

2. 鼓励幼儿把自己的发现记录下来，大胆地和同伴交流，通过同伴互助的方式不断获得知识。

◇ **指导要点**

1. 每组请一个小组长分区域观察，探寻幼儿园种植园地发生的变化。

2. 鼓励幼儿一边观察一边记录，善于发现和别人不同的秘密。

我要上小学（大班）

宁海县跃龙中心幼儿园 / 严佳妮

半日活动总目标

1. 通过活动，学会独自分类、摆放整理小书包里的主要学习用品，为入小学做好准备。
2. 初步了解并体验小学生的学习和生活，乐意与同伴交流分享自己对小学的了解，激发幼儿入小学的愿望，向往当个小学生。
3. 能自主选择喜欢的区域进行游戏，活动结束后能有序地整理操作材料。

半日活动流程

一、晨间活动（7:30—8:35）

晨间接待

热情接待幼儿，与家长亲切交谈。

室内自主活动

◇活动内容

问题墙展示、继续搭建我心中的小学、趣味七巧板、我的时间我安排、自然角。

◇指导要点

引导幼儿主动关注自然角植物的生长变化，并大胆用自己喜欢的方式进行记录。

户外体育活动

1. 运动性区域。

区域内容:攀爬区、投掷区、足球区、平衡区、综合区。

指导要点:根据自己的兴趣选择相应运动区自主进行游戏。

2. 大转盘体育游戏。

游戏名称:上学路上

参考路线:

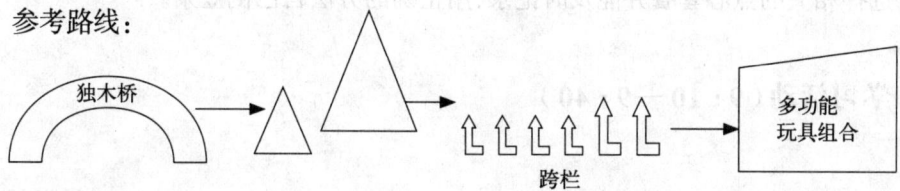

活动过程:

(1)自由尝试游戏

观察重点:①幼儿是否理解各条路线的设置。②哪条路线或者哪段路程对幼儿来说最困难(指向动作发展)。

(2)交流分享经验(根据以上观察所得,选择一条路线)

上学路上要注意些什么?(包括规则、安全事项等)

(3)再次分散游戏

观察重点:个别幼儿有无困难?

早操

1. 积极参与早操,队伍整齐,动作有力。
2. 踏步有力,精神饱满,动作优美。

二、生活活动(8:35—9:10)

晨谈

◇晨谈内容

我喜欢的小学生活。

◇指导要点

在集体面前大胆讲述自己感兴趣的小学生活的相关内容。

盥洗

1. 先放好椅子,再去盥洗。

2. 有序盥洗、不推不挤。

3. 节约用水,及时关好水龙头。

点心

选择相关的点心套餐并能及时记录,用正确的方法自己倒豆浆。

三、学习活动(9:10—9:40)

社会活动:小鸟入学记

◇ **活动目标**

1. 充分表达自己对上小学的种种担忧,在尝试种种解决方法的过程中产生积极乐观的入学心理。

2. 对上小学产生积极快乐的情绪,喜欢并乐意上小学。

◇ **活动准备**

1. 多形状的祝福语(幼儿评语)、一只空的大箱子、小鸟指偶、每组一张纸、每人一支记号笔。

2. 幼儿事先参观过小学,了解过小学的一些情况。

◇ **活动过程**

(一)交流入学前的向往与担忧

1. 情境创设:两位老师搬一只箱子进来(给孩子一种很重很重的感觉)。

你们觉得这个东西的分量怎么样?如果让你们来抬,你们觉得能抬得动吗?(幼儿回答)

2. 交代向往小学的话题。

(1)这个大箱子里的东西是森林里的一只小鸟的。在森林幼儿园有一只小鸟,这些天它特别特别的开心,总是说:"我要上小学喽!"你们说,它为什么这么开心?上

小学有那么值得开心吗?(幼儿表述自己对小学生活的向往)

(2)小结:小学就是这样,是一个新的环境,我们会学习更大的本事,成长本来就是很开心的事。

3.引出担心的话题。

可是这只小鸟有一点点担心,你觉得小鸟在担心什么呢?(幼儿根据自己对小学的了解表述自己对小学生活的担心,如不能带玩具、要考试、怕被老师骂、交不到朋友)

4.轻重的对比引导,舒缓幼儿的紧张心理。

(1)小鸟和你们说的一样,确实蛮担心的。它最最担心的事情是,她现在有很多的朋友,可是上了小学以后它不能很快认识新朋友,这个担心就像大箱子一样压在小鸟的心里,你觉得小鸟能搬得动这个箱子吗?你一个人能搬得动吗?(太大了,老师都搬不动)

(2)有些事情看起来很难很难,如果真的去试,它可能和你想象得会不一样。谁来试一试?(教师鼓励幼儿尝试,对于上前尝试的幼儿进行及时的鼓励,如"你很勇敢,虽然很难,但还是会来试"。)

(3)个别采访:刚开始你认为是很重的,为什么后来能搬起来?

(4)小结:很多困难就是如此,光想象就会有很多担心,但只要勇敢去做,可能并不像我们想象得那么难。我们能不能帮助小鸟解决问题呢?它现在最担心的事情是什么?

(二)交流讨论解决担忧的方法

1.个别幼儿进行表述。

2.幼儿分组,以小组为单位将方法画在纸上并进行交流阐述。

面对困难,首先自己要认真努力,其次也可以借鉴别人的经验,这样就能获得很多很多的方法。(幼儿尝试合作画解决的办法)

3.交流汇总,分享解决担忧的方法。

我们的成果有很多呀!谁来介绍下你的方法?

(三)信心激励

1.分析思考,调整心态。

你们就要上小学了,心里有些担心是很正常的。我们要勇敢地去面对,不要把担心藏在心里,要大胆地说出来,爸爸、妈妈、老师、同学都会很乐意帮助你们的。办法总比困难多。只要肯动脑筋,你们的困难会越来越少,本领会越来越大,你们会成为快乐的小学生的。有你们想出的这么多的方法,小鸟对自己充满了信心。小鸟的老师也对它特别有信心。

2. 祝福分享。

(出示各色祝福卡,里面有老师的祝福)老师对你们也很有信心,这是老师们给你们的祝福与期望。(教师念评语)

3. 快乐小结。

看来上小学是一件很快乐的事,让我们一起来做好准备。老师相信你们一定会成为一名快乐的小学生的。

四、运动时间(9:40—10:10)

自由活动

1. 随机开展"你的问题我来答"活动。幼儿凡是有新问题都可以画出来,也可请老师帮助记下问题,随时展示在"问题树"上。

2. 提醒幼儿多喝开水。

3. 以模拟课间10分钟的方式,鼓励幼儿尝试按照自己的想法合理安排时间,知道要先做事,做完后再玩。

运动时间

1. 带领幼儿自由进入足球互动区,自主选择"射门区""颠球区""绕桩运球区""传球区"玩耍足球。

2. 提醒幼儿及时调整运动量,自带水壶喝水。

五、区域游戏(10:10—10:50)

益智区:智慧珠大闯关

◇活动材料

自制智慧珠、提示板、大型操作图、闯关记录表。

◇指导要点

1. 按图示选取合适的开关拼摆智慧珠,理解空间对应的关系。

2. 会分享合作,共同解决问题,共同完成活动。

生活区:我的小书包

◇**活动材料**

各种铅笔、文具盒、作业本、书本、书包、红领巾等。

◇**指导要点**

1. 削铅笔:指导幼儿尝试学习掌握削铅笔的方法,并学习看步骤示意图掌握制作笔套的方法,培养幼儿的动手操作能力。

2. 整理铅笔盒:指导幼儿将各种文具分类有序地整齐地放入铅笔盒中,培养幼儿的秩序意识。

3. 包书皮:指导幼儿学习看步骤示意图掌握包书皮的方法和步骤,在包书皮的过程中,通过观察寻找和书本大小适合的书皮,培养幼儿的观察力和动手操作能力。

4. 整理书本及作业本:指导幼儿将书本及作业本归类好,并按大小整理摆放整齐,同时学习看功课表,找出对应的课本和作业本。

5. 系红领巾:指导幼儿学习看步骤示意图掌握系红领巾的步骤,提高幼儿的动手能力。

6. 整理书包:指导幼儿根据小学生的生活实际按先后顺序(削铅笔→整理铅笔盒→包书皮→整理课本和作业本→整理书包)分别整理,引导幼儿在模拟活动过程中学会自理、自立,提高幼儿的自理能力及动手操作能力。

美工区:快乐毕业包

◇**活动材料**

各种笔、纸、剪刀等。

◇**指导要点**

1. 毕业照:根据脸型、五官、发型、服饰等,画出同伴的不同特征。

2. 毕业礼物:利用不同的材料创作出拉花、彩球、博士帽等。

角色区:我的一天

◇**活动材料**

纸制时钟、写有一日生活环节的汉字卡片。

◇ **指导要点**

根据汉字卡片上的生活环节来拨时钟,在摆摆放放的过程中了解自己一天的活动时间,懂得珍惜时间。

语言区:读小学喽

◇ **活动材料**

提供有关"上小学"主题的书籍、照片、图片等。

◇ **指导要点**

仔细观察图案,并大胆表达对小学的了解。

结构区:我心目中的小学

◇ **活动材料**

各种积木、辅助材料。

◇ **指导要点**

尝试用不同的搭建方法建构房屋。

六、快乐午餐(10:55—12:00)

餐前游戏

◇ **活动内容**

欣赏绘本《小阿力的大学校》。

◇ **指导要点**

重点引导幼儿仔细观察并进行合理推断。可尝试提出以下问题:小阿力有哪些担忧?谁有好方法,愿意来帮助小阿力解决这些担忧?

进餐

1. 正确使用筷子吃饭,会用左手扶住碗。

2. 细嚼慢咽,不挑食,不浪费,不弄脏桌面。

3. 会用筷子将饭桌上的饭粒、残渣整理进碗里,并将餐具放回指定的位置。

图书在版编目（CIP）数据

有准备的教学：幼儿最优学习的活动设计/张赛园主编 .— 宁波：宁波出版社，2018.3
ISBN 978-7-5526-2890-6

Ⅰ.①有… Ⅱ.①张… Ⅲ.①学前教育—教学参考资料 Ⅳ.① G613

中国版本图书馆 CIP 数据核字（2017）第 091728 号

因幼儿园教学活动需要，本书使用了部分作品，特向原作者表示感谢，也请相关著作权人见到本书后与宁波出版社联系。
电话：0574-87248444。

有准备的教学：幼儿最优学习的活动设计

张赛园　主编

责任编辑	方　妍　陈　静
责任校对	朱璐艳　李　强
装帧设计	金字斋
出版发行	宁波出版社
地　　址	宁波市甬江大道1号宁波书城8号楼6楼　315040
电　　话	0574-87341015
网　　址	http://www.nbcbs.com
印　　刷	宁波市大港印务有限公司
开　　本	787毫米×1092毫米　1/16
印　　张	22.75
字　　数	410千
版　　次	2018年3月第1版
印　　次	2018年3月第1次印刷
标准书号	ISBN 978-7-5526-2890-6
定　　价	46.00元

如发现缺页或倒装，影响阅读，请与承印厂联系调换。